Printed in the United States
By Bookmasters

قصص الأطفال
في الأردن
دراسة فنية

الطبعة الأولى
1430هـ - 2009م

المملكة الأردنية الهاشمية
رقم الإيداع لدى دائرة المكتبة الوطنية
(2009/2/584)

813.9282
القاضي، هوازن عثمان
قصص الأطفال في الأردن: دراسة فنية/ هوازن عثمان القاضي_ عمان: دار المأمون، 2009 .
(278) ص
ر.أ: (584 / 2/ 2009).
الواصفات: /القصص العربية//أدب الأطفال//الأطفال// الأردن/

❖ أعدت دائرة المكتبة الوطنية بيانات الفهرسة والتصنيف الأولية
❖ يتحمل المؤلف كامل المسؤولية القانونية عن محتوى مصنفه ولا يعبّر هذا المصنف عن رأي دائرة المكتبة الوطنية أو أي جهة حكومية أخرى.

دار المأمون للنشر والتوزيع
العبدلي - عمارة جوهرة القدس
تلفاكس: ٤٦٤٥٧٥٧
ص.ب: ٩٢٧٨٠٢ عمان ١١١٩٠ الأردن
E-mail: daralmamoun@maktoob.com

قصص الأطفال في الأردن
دراسة فنية

تأليف

هوازن عثمان القاضي

طبع بدعم من
وزارة الثقافة
عمان الأردن

2009

الآراء الواردة في هذا الكتاب لا تعبر
بالضرورة عن رأي الجهة الداعمة

دار المأمون للنشر والتوزيع

فهرس المحتويات

إهداء

إلى...

القمرين النّيرين في سماء حياتي... أبي وأمي (الماضي الجميل الممتد..)

الأحبة رفاق العمر... إخوتي وأخواتي (الحاضر الخيّر..)

الطفولة البريئة العذبة، والابتسامة المشرقة.. حنين (المستقبل الواعد..)

المقدمة

حفلت الحركة الأدبية في الأردن بالكثير من الأقلام المبدعة للأطفال، وقد أدركت ما لأدب الأطفال بعامة، وقصص الأطفال بخاصة من دور فعال في تربيتهم، وتنشئتهم تنشئة صحيحة سليمة؛ إذ إن حاجة الصغير إلى أن يقرأ قصة، أن يقص عليه أحدهم قصة، لا تقل عن حاجته إلى اللهو واللعب، فيجد فيها متنفساً لطاقاته المختزنة بداخله، والكامنة في أعماقه، مما يوسع خياله ومداركه، ويفتح الآفاق أمامه نحو مستقبل أفضل.

وقد اتجهت الأنظار اليوم إلى الأطفال، وعقدت عليهم الآمال، بعد الخيبات المتتالية، والهزائم المتلاحقة التي منينا بها.

وبالرغم من الاهتمام العالمي بالطفل وأدبه منذ القرن السابع عشر- إلا أن أدب الأطفال لم يأخذ له مكاناً مميزاً في الحركة النقدية الأردنية حتى اليوم؛ إذ مازالت الدراسات التي تتناول هذا اللون من الأدب قليلة، لا يتجاوز عددها أصابع اليد الواحدة، الأمر الذي حدا بالباحثة إلى طرق هذا الباب، وإن تخصصت هذه الدراسة بقصص الأطفال في الأردن، منذ بداياتها أوائل القرن الماضي، وحتى نهاية عام ٢٠٠٦ م. فقد بقيت الفترة الممتدة ما بين عامي ٢٠٠٠ - ٢٠٠٦ م دون أن يتطرق إليها أحد بالدراسة، مما جعل أدب الأطفال في الأردن بحاجة إلى دراسة جديدة، تستكمل ما سبقها من جهود في هذا المجال، وتسد ما تركته هذه الدراسات من ثغرات تتعلق بالجانب الفني وبالمضمون في قصص الأطفال الأردنية، ومن ثم كانت هذه الدراسة التي حاولت قدر الإمكان تجاوز جميع العقبات التي اعترضت الباحثة، من صعوبة الإلمام بالمعلومات الكافية عن أدب الأطفال عموماً، وقصصهم بشكل خاص منذ بداياته وحتى يومنا هذا، أضف إلى ذلك صعوبة الحصول على

الأعمال القصصية قديمها وحديثها، لاسيما وأن بعضها نفد من الأسواق، ولم تتمكن الباحثة من الاتصال بمؤلفيها لوجود بعضهم خارج الوطن، أو لأن بعضهم الآخر وافته المنية، وكان يمكن لمثل هذه الأعمال أن تغني الدراسة بحق، إلا أن القدر حال دون ذلك .

فاكتفت الباحثة بما وقعت عليه من أعمال قصصية، أغلبها لكبار كتاب قصص الأطفال في الأردن، كمحمد جمال عمرو، ومحمود أبو فروة الرجبي، ومحمد بسام ملص، وعلي رمان، وشهلا الكيالي، وفداء الزمر، وعبير الطاهر، وكريمان الكيالي، وروضة الفرخ الهدهد... وغيرهم

فجاءت الدراسة في صورتها النهائية في ستة فصول وخاتمة، سجلت فيها الباحثة ما انتهت إليه الدراسة من نتائج، كما يلي:

- الفصل الأول: بين أدب الأطفال وعلم النفس: وفيه لمحة سريعة وموجزة عن الارتباط العميق والدقيق بين أدب الأطفال وعلم نفس الطفل، ومدى تأثير قصص الأطفال على سلوك الطفل، ودورها في تربيته وتنشئته تنشئة صحيحة.

- الفصل الثاني: البداية، وتتضمن توثيقاً لبداية ظهور أدب الأطفال عالمياً، وأهم الأعمال الأدبية التي اشتهرت، وخلّدت أسماء كتابها كرواد لأدب الأطفال في العالم، قبل انتقاله إلى العالم العربي عن طريق الترجمة.

- الفصل الثالث: أدب الأطفال العربي، ويتناول دراسة موجزة لنشأة أدب الأطفال العربي، وأبرز كتاب الأطفال العرب.

- الفصل الرابع: أدب الأطفال في الأردن، ويتناول المراحل المختلفة لتطور أدب الأطفال في الأردن منذ بداياته في أوائل القرن الماضي إلى اليوم .

- الفصل الخامس: دراسة في مضمون قصص الأطفـال في الأردن، تتنـاول المضامين التربويـة، والاجتماعية، والوطنية، والرمزية، والتاريخية، والعلمية، والخيال العلمي والمغامرات...

- الفصل السادس: دراسة فنية لقصص الأطفال في الأردن: تتنـاول بناء قصـص الأطفـال مـن حيث: الحبكة، والبنـاء، والبيئـة، والزمـان، والمكـان، والموضـوع، والشخصـيات، والأسـلوب، والشكل والحجم...

- الخاتمة: وتتضمن أبرز ما توصلت إليه الدراسة من نتائج.

الفصل الأول

بين أدب الأطفال وعلم نفس الطفل

يتأثر الطفل في السنوات الأولى من حياته بالكبار المحيطين به، الـذين يعيـش معهـم وبينـهم، فتتشكل شخصيته تبعاً لأسلوب معاملتهم له، فيعتاد على كـل مـا لـه علاقـة باحتياجاته ووظائفـه الجسمية والعقلية...[1] وما إن يتمكن من الحبو حتـى يتسع عالمه، وينفتح على مجـالات عـدة جديدة، تكسبه المعارف المختلفة والمهارات المتنوعة... مستخدماً حواسه في التعرف على بيئتـه وكل ما يحيط به، من كائنات حية وجمادات... في المنزل والشارع[2]...

وقد قسم علماء التربية وعلم النفس حياة الطفل عقلياً ووجـدانياً ونفسـياً إلى عـدة مراحـل، كما يلي:

١-   **مرحلة الطفولة المبكرة (الطور الواقعي المحدود بالبيئة):**

وهي المرحلة التي تسبق تعلم القراءة والكتابة، وتمتـد مـن ٣ – ٦ سـنوات[3]، يتميـز الطفـل خلالها بعالم محدود وخيال حاد، عالمه المحدود يقـوم علـى الإدراك الحسيـ والتعـرف المبـاشر إلى الأشياء والأشخاص الذين يتعامل معهم كالوالدين والأقارب وأولاد الجيران[4]...

(١ و ٢) انظر: الحلقة الدراسية الإقليمية لعام ١٩٨٤م. كتب الأطفال ومجلاتهم في الدول المتقدمة: من ٢٨ يناير – ٢ نوفمبر ١٩٨٤م. القاهرة: الهيئة المصرية العامة للكتاب: ٢٦٧.

(٣) انظر: نجيب: أدب الأطفال علم وفن. (ط ٥). مصر: دار الكاتب العربي: ٤٥.

(٤) انظر: الحلقة: عويس، فريدة: ٢٦٨.

كما يبطئ خلالها النمو الجسمي، مفسحاً المجال للنمو العقلي، الذي يتزايد بسرعة[1]، فيتميز الصغير بالذكاء الحدسي، أي معرفة الشيء مباشرة دون تدخل من العقل، أو لمنطق، أو لبراهين... فبالرغم من أنه يتمكن من إدراك الشيء، وتصوره، وتمثله ذهنياً بشكل مسبق، إلا أنه يبقى عاجزاً عن تقديم البراهين، وإعطاء الأدلة لإثبات رأيه، وإن حاول التأكيد على شيء ما، فإن ذلك يكون دون تحليل منطقي، أو إدراك للعلاقات العكسية أو لمتبادلة، التي تتضح من خلال ترتيب الأشياء أو إعادة ترتيبها... [2]

يستخدم الطفل حواسه في هذه المرحلة؛ للتعرف على البيئة في المنزل والشارع... وما فيها من جمادات وحيوانات... [3]

تتسع لغة الطفل وتتطور بسرعة خلال هذه المرحلة، فيتمكن من فهم بعض الرموز والمعاني اللغوية، ويحتك بالآخرين، ويتصل بالحياة، ويتفاعل مع المجتمع... ويربط - وهو مازال في الثانية - بين الأصوات، والأفكار، والمعاني التي تناسبها وتتماشى معها، ويستخدمها في حياته، مما يسهم في تنمية لغته وحركاته[4].

كما يهتم بالموسيقى، ويستمتع بالجمل المنغمة، ويفتن بالسجع والوزن، وإن لم يؤديا معنى، فيكرر هذه الكلمات، والجمل، والعبارات، والأغاني المسجوعة، ذات الوزن الموسيقي دون ملل[5]... ويتلذذ بسماع الجمل التي تجعله شريكاً في القصة؛

---

(١) انظر: أبو الرضا، سعد. (١٩٩٣). النص الأدبي للأطفال: أهدافه ومصادره وسماته: رؤية إسلامية. ط١. عمان: دار البشير: ٣٩ - ٤٠.

(٢) انظر: أبو الرضا: ٣٩ - ٤٠

(٣ و ٤) انظر: الحديدي، علي. ١٩٨٢. أدب الأطفال ط٣، القاهرة: مكتبة الأنجلو المصرية: ٨٦، ٩١.

(٥) انظر: عمرو، محمد جمال؛ عبد الغافر، كمال حسين؛ صبح، خالد، جاد الله. ١٩٩٠م. أدب الأطفال. ط١. عمان: دار البشير: ٩٢.

باستعمالها الأسماء المألوفة لديه، واستخدام الملموسات والمشمومات من الحواس، والتي يكون لها صورة في ذهنه[١].

يغلب على الطفل في هذه المرحلة نوعان من التفكير: حسي يتعلق بالأشياء المحسوسة، وآخر يستعان عليه بالصور الحسية، إذ لا يكون تفكير الطفل قد وصل إلى مستوى التفكير المعنوي المجرد بعد[٢].

كما يتميز الطفل بالنشاط المتواصل، وقصر مدة انتباهه، فهو ينفس عما بداخله من شقاوة، ومشاعر، وأحاسيس من خلال اللعب، فيتخيل ألعابه تقوم بجميع أنواع الشقاوة التي يرغب بالقيام بها؛ إذ يظن أن الأشياء والحيوانات... من طاولات وكراسٍ وقطط... من حوله تمتلك طاقة، وقدرات، ورغبات ودوافع كتلك الكامنة عنده[٣].

مما جعل من المناسب له تقديم القصة القصيرة المشوقة[٤]: أحداثها سريعة التتابع؛ بحيث يوصل كل حدث إلى ما بعده سريعاً، فتُحكى القصة في جلسة واحدة، لاسيما وأن النشاط الزائد، والحركة المستمرة، أبرز ما يميز الطفل خلال هذه المرحلة[٥].

إلا أن قدرته على التركيز والملاحظة وإدراك التفاصيل تزداد عنده بالتدريج يوماً بعد آخر[٦]، كلما كبرت سنه، فهي عند طفل الثالثة أكبر منها عند ابن الثانية،

(١) انظر: الحديدي: ٩٤.
(٢) انظر: عمرو، عبد الغافر، صبح: ٩٢.
(٣) انظر: الحديدي: ٩٤.
(٤) انظر: الحلقة: عويس: ٢٦٩.
(٥) انظر: الحديدي: ٨٦.
(٦) انظر: أبو الرضا: ٤٣- ٤٤.

ولعبه أكثر إتقاناً، فيلاحظ الأشياء والأشخاص من حوله، والصفات المميزة لكل منها، فنبيل لابد أن يكون أسود اللون ليكون حارس (بواب) العمارة، ويجب أن يحمل جمال حقيبة ليكون ساعي البريد[1].

كما تلائمه القصص الواقعية المستوحاة من البيئة، والخيالية المرتبطة بها؛ والقصص التي تدور حول الخبرات، والتجارب اليومية، والشخصيات المألوفة بالنسبة له من البشر أو الحيوانات المفضلة عنده، ولعبه التي يلعب بها... على أن يكون لهذه الشخصيات سمات وصفات جسمية ولونية مميزة، وسهلة في إدراكها[2]، فالأقرب إلى إدراك الصغير في هذه المرحلة أن نقول: البطة السوداء، والأرنب الأبيض، والشجرة الخضراء... بدلاً من: البطة، والأرنب، والشجرة[3]...

وهذا النوع من القصص يشبع الرغبة في المعرفة، وحب الاستطلاع عند الطفل، شرط ألا تغرق في الخيال والإيهام، أو يكون فيها ما يفزع الطفل من قصص السحرة والجنيات... مما يبعث الرعب في نفس، ومن ثم يجب أن نجتنب الشخصيات المفزعة والمخيفة، كالجن، والأشباح، والسحرة... وخطف الأطفال ومسخهم في القصص... إذ لا خلفية في ذهن الطفل عن هذه العوالم، وتغلب عليه السذاجة؛ فيصدق كل ما يقال له، ويعتقد بالسحر، والخوارق، والجنيات... فيفزع منها ويعيش في رعب. فيفضل تأخير أمثال هذه القصص إلى ما بعد الخامسة، وقد ألمَّ الطفل بمعلومات أكبر عنها، مما يؤكد له أن كل هذا ما هو إلا وهم وخيال، فيستمتع بها، بدلاً من أن يخاف منها ويفزع[4].

(١ و ٢) انظر: الحديدي: ٨٧، ٨٩، ٩٠.

(٣) انظر: نجيب، أحمد. (١٩٩٤). أدب الأطفال علم وفن. دار الفكر العربي: ٣٩.

(٤) انظر: الحديدي: ٨٨- ٨٩، ٩٧.

نبّه النفسانيون إلى خطورة هذه المرحلة، وأنه يجب مراعاة خصائصها في التعامل مع الصغير، وفي القصص التي تحكى له، إذ أن الخيال الذي يميز الطفل في هذه المرحلة، وقدرته على إسباغ ألوان واقعية على ما يتخيل، تستحق التوقف عندها والتفكير بها عند سرد القصة على مسامعه[١].

لا يستطيع الطفل في هذا العمر إدراك المعاني المجردة كالكرامة، والحرية، والشرف، ولا إدراك التسلسل الزمني التاريخي[٢]. إلا أنه يمكنه معرفة الخوف من خلال ما يتعرض له، ويكون الخيال عنده تعويضاً عن محدودية معرفته في الحياة؛ فيصور خياله له العصا حصاناً وأخرى سيفاً يحارب به، وترى الصغيرة في لعبتها أختاً لها أو ابنة أو صديقة... وقد ينسج الطفل من خياله الكثير من الأحداث[٣].

لا يستطيع الطفل في منتصف هذه المرحلة التمييز بين الحقيقة والخيال، فيخلط الواقع بالخيال[٤]، ويقال إن خيال الطفل في هذه المرحلة ذو صفة اقتباسية، فيهتم الطفل بالكذب إلا أن كذبهم يختلف عن كذبنا؛ فهم يكذبون استمتاعاً بحياتهم، وتعبيراً عن انفعالاتهم وعواطفهم، دون أن يقلبوا الحقائق، ويدعون المواقف المختلفة، ويثيرون المشاكل والفتن بين الناس[٥].

يبدأ الطفل خلال هذه المرحلة، وابتداء من الثالثة بالتحديد، بملاحظة تقلبات الطقس، من حار صيفاً إلى بارد شتاء، بل إنه يجد في ذلك شيئاً مثيراً، كما يلاحظ أن هناك أياماً مميزة يلتئم فيها شمل الأسرة كأيام العطل، أوقد يأكل فيها نوعاً معيناً

---

(١) انظر: عبد الله، محمد حسن. قصص الأطفال.. أصولها الفنية.. روادها. القاهرة: العربي للنشر والتوزيع: ١٧.

(٢) انظر: موسى، الفيصل. (٢٠٠٠). أدب الأطفال. إربد: دار الكندي: ٨١- ٨٢.

(٣) انظر: عبد الله: ١٧.

(٤) انظر: أبو الرضا: ٤٣- ٤٤.

(٥) انظر: الهيتي، هادي نعمان. ١٩٨٨. ثقافة الأطفال. الكويت: سلسلة عالم المعرفة: ١٨٣.

من الطعام، أو يتناول طعاماً خاصاً، أو تقدم له فيها الحلوى، أو يلبس ملابس جديدة للتنزه مع الأسرة، أو لاستقبال ضيوف يجلبون له الهدايا[1]...

يحرص الطفل على ممتلكاته، وكل ما يخصه، ويغار عليها، بل إنه يلجأ إلى السبل والوسائل كافة لاسترجاعها إذا أخذها أحد منه؛ كتأكيد منه على ذاته، وإثباتاً لوجوده[2]، لاسيما وقد وصل إلى مرحلة الوثوق بنفسه، والاعتزاز بها، والافتخار بقدراته، فيصر على الاعتماد على نفسه في كل شيء؛ ليشعر باستقلاله، رافضاً أي مساعدة يقدمها الكبار له[3].

ويحاول - في نهاية هذه المرحلة - الاستقلال عن والديه[4]، إلا أنه يكون متذبذباً بين الاستقلال عن الكبار والاعتماد عليهم، خاصة وقد تعلم الكثير، وبالرغم من ذلك يكون سعيداً بمساعدة الكبار له. فيبدأ قبيل السادسة بالابتعاد عن أمه بالتدريج، والاعتماد على نفسه بشكل كلي، وتوسيع دائرة علاقاته، محاولاً الخروج عن دائرة الأسرة، والاعتماد على أبويه وإخوته ... فيشعر بالاستقلال، ويعتد بنفسه، وقد يزداد هذا الإحساس عنده إلى درجة العناد أحياناً[5]...

يلمس الطفل بعض العلاقات الأسرية في هذه المرحلة، ويعمد إلى تقليد الكبار في كثير من الأمور، مثل بعض العبادات: كالصلاة....فترضيه القصص التي تبرز قدرة الصغير، وتفوقه، ونجاحه... فيما قد يخفق فيه الكبار، مما ينمي لديه الإحساس بالتفوق، لاسيما وهو في هذا العمر يعقد باستمرار مقارنة بينه وبين غيره من الكبار، والراشدين فيشعر بضعفه، وقلة معرفته أمامهم، فيتوق إلى امتلاك القوة،

(١) انظر: الحديدي: ٩٠- ٩١.

(٢) انظر: أبو الرضا: ٤٣- ٤٤.

(٣) انظر: الحديدي: ٨٩- ٩٠.

(٤) انظر: الحلقة: عويس: ٢٦٩.

(٥) انظر: أبو الرضا: ٣٩، ٤٣.

والقدرة على القيام بأدوارهم. مما يدفعه إلى تقليدهم في لعبه، فيتقمص دور الأب، والأخ الأكبر، أو المعلم[1]...

يصبح لعبه جاداً في الخامسة؛ فيجد فيه شغلاً وعملاً ما يقوم به، وبدلاً من أن يستخدم فيه الأشياء والمواد المعتادة، يعمد إلى استخدام مخلفات الأقمشة، ويجمع كل شيء صغير يقع تحت يده؛ ليكون منه لعبة، ولكم يجتاحه الشعور بالسعادة، وقد أنجز عملاً، أو تغلب على صعوبة ما، كما يكون شغوفاً بمعرفة كل شيء من حوله، وما يمر به من شؤون الحياة[2]...

يختلط الطفل بأقرانه ويشاركهم في اللعب، ويميل إلى الألعاب الجماعية، خاصة وقد وصل نهاية هذه المرحلة من عمره، فيكون مع رفاقه مدرسة تتألف من أساتذة وتلاميذ، أو عيادة طبيب فيها طبيب وممرضون ومرضى[3]...

ويتمكن في نهاية هذه المرحلة العمرية من ربط الأفكار بعضها ببعض[4].

يقدم للطفل في هذه السن الكتب المصورة دون كلمات؛ فالصورة في هذه المرحلة هي الوسيلة لإيصال المعنى، ومن ثم يكون الطفل بحاجة إلى من يشاركه في اكتشاف الموضوع الذي يتحدث عنه الكتاب من خلال الصور الصامتة[5].

يمكن تقديم القصة للطفل مشافهة في هذه المرحلة؛ فهو لا يعرف القراءة والكتابة، ولا استخدام أية وسيلة من وسائل التعبير، فتقدم له القصة في كتاب مطبوع من خلال الرسم فقط، وقد يصاحب الرسم كتيب، أو يستمع إليها من

---

(١) أبو الرضا: ٣٩، ٤٣.

(٢) انظر: الحديدي: ٩٦.

(٣ و ٤) انظر: أبو الرضا: ٤٥.

(٥) انظر: إبراهيم، نبيلة (١٩٨٥). الحلقة الدراسية الإقليمية لعام ١٩٨٤: كتب الأطفال ومجلاتهم في الدول المتقدمة: القاهرة: من ٢٨ يناير - ٢ فبراير ١٩٨٤م. الهيئة المصرية العامة للكتاب: ١٤٠.

خلال شريط تسجيل أو أسطوانة... تصاحب رواية القصة فيها بعض المؤثرات الصوتية، أو الغنائية، أو الموسيقية[1]. بينما يقوم الصغير بتقليب الصور أمامه[2].

ومن المفترض هنا استخدام نبرات الصوت المختلفة، والمناسبة لأحداث القصة، في تقليد أصوات الحيوانات، فلا تروى القصة من أولها إلى آخرها بنبرة واحدة، وبالوتيرة الصوتية نفسها، وإنما ينبغي المراوحة بين نبرات الصوت بحسب الحدث؛ فتشعره بحدث جلل، أو أمر عظيم، أو حزين، أو مغامرة، أو مخاطرة... فيتهيأ نفسياً له، فيحبس الطفل أنفاسه، وهو يستمع إليه، ويندمج معه؛ فسماع الطفل للقصة بنبرات صوت متميزة من خلال شريط التسجيل أو الأسطوانة، يحلق بالطفل في عوالم من المتعة[3].

وبالرغم من ذلك، فهناك قصص مخصصة لهذه المرحلة، ترافق الكلمة فيها الصورة، إلا أن الكلمة لا تشغل سوى حيز ضئيل من الصفحة بالقياس إلى الصورة، ومن ثم ليس الطفل هو المعني بهذه الكلمات؛ فهو لا يستطيع القراءة، وإنما وجهت الكلمات إلى الأم أومَن يقص القصة على الصغير[4].

وهذه الكتب تقدم أحياناً عبارات إيقاعية، على الأم أن تقرأها على مسامع طفلها، وأن تغنيها له أثناء استمتاعه بالصور وتقليبه صفحات القصة؛ فترسخ في ذهنه، ويتمكن من ترديدها[5].

كما يعد من المناسب تقديم قصص الفكاهة التي تقوم على مفارقة، أو على خطأ غير مقصود، وينبغي التنويع بين قصص أبطالها من الذكور والإناث؛ إذ يتطلع كلا النوعين إلى تحقيق ذاته الخاصة، مع وجود مساحة مشتركة بين الجنسين[6].

---

(١) انظر: موسى، عبد المعطي نمر؛ الفيصل، محمد عبد الرحيم: ٨٧.

(٢ و ٣) انظر: نجيب: أدب الأطفال علم وفن: ٤٦.

(٤ و ٥) انظر: الحلقة: إبراهيم: ١٤١.

(٦) انظر: عبد الله: ١٨.

وتؤيد الباحثة الاكتفاء بالرسم؛ إذ لا بد من أن يدرك الكبير أحداث القصة ومجرياتها من خلال الرسم، وتفضل ترك الفرصة للصغير في أن يتأمل الصور، ويتخيل الأحداث كما يشاء، لاسيما وهو يتمتع بخيال حاد في هذا العمر...

كما يمكن الاستعانة بالإذاعة، والتلفزيون، والمسرح، أو السينما في تقديم القصة للطفل في هذه المرحلة؛ إذ تصاحب الصورة فيها الصوت، دون الحاجة إلى كتاب مصور[١]...

لذا يهمل شكل الخط، وحجم الكلمة في هذه الكتب، فيكون الكلام فيها عادياً. وتندرج الأغنيات أو الكلمات الإيقاعية التي تقدمها تحت مسمى الموروث الشعبي؛ فهي إما أن تشير إلى لغز شعبي، أو إلى لعبة من الألعاب الجماعية، أو إلى أغنية موروثة يبدأ الطفل في حفظها؛ ليشارك الجماعة في إنشادها[٢].

ولابد من أن تنتهي القصة نهاية سعيدة، يسود فيها العدل، والعطف، والحنان، مما يدخل البهجة والسرور إلى نفس الطفل، خاصة وهو ينشد الأمان في أحضان الكبار[٣]، ويرغب في أن يكون في حضن أحد والديه أو قريباً منهم على الأقل، وهو يستمع إلى قصة ما قبل النوم، وهي أول عهده بالأدب في المنزل؛ فينام مرتاحاً، ويرى أحلاماً وردية[٤].

عدا عن أنه يكون بحاجة إلى من يسمعه، ويتبادل الحديث معه، أو يقص عليه قصة، ويريه الصورة المعبرة عما يسمع فيربط بين الكلام المسموع والصورة (يربط

---

(١) انظر: نجيب: أدب الأطفال علم وفن: ٤٦.

(٢) انظر: الحلقة: إبراهيم: ١٤١.

(٣) انظر: الحلقة: عويس: ٢٦٩.

(٤) انظر: الحديدي: ٨٧.

بين المسموع والمرئي)؛ الأمر الذي يسهم في تربية الصغير، وتنشئته نشأة صحيحة سليمة^(١).

يجذب الطفل القصة المليئة باللهو البسيط، الـذي يسـتطيع أن يفهمه^(٢)، وتكون مرتبطـة بالحياة والواقع، دون أن تفسد استمتاعه بخيال الطفولة^(٣).

تعد القصص على ألسنة الحيوان، هي الأنسب لهذا العمر؛ فهي تؤكد على الـذات مـن خـلال تغلب البطل على المصاعب، وتحقيق هدفه؛ مما يرضي خيال الطفل، وتطلعه المبكر إلى الخبرة في مجتمعه؛ إذ تأخذ الحيوانات أماكن البشر، وأوصافهم، وطباعهم الخيرة والشريرة^(٤).

ويجب أن تكون القصص المقدمة للطفل في هذا العمر، بسيطة الحدث، بعيدة عـن التركيـب والعلاقات الفنية المعقدة^(٥)، ومؤكدة على علاقات الصغير^(٦)، فيكفـي أن يُبنـى الحـدث علـى علاقـة واحدة؛ ليتمكن الصغير مـن متابعتهـا، واستيعابها، والاستفادة منهـا، وقد اتضح عنده التصـور الذهني^(٧)... كما يرغب الطفل في أن يكون بطل القصة بـدلاً مـن بطلهـا، فيستحسـن أن تقرأ الأم القصة في وقت سابق؛ متخذة منها نموذجاً، أو دليلاً تنسج على منواله، مضمنة إياها خبرات الصغير، وتجاربه بالنسبة لبيئته، لا أن تقصها عليه كما وردت. إذ ينسجم الطفل- وبخاصة في السـنة الثانيـة والنصف- مع هذه القصص المصطنعة، ويتفاعل معها، ويستمتع

---

(١) انظر: الحلقة: عويس: ١٦٩.

(٢) انظر: الحديدي: ٨٧، ٨٩.

(٣) انظر: موسى، الفيصل: ٨٣.

(٤) انظر: عبد الله: ١٨.

(٥) انظر: أبو الرضا: ٤٠.

(٦) انظر: الحلقة: عويس: ٢٦٩.

(٧) انظر: أبو الرضا: ٤٠.

بها، أكثر من استمتاعه بالقصص المعدة خصيصاً له، والتي يراها غريبة عنه، بينما يجد المصطنعة متصلة بحياته، وخبراته، وتشبهه بشكل أو بآخر[١].

وهذا النوع من الخيال يجعل الطفل معجباً بالقصص الخيالية، التي شخصياتها من الجمادات، أو الحيوانات، أو الطيور الناطقة والمتحركة[٢].

ومن هنا تُنصح الأم باستبدال اسم صغيرها باسم بطل القصة التي ترويها له، وأن تحاول الاقتراب فيها من حياته، وسلوكياته، وتصرفاته؛ فيخرج بفائدة، أو عظة، أو عبرة ما في نهاية القصة[٣].

يبني الطفل تصوره في هذه المرحلة على تجاربه الشخصية والذاتية؛ مما يجعل الكتب المناسبة له هي تلك التي تساعده على اكتشاف الأبعاد المختلفة للفكرة الواحدة، والقصص التي تساعده على الانسجام مع الحياة، وتجاربها، وخبراتها الجديدة والمخيفة في حياته، بعيداً عن الكبار، لاسيما وهو ينشد الاستقلال عنهم، فهذه الأحداث وإن كانت مألوفة بالنسبة له، إلا أنها تفسر العناصر والأشياء المحيطة به في محيطه الخاص، كما أن القصة غالباً ما تقدم للطفل تفسيراً للعلاقات الغامضة التي يجدها خارج الأسرة وبعيداً عنها. وتبقى مسألة العمر المناسب لطرح مشكلات الحياة والموضوعات المختلفة مسألة نسبية، تتوقف على عمر الطفل وعمق تجربته، ولا بد من أن يكون لدى المدرسين وأمناء المكتبات معرفة وثيقة بالأطفال، وما يناسبهم في مراحلهم المختلفة، فيصلوا إلى قلوبهم وعواطفهم[٤].

(١ و ٢) انظر: الحديدي: ٧٦، ٨٧ – ٨٨.

(٣) انظر: الحلقة: عويس: ٢٦٩.

(٤) انظر: الحديدي: ٨٧- ٨٨، ٨٠.

يمكن تضمين الموت في قصص الأطفال لهذه المرحلة، إلا أنه يجب ألا يكون نهاية قاسية تفزع الصغير، وإنما يمكن توظيفه كوسيلة لإبعاد إحدى الشخصيات في وقت من الأوقات[1].

يمكن في نهاية هذه المرحلة تقديم القصص ذات العقدة السهلة البسيطة، وقد كانت القصص المقدمة له قبل ذلك استطرادية، تصف الأحداث اليومية وصفاً صادقاً... ولا تحتاج إلى عقدة أو مشكلة... تستغل خبرات الطفل السعيدة، وتقدم له الأصوات المرحة؛ مما يزيد بهجته وسعادته بها[2]، وبخاصة في السنتين الثانية والثالثة من عمره.

يميل الطفل خلال هذه المرحلة إلى قصص الحيوانات، والطيور، والحكايات الخرافية، وقصص الإيهام، والخيال[3].

تروق للطفل - في العامين الثاني والثالث وتنال إعجابه - القصص التي تدور أحداثها حول الطقس، وأيام العطل، والأعياد[4]...

تلائم الطفل ذا السنوات الثلاث، القصص نفسها المقدمة لابن سنتين من قصص الحيوان، والطيور... وبالخصائص نفسها، على أن تكون أكثر طولاً، وتحوي تفاصيل أكبر، وتُفضَّل القصص المصورة[5].

تعيب بعض النظريات التربوية على القصص التي تكون الحيوانات فيها ناطقة، من باب أن في هذا تضليلاً وخداعاً للطفل؛ فالحيوانات لا تتكلم في الحقيقة، فمن الخطأ أن يجعل كاتب " كل التعبيرات اللفظية تخرج على لسان هذه الأشياء في

---

(١) انظر: الحديدي: ٨٧- ٨٨، ٨٠.

(٢) انظر: نجيب: أدب الأطفال علم وفن: ٤٥.

(٣) انظر: الحديدي: ٩١.

(٤) انظر: موسى، الفيصل: ٩٧.

(٥) انظر: الحديدي: ٩٤.

قصص الأطفال؛ أملاً في مساعدة الطفل على التفكير السليم، وذلك لأنه لا يستطيع أحد أن يؤثر في طريقة تفكيرهم، وهم يتخلصون منها عندما تزداد تجربتهم لحياة الواقع"[1].

ولا مسوغ عند الباحثة لمثل هذه الاعتراضات من قبل التربويين ونظرياتهم التربوية؛ فمن قال إن الحيوانات لا تتكلم في الحقيقة؟! الحيوانات والحشرات، والطيور والأ... والأ... جميعها تتكلم، ولكن بلغة خاصة بها لا نفهمها نحن معشر البشر، وحديث الحيوانات في قصص الأطفال ليس وليد العصر الحديث، فالحيوانات في جميع قصص الأطفال في العالم ناطقة، وتكفينا نظرة متفحصة إلى كليلة ودمنة؛ لنتبين مدى صحة ما ذهبنا إليه.

وكثيراً ما نرى في حياتنا اليومية قطتين تقفان أمام بعضهما أو بجوار بعضهما، تموءان بنبرات صوتية مختلفة، قد تتعانق القطتان بعدها، وقد تندلع معركة شرسة بينهما، مما يدفعنا إلى تصور أنهما إنما كانتا تتبادلان الشتائم، وعبارات التهديد والوعيد فيما بينهما.

ينبغي انتهاز فرصة انشغال الطفل بالكلمات والأصوات في هذا العمر، وإشباع رغبته في ترديد الكلمات، وتقديم ما يناسبه من كتب؛ فيتعلم كلمات وألفاظاً جديدة، الأمر الذي يهيئه لتعلم القراءة في جو من السعادة، فينتقل من مرحلة الاستماع إلى مرحلة القراءة بسهولة، وقد تكونت لديه بعض المهارات القرائية المتعلقة بالقراءة، فنلقنه كلمة التوحيد مثلاً فيعتاد على تكرارها، كما يمكن قراءة قصار السور على مسامعه، فتنمي جملها القصيرة إمكاناته اللغوية، وبخاصة إذا حفظها[2].

---

(١) انظر: الحديدي: ٩٤.
(٢) انظر: أبو الرضا: ٣٩.

وتلعب القصة دوراً في التنفيس عن الطفل في هذه المرحلة، إذ يقاسم الولد الشقي شقاوته، ويُفرِّغ من خلال ذلك ما بداخله من طاقة، ويعجب بطريقة تخلصه من المآزق، ويبتهج لنجاته وكأنه هو الذي نجا[1].

يستمتع الصغير بالقصص التي تشرح أحاسيسه ومشاعره، كالإحساس بالفرح عند إنجاز عمل ما، وفرحه بتحمل المسئولية، والشعور بخيبة الأمل عند الإخفاق في أمر معين[2].

يحب الطفل الاعتياد على سماع جملة تقليدية تؤذن بانتهاء القصة، مثل: توتة توتة خلصت الحدوتة، وعاشوا في ثبات ونبات، وخلفوا صبيان وبنات[3]...

كما تجذبه القصص التقليدية بما فيها من صراع، وعمل، وتكرارها التعبيرات التي تدخل البهجة والسرور، إلى نفس الطفل، وتساعده على التذكر[4].

بالإضافة إلى القصص التي يثاب فيها المحسن ويعاقب المسيء؛ مما يستثير عنده فعل الخير، ويجعله أحرص على إقامة العدل، ومعاقبة المذنب[5].

يقع على عاتق المعلم استبدال لغة سهلة بسيطة بلغة القصة، تناسب بساطة أفكار القصة، وبساطة المتلقي الصغير؛ إذا كانت لغة القصة أعلى من مستوى إدراكه[6].

تستطيع المعلمة أن تُشرك الطفل في القصة؛ فتتوقف في بعض المواضع بين الحين والآخر، وتتيح له الإدلاء بآرائه وتوقعاته حول الأحداث التالية، أو حول نهاية القصة؛ فتشد انتباه الصغير، وتجذبه إلى القصة[7].

(١و ٢ و٣ و٤ و٥) انظر: الحديدي: ٩٥- ٩٧، ٨٩.

(٦) انظر أبو الرضا: ٤٢- ٤٣.

(٧) انظر: الحديدي: ٩٧.

لا يحتاج طفل الخامسة إلى توضيح القصة توضيحاً كاملاً بالصور؛ إذ تكونت لديه معرفة كافية؛ لتصوير كثير من الخيالات والأفكار، إلا إذا كان في القصة شيء غير مألوف، وعندها يجب أن يحدد بالتوضيح، فيفهم الطفل القصة فهماً كاملاً. ومن ثم كان من الحماقة أن تشرح المعلمه القصص الغنائية، وتوضحها من خلال الصور؛ إذ لا يقصد من وراء هذا النوع من القصص إفهام القصة للطفل، وإنما تعويد أذنه على الإيقاع، والأنغام، والفن الموسيقي، وموسيقى الألفاظ[1].

يحب الطفل في هذا العمر وبخاصة في عمر خمس سنوات، القصص ذات النمط التمثيلي؛ إذ يندمج بسهولة ويسر مع أي موقف، وفي أية شخصية؛ فهو ممثل كبير، يستطيع تمثيل الكثير من القصص الغنائية والتقليدية، ويألفها ويتعرف على أدوارها بسهولة؛ ومن الممكن أن يقرأ المدرس الأدوار أمام الصغار؛ معطياً قدوة وإرشاداً للذين سيمثلون منهم؛ فيجعل من القصة وحدة متكاملة[2].

وأفضل وسيلة لتقديم القصص لطفل الخامسة هي مسرح العرائس[3]؛ إذ لا مجال لفهم الأحداث فهماً خاطئاً، وقد شاهدها الطفل تجري أمامه[4].

٢- مرحلة الطفولة المتوسطة (الخيال الحر أو مرحلة الاكتشاف والتعرف):

تمتد من ٦ – ٨ أو ٩ سنوات، يدخل الصغير هذه المرحلة، وقد ألمّ بكثير من الخبرات المتعلقة ببيئته، وتطلع إلى عوالم أخرى خارج هذه البيئة، كالجن، والأشباح، والعفاريت[5]... فهو شديد الفضول وحب الاستطلاع لكل ما هو وراء الظواهر الطبيعية والواقعية التي خبرها وعرفها؛ فيلاحق من حوله بالأسئلة الكثيرة حول

(١ و٢ و٣) انظر: الحديدي: ٩٧.

(٤) انظر: موسى، الفيصل: ٩٨.

(٥) انظر: الحديدي: ٩٦.

المعاني، ويستبد به الفضول الذي لا يكل ولا يشبع[١]. لاسيما وقد تجاوز خياله الخيال المحدود بالبيئة، إلى الخيال التركيبي الإبداعي الموجه إلى غاية عملية، ويطلق عليه الخيال المطلق[٢]، أو الخيال الحر؛ إذ يتخيل الطفل أشياء غير مألوفة في عالمه وبيئته، كالجنيات، والساحرات، والأقزام، والعمالقة والملائكة، والحور... مما تتضمنه القصص الخيالية[٣]؛ إذ يشكل الخيال وسيلة الصغير في التعرف على ما وراء الطبيعة، والبيئة المحيطة به، ومن ثم يمكن أن يتقبّل قصص كليلة ودمنة، وبعض أساطير الشعوب المناسبة لسنه، مع ضرورة إطلاعه على أن هذا ما هو إلا مجرد وهم، وخيال، لا وجود له في الواقع، خاصة والطفل يرغب في معرفة حقيقة ما يسمع ويقرأ[٤]...

كما تنمو حصيلته اللغوية فيستطيع التعبير عن نفسه؛ فلم يعد يصنع من الكرسي المقلوب سيارة، ومن العصا حصاناً... فهو يلمس الأشياء ويتعرف عليها؛ إذ إن حب الاستطلاع هو الصفة التي تسيطر على هذه المرحلة؛ فيريد الطفل أن يعرف كل شيء، فيوجه نوعين من الأسئلة، وعلى الكبار أن يجدوا لها إجابات مقنعة، دون أن يشعر الطفل بأنهم يكذبون عليه. يصدر النوع الأول من هذه الأسئلة عن شعور الصغير بالخوف؛ فتدور أسئلته عن كل ما يشكل خوفاً بالنسبة له: كالحيوانات المفترسة، واللصوص، والأشباح، والعفاريت، والموت، والجنة والنار... وقد يسأل عن الذات الإلهية، وكيف يتصورها، وأين توجد، ولماذا تميت الناس...؟! بينما ينطلق النوع الثاني من هذه الأسئلة من الرغبة في التعرف إلى الجنس؛ فينحاز إلى اللعب مع أقرانه من الصبية، والبنت مع البنات، وقد رى أمه

---

(١) انظر: الحلقة: عويس: ٢٦٩.

(٢) انظر: الحديدي: ٩٧.

(٣) انظر: الحلقة: الهيتي: ١٨٣.

(٤) انظر: الحلقة: عويس: ٢٦٩.

حاملاً، أو سمع من أقرانه عن أشياء كهذه[١]...

يبقى الطفل مندفعاً وراء غرائزه وميوله، فهو لم يعرف معنى الأخلاق الفاضلة والمعايير الاجتماعية بعد[٢]. إلا أنه يكون لديه استعداد للتعلم، ورغبة في إنجاز الأعمال المختلفة، ومعرفة كل جديد يمر به في حياته[٣]؛ فيتعلم في هذا العمر القراءة والكتابة، ويتقنهما بالمستوى العادي[٤]؛ إذ تزداد قدرته على الانتباه والتركيز، ويحقق الاستقلال في القراءة، فيقرأ باستغراق كامل، ويكتشف أن القراءة ممتعة، فيقبل عليها كهواية، ويرغب في أن يقرأ على انفراد، وبهدوء لا يقطعه عليه أحد، بل إنه يحب القراءة الجهرية؛ لمجرد اللهو والتسلية، وقد تطور عنده تذوق الفكاهة والإحساس بها؛ فيستمتع بالمواقف المتناقضة والمتباينة، وتسعده الفكاهة الخشنة، والهزل النابع من العنف، ومن ثم يصلح له، الأدب الذي يشجعه على تقدير الفكاهة.ويلاحظ على الكثير من أطفال التاسعة، ولعهم بالقراءة، والتنوع الواسع في القدرات والاهتمامات القرائية[٥].

كما يحرص على إنجاز كل ما يطلب منه بأقصى جهده. ولا تجدي الأوامر والمواعظ نفعاً، في توجيهه إلى سلوك معين خلال هذه الفترة، وإنما يمكن استغلال ميول الصغير إلى اللعب والتمثيل، من خلال القصص التي تقدم القدوة الحسنة والنماذج الطيبة[٦]...

يحتاج الطفل في هذه المرحلة إلى منوعات كثيرة من الكتب، أبرزها: التمثيليات

---

(١) انظر: أبو الرضا: ٤٦.

(٢) انظر: عبد الله: ١٨- ١٩.

(٣) انظر: موسى، الفيصل: ٨٣.

(٤) انظر: الحلقة: عويس: ٢٦٩.

(٥) انظر: الحديدي: ٩٨.

(٦) انظر: موسى، الفيصل: ٨٣- ٨٤.

المتخيلة؛ لتزايد خيال الطفل، كما أنه يحب تحويل القصة البسيطة إلى تمثيليات درامية، فكلما كانت القصة ممثلة كانت أكثر جذباً للصغار في هذا العمر، كما يستمتع بكتب المسلسلات، والألغاز، والفوازير، وقصص الأسرار، والغموض[١]...

أكثر القصص جاذبية لطفل هذه المرحلة، هي القصص التراثية والشعبية[٢]، ونعني بهذا الإفادة من الموروث الشعبي، لا الالتزام بحرفية هذه النصوص[٣].

يبدأ بطل هذه القصص حياته صغيراً مغموراً فقيراً، إلا أنه يواجه الحياة، ويخوض المغامرات الواحدة تلو الأخرى، فيقضي على الشر؛ من خلال حبكة قصصية مناسبة، ومن ثم يكبر، ويشتهر، ويصبح غنياً، وغالباً ما يتوج بالزواج من ابنة الملك، وبهذا يكون قد وصل إلى قمة الرفعة والمجد[٤].

وتؤكد الدراسات السيكولوجية، على أن مثل هذا البناء القصصي يعد استجابة مباشرة للعمليات اللاشعورية، التي لا تكف عن الحركة داخل الإنسان؛ فتدفعه إلى التخلص من كل ما يعيقه في حياته على المستويين الشعوري واللاشعوري، الأمر الذي يساعده على اكتمال شخصيته، ومن ثم يعيش حياة انسجام تام مع عالميه الداخلي والخارجي[٥].

يحب الطفل أن تكون القصص المقدمة إليه قصيرة، مثيرة، أحداثها سريعة، ويمكن أن يستمتع بقصة طويلة؛ إذا شكل كل فصل فيها حادثاً متكاملاً. بالإضافة إلى قصص المغامرات المتخيلة كالسندباد البحري، والشاطر حسن، وعنترة بن شداد، وأبي زيد الهلالي... وكتب المعلومات المحددة التي قد تجيب عن الأسئلة

---

(١) انظر: موسى، الفيصل: ٨٣- ٨٤.

(٢) انظر: الحديدي: ٩٨.

(٣) انظر: أبو الرضا: ٤٦.

(٤ و٥) انظر: الحلقة: إبراهيم: ١٤٢- ١٤٣.

والاستفسارات التي تدور في ذهن الصغير، وتراجم رجال الحروب[1]... كالقادة العظام البارزين في المعارك والغزوات، والحروب كالرسول عليه السلام، وصحابته رضوان الله عليهم، من أمثال: علي ابن أبي طالب، وخالد بن الوليد، وعمرو بن العاص، وأسامة بن زيد... ومن سار على نهجهم فيما بعد مثل: طارق بن زياد، وموسى بن نصير، وعز الدين القسام، وعمر المختار...

كما يستمر إعجابه بقصص الحيوان، ويستطيع إدراك المجردات، واعتناق القيم، وتمسكه بها: كالصدق، والأمانة، والعدل، والتعاون، والشجاعة، والعمل... وتشكل هذه القيم موضوعات مناسبة لقصص الأطفال في هذه المرحلة العمرية؛ إذ تخلق لدى الطفل الألفة مع العالم الذي يعيش فيه، وتقدم له الخبرة بالسلوك الإنساني، وإن استهوته قصص المغامرة، والأساطير، والخرافات؛ فيشبع من خلالها حاجته إلى القوة، وتطلعه إلى نماذج يحتذي بها، إلا أنه ينبغي تجنب إثارة مخاوفه، وألمه، وكل ما يقلقه[2].

وتلفت الكتب التي يقرأها أفراد العائلة، كالأب والأم والأخ الأكبر... نظر الصغير، بالرغم من أنها أعلى من مستواه العقلي والإدراكي والقرائي، يدفعه إلى ذلك رغبته في استطلاع عالم الكبار واكتشافه[3].

ينمو ضمير الطفل، وينضج في هذه الفترة؛ فيطلب مسوغاً لكل خطأ يقع فيه، ويقبل على القصص التي تشبع لديه العدل، وتطبيق القوانين، وإثابة المحسن، ومعاقبة المسيء، وقد ازدادت حساسيته للنقد[4].

---

(١) انظر: الحديدي: ٩٨- ١٠٠.

(٢) انظر: عبد الله: ١٩.

(٣) انظر: الحديدي: ١٠٠.

(٤) انظر: أبو الرضا: ٤٧.

كما يجذبه القصص التاريخي؛ فيتعمق في الماضي، ويتجه إلى كتب التراجم، والسير الذاتية، والحياة في الماضي عند شعبه، وشعوب الأمم الأخرى[1]... إذ تعطيه التراجم البسيطة والقصص التاريخية الخيالية الإحساس بالماضي، إلا أن الفهم الدقيق للتسلسل الزمني يبقى فوق مستوى إدراك من هم في مثل سنه، حتى نهاية هذه المرحلة[2]. فيظل تصوره للزمن غامضاً، ومبهماً، ويحتاج إلى كتب تساعده على فهم تصورات الوقت ومدلولاته[3].

يتأخر دخول القصص الواقعي إلى عالم الطفل، حتى يصبح بإمكانه أن يفهم القصة المقدمة إليه بمفرده، فهي تقدم له المعرفة، وتنشط إدراكه لفكرة أو ظاهرة ما، من خلال رسالة لغوية محددة الهدف، إذ يتراجع دور الصورة، مفسحاً للكلمة موقع الصدارة[4].

وفي نهاية هذه المرحلة يميل الطفل إلى اقتناء الكتب، وبخاصة تلك التي تشبع حاجاته، وتجيبه عن كل ما يدور في ذهنه من استفسارات[5].

تقل أنانية الطفل فيهتم بالآخرين، ويقوى اتصاله بأقرانه ويزداد؛ ليؤكد على ذاته[6]؛ فيعمل على تكوين جماعات من الأصدقاء في المدرسة، وفي الحي الذي يسكنه[7]... ويحب القصص التي تدعم استقلاله عن الكبار، واعتماده على نفسه وذاته[8]، وهنا يكون بحاجة إلى القصص التي تعالج هذا اللون من الحياة

---

(١) انظر: الحديدي: ١٠٠.

(٢) انظر: أبو الرضا: ٤٦.

(٣) انظر: الحديدي: ٩٨.

(٤) انظر: الحلقة: إبراهيم: ١٤٥.

(٥ و ٦) انظر: أبو الرضا: ٤٧- ٤٨.

(٧) انظر: الحديدي: ٩٩- ١٠٠.

(٨) انظر: أبو الرضا: ٤٧.

الاجتماعية، فتطرح لهم الأمثلة، وتقدم لهم القدوة الحسنة، التي يمكنهم الاقتداء بها، والسير على نهجها في اختيار الأصدقاء[1].

يمكن أن يمنح الطفل فرصة اختيار الكتاب الذي سيقرؤه؛ تشجيعاً له في الاعتماد على نفسه، والاستقلال عن الكبار وتشجيعه على الذهاب إلى المكتبة العامة أو المدرسية، دون وصاية الكبار، ومن ثم مناقشته فيما يقرأ حتى يشعر بالاهتمام والأمن والاطمئنان...وهو ما يحتاج إليه في هذا العمر؛ كي لا يفقد توازنه، وهو ينشد الاستقلال عن الكبار[2].

ويبدأ في هذا الطور الاختلاف بين البنين والبنات في الاهتمامات، فتُطبع الكثير من أنشطة الطرفين بطابع النوع، ومن ثم يكونون بحاجة إلى من يكون على وعي تام بهذه الاختلافات النوعية، سواء أ كانوا من الآباء، أو الأمهات، أو المدرسين... حتى يتمكنوا من إرشاد الصغار إلى اختيار المناسب لهم من كتب وأدب، تواجه الاهتمامات، والقدرات المختلفة والمتنوعة[3].

٣- مرحلة الطفولة المتأخرة (التمرد والتفرد):

تمتد من ٨ - ١٢ سنة أو من ٩ - ١٣ سنة، يستقل الطفل فيها عن والديه في قضاء حاجاته ورغباته، ويزيد إحساسه بذاته؛ مما يجعل التمرد والتفرد، هما السمة البارزة والمميزة لابن هذه المرحلة، والبطولة هي ما يحلم به، ويطمح إلى تحقيقه، وبناء عليه يتخذ قدوة ومثلاً أعلى له[4].

(١ و٢ و٣) انظر: الحديدي: ٩٩- ١٠٠.

(٤) انظر: عبد الله: ١٩.

وتعد امتداداً للمرحلة السابقة من حيث النمو الجسماني، إذ تتنوع فيها الاهتمامات بين الجنسين[1]، وبخاصة في نهاية هذه المرحلة، التي تسبق فيها الفتاة الصبي في الولوج إلى مرحلة المراهقة[2].

يميل الذكر فيها إلى الشجار والمقاتلة؛ فيتسلق الأشجار، ويقتلع النباتات، ويقطف ثمار الآخرين، ويهرب مع شلته من المدرسة... ويحب فرض سيطرته، ويشارك في الألعاب التي تتطلب الشجاعة والمنافسة؛ فيكوّن فرقاً للحرب والقتال، والهجوم على أخرى معادية[3]... مما يجعل من المناسب أن تقدم له قصص المغامرات والمخاطرات، والشجاعة، والعنف، وقصص الأبطال، والمكتشفين الحقيقيين[4]... كابن بطوطة، وابن جبير، وماجلان... وقصص الأبطال الخياليين: كالسندباد، وعقلة الأصبع، والشاطر حسن، والأبطال الشعبيين: كعنترة بن شداد، وأبي زيد الهلالي، وسيف بن ذي يزن[5]... مما جعل البعض يسميه بدور البطولة والمغامرة[6].

إلا أنه لا بد من وأن تكون فكرة القصة، ودوافعها، وغاياتها شريفة، ومحترمة؛ إذ كثيراً ما يخرج الطفل عن نظام أسرته، بتشجيع من أقرانه المتأثرين بقصص ذات أهداف غير سوية، قد تشجع على اللصوصية، وتكوين العصابات، أو القيام بمغامرات حمقاء... كقصص الأبطال، والرحالة، والمكتشفين للبترول، والصحراء،

---

(١) انظر: نجيب: أدب الأطفال علم وفن: ٤٣.

(٢) انظر: عبد الله: ١٩.

(٣) انظر: مقدادي، موفق رياض. (٢٠٠٠). القصة في أدب الأطفال في الأردن: روضة الهدهد نموذجاً. عمان: الروزنا: ٢٤.

(٤) انظر: موسى، الفيصل: ٩٨.

(٥) انظر: نجيب: أدب الأطفال علم وفن: ٤٣.

(٦) انظر: الحديدي: ١٠٢.

والقارات، والعالم... وليس هذا النوع من البطولة مقصوراً على الحقيقة، وإنما يمكن أن يشمل الخيال أيضاً: كقصص أبي زيد الهلالي، والسندباد البحري[1]...

في الوقت الذي تبدأ فيه الفتاة بالاهتمام بنفسها، وتأمُّل صورتها، فتحرص على أن تكون جميلة، كما تميل في نهاية هذه المرحلة إلى الانفراد بنفسها بعض الوقت تمسك بكتابها، أو تسمع إلى المذياع، أو تشاهد التلفاز...[2] كما تهتم بالكتب التي تتناول الحياة الأسرية والمنزلية، والزهور، والطبيعة... من مظاهر الجمال، بالإضافة إلى القصص الدينية، والقصص التي تزخر بالعواطف والانفعالات[3]...

بالرغم من الفروق الواضحة بين الذكور والإناث في هذه المرحلة، إلا أنهما يشتركان في الميل إلى العمل الجماعي، والألعاب الجماعية كالتمثيل ... كما يشتركان في قوة الحافظة، واستعادة المعلومات، والقدرة على التذكر[4].

يهتم الطفل في هذا العمر بالحقيقة والواقع، ويبتعد عن الخيال والوجدانية بعض الشيء[5]، ويميل إلى المثالية، مما دفع بعضهم إلى نعت هذه الفترة العمرية بالمثالية[6].

يتقبل الطفل في هذه المرحلة آراء الآخرين الذين يعجب بهم دون مناقشة[7]، ويتخذ لنفسه قدوة أو مثلاً أعلى من غير الوالدين، قد يكون نجماً سينمائياً،

---

(١) انظر: الحديدي: ١٠٢.

(٢) انظر: عبد الله: ٢٠.

(٣) انظر: عمرو، عبد الغافر، صبح: ٩٤.

(٤) انظر: عبد الله: ١٩- ٢٠.

(٥) انظر: الحديدي: ١٠٢.

(٦) انظر: الحلقة: الهيتي: ١٨٣.

(٧) انظر: نجيب، أدب الأطفال علم وفن: ٤٢.

أو تلفزيونياً، أو إذاعياً، أو أحد المدرسين، أو أبطال الكتب... مما يجعله بحاجه إلى مساعدة في اختيار الكتاب المناسب، والذي يمكن أن يقدم له مثلاً أعلى يحتذي به[1].

يطرأ تغير على علاقات الطفل العائلية؛ فيحدد في نهاية هذه المرحلة موقفه من والديه، متحدياً سلطتهما؛ لاختبار موقفه منهما؛ مما يجعله بحاجة إلى أدب يفهم من خلاله العلاقات الأسرية المتغيرة، وأهمية انضمامه تحت لوائها[2]، خاصة وهو في هذه المرحلة أكثر خروجاً عن خط الأسرة، والإحساس بالاستقلال عنها؛ مما يدفعه إلى توسيع علاقاته مع الآخرين[3].

يزداد اهتمام الطفل بالقراءة، فيقضي فيها (القراءة) وقتاً أطول أكثر من أي مرحلة أخرى، وبخاصة في الموضوعات التي توافق ميوله وتهمه، بالإضافة إلى الأدب ذي الخيال الخصب والخيال التاريخي، لاسيما وهو يهتم في هذا العمر بتسلسل أحداث الماضي، ويبدأ إحساسه بالزمن، ويتمكن من رؤية كثير من الأبعاد لمشكلة من المشكلات[4]. ويطلق على خيال الطفل في هذه المرحلة أحلام اليقظة؛ إذ فيها أخيلة، وكثير من التزيين، والزخرفة[5].

يستطيع الطفل متابعة المشكلات من وجهات نظر متعددة[6]، ويحتاج إلى أدب يعالج الأحداث والمشكلات من وجهات نظر مختلفة، كما يحتاج إلى الإرشاد؛ كي

---

(١) انظر: الحلقة: عويس: ٢٠٧.

(٢) انظر: الحديدي: ١٠١.

(٣) انظر: أبو الرضا: ٤٨.

(٤) انظر: الحديدي: ١٠٠- ١٠١.

(٥) انظر: الحلقة: الهيتي: ١٨٣.

(٦) انظر: أبو الرضا: ٤٨.

ينقد الآراء المنحرفة، والمغرضة، والمنحازة، وزيادة فهم الصغير للواقع، يوضح صور الخيال في ذهنه، ويجعله بحاجة إلى التشجيع؛ ليقرأ الأدب المتخيل(١).

يظهر لدى الطفل ميل إلى الجمع والادخار، أو التملك والاقتناء، ومن ثم يكون بحاجة إلى نوع من التوجيه السليم والرعاية؛ كي لا يتصف بالبخل والشح، أو ينصرف نحو السرقة في سبيل اقتناء وحيازة ما يحب(٢).

يزداد إحساس الطفل بذاته، ويعمل على إثباتها، ويهتم بعواطفه وعواطف الآخرين، ويبحث عن القيم، وينفتح على العالم، ويهتم بمشكلاته، ويفكر كثيراً بالمستقبل، ومن ثم ينبغي تقديم القصص المليئة بالمعلومات عن المهن المختلفة: كالهندسة، والطب، والطيران، والتدريس... ليتمكن من اختيار مهنة المستقبل الاختيار الصحيح في المرحلة التالية من حياته(٣).

كما يحتاج إلى كتب تحركه وتدفعه إلى المناقشة الجماعية، وإثبات الذات مع الآخرين، وتزيد قدرته على الاحتمال، وتبرز اهتمامه بالأنشطة العامة كالرياضة... ومن ثم يكون بحاجة إلى أدب يعقد صلة بين القراءة والأحداث من حوله، ويزوده بفرص لمناقشة أهمية الكتب بالنسبة للفرد والجماعة(٤).

تتسم هذه المرحلة بتفجير الطاقات الاستيعابية عند الطفل؛ فهو يستطيع الحفظ، والتلخيص، واستعادة المعلومات، يعينه على ذلك معجمه اللغوي النشط؛ فيفهم الكنايات، ودلالات الرموز، كما يتمتع بقدرة على استخلاص الأفكار وتنظيمها(٥).

---

(١) انظر: الحديدي: ١٠١.

(٢) انظر: عمرو، عبد الغافر، صبح: ٩٣.

(٣ و٤) انظر: الحديدي: ١٠١.

(٥) انظر: عبد الله: ٢٠.

٤- المرحلة المصاحبة للمراهقة:

تمتد من ١٢ أو ١٣ – ١٨ سنة، أو ما بعدها، وهي مرحلة انتقال من حالة إلى أخرى مغايرة (مختلفة)، فهو انتقال من الطفولة إلى الرجولة أو الأنوثة، تكون نهايتها في صميم مرحلة المراهقة؛ إذ تكون الرغبة في التظاهر بالرجولة في أوجها، والتظاهر بالأنوثة في قمتها عند الفتاة، إلا أن علماء النفس ينبهون إلى فترة متراجعة على مشارف البلوغ تدعى الكمون، تشبه عندهم من يستعد للوثوب إلى الأمام، يتراجع خطوة إلى الخلف، تعينه على إدراك غايته، فالمراهق يكاد يتراجع إلى طفولته فترة زمنية قصيرة، يبدو فيها مضطرباً، مشاكساً، قلقاً، قد يتعثر لغوياً، وقد يلعب بأدوات تخطاها ونبذها منذ زمن، أو يعود إلى قراءة المجلات التي تجاوزتها قدراته المعرفية[١].

وتبدأ هذه المرحلة مبكرة عند الفتيات بما يقارب سنة؛ نتيجة التغيرات الجسمانية الواضحة عليها، يصحبها ظهور الغريزة الجنسية والاجتماعية . ولا تجد الغريزة الجنسية إشباعاً مشروعاً عن طريق الزواج، كما أن المعلومات الناقصة أو الخاطئة في هذه المرحلة، تعرقل اجتياز الصغير لها؛ مما يجعله يميل إلى قصص المغامرات، والبطولة، والقصص البوليسية، والقصص التي تتعرض للحياة الجنسية التي تحقق رغباته[٢]، والقصص الوجدانية، والقصص البطولية، والجاسوسية، التي تحقق الرغبات الاجتماعية، والطموحات: كالنجاح في المشاريع الاقتصادية، والوصول إلى مراتب عالية[٣].

يميل الطفل في هذه المرحلة إلى القصص التي تشعره بقوته، وتدفعه إلى أن يحلم بالزعامة والقيادة، وقد يلجأ بعضهم إلى الدين في هذه المرحلة لحماية نفسه، وقد

---

(١) انظر: مقدادي: ٢٤.

(٢) انظر: عبد الله: ٢١.

(٣) انظر: الحلقة: عويس: ٢٧٠.

ينصرف آخرون إلى أحلام اليقظة المليئة بالمستقبل الباهر. فيحلم الطفل بـالتخلص مـن سـطوة الآخرين، وسيطرتهم عليه، سواء أكانوا في البيـت أوفي المدرسـة[1]؛ لاسـيما وهـو يتعـرض لاضـطرابات وانفعالات وأزمات نفسية في هذه المرحلة، فيلجأ إلى أحلام اليقظة كمتنفس ومخرج لانفعالاته[2].

تظهر علامات البلوغ؛ فيتنكر الطفل لكل ما يربطه بعالم الطفولة، أو يلقي عليـه شـبهاً بالطفل؛ فيطغى التمرد على كل ما كان مألوفاً، حتى يطلـق عـلى تصرفاته: "خالف تعرف " فإذا خرجت الأسرة اختار البقاء في المنزل، وإن جلسوا إلى التلفـاز انفـرد في غرفتـه يقـرأ؛ فهو يـرفض التبعية، والقيود، وربما النظام، ويتخيل الاستقلال في الفوضى، وتحطيم القيود، ومسايرة النفس[3].

كما يرفض قراءة الكتب التي تعلن عناوينها أنها للأطفال، وهذا يتطلب أن تكون كتـب هـذه المرحلة ذات موضوعات مناسبة لهذه المرحلة، وبأسلوب فني راقٍ، ولغة جميلة مؤثرة[4].

يزداد إحساس الطفل بجنسه؛ فالفتى يسعى إلى التجمع مع أقرانه للعب معهـم، بينـما ينفـر من اللعب مع الفتيات، ومثل ذلك الفتاة، ويبالغ كل منهما في تقدير مواهبه الشخصية العقليـة أو الفنية أو الرياضية[5].

يصل الطفل في هذه المرحلة إلى مرحلة النضج العقلي والاجتماعي[6]، ووضوح التفكير الديني، والنظرات الفلسفية إلى الحياة[7]. فمن سن ١٨سنة وما

(١) انظر: مقدادي: ٢٤.
(٢) انظر: الحلقة: عويس: ٢٧٠.
(٣) انظر: عمرو، عبد الغافر، صبح: ٩٤.
(٤) (٥) (٦) انظر: عبد الـلـه: ٢١.
(٧) انظر: الحلقة: عويس: ٢٧١.

بعدها؛ يكون كل من الفتى والفتاة قد كوّن لنفسه بعض المبادئ الاجتماعية، والأخلاقية، والسياسية... واتضحت ميوله ومثله العليا في الحياة[1].

ويتجه الفتى/الفتاة في هذه المرحلة إلى طرح الأسئلة، والتأملات، وتحليل المعلومات... وهي الصفات التي تغلب على نشاطه العقلي، وهو يتأمل ويشاهد كل ما يقرأ، ويسمع، ويشاهد، ويتوق إلى عالم مثالي بديل لا نقص فيه كعالم الواقع وشروره، فيهرب إلى أحلام اليقظة، ويسرف في فلسفة الأشياء، وقد يطرح أسئلة عن معنى الحياة، وغاياتها، أو ضرورتها، وعن المجتمع، وقواه، وقطاعاته، وصراعاته... وهذا يعكس رغبته في عالم منظم سام يحظى بالسلام والنظام ويسوده الخير[2].

تلائم الطفل في هذه المرحلة: القصص البوليسية، والجاسوسية، وقصص المغامرات الممتزجة بالعاطفة، وقصص البطولة، والقصص الرومانسية[3].

ويكون لكل فرد في هذه الفترة العمرية مثل أعلى ذو خصائص معينة، ومن ثم كانت أكثر القصص مناسبة له تلك التي ينتصر فيها مثله الأعلى؛ مما جعل من الصعوبة بمكان حصر- القصص المناسبة لهذا العمر؛ إذ تختلف المثل العليا باختلاف الأشخاص وطباعهم وميولهم[4].

لا يمكن اعتبار هذه التقسيمات نهائية؛ فقد تتداخل هذه الأطوار والمراحل زمنياً مع بعضها بعضاً، وتختلف الفترة الزمنية لكل طور من فرد إلى آخر، ومن بيئة لأخرى؛ لذا، ينبغي على الكاتب قبل أن يشرع في الكتابة، معرفة الجمهور الذي

---

(١) انظر: عمرو، عبد الغافر، صبح: ٩٤.

(٢) انظر: الحلقة: عويس: ٢٧١.

(٣) انظر: عبد الله: ٢١- ٢٢.

(٤) انظر: الحديدي: ٨١، ١٠٢.

يكتب له، وأن يكون عالماً بخصائص أطفاله، وطباعهم، ومراحلهم العمرية، لاسيما والكتابة للأطفال تخضع لاعتبارات ثلاثة رئيسة[1]:

١- اعتبارات تربوية نفسية: إذ إن الكتابة للأطفال إنما هي ضرب من التربية، وكاتب الأطفال إنما هو مربٍ، بالدرجة الأولى، قبل أن يكون كاتباً، ولا يمكن التضحية بهذه الاعتبارات ولو جزئياً؛ لتحقيق حبكة قصصية ممتازة.

٢- اعتبارات أدبية: وهي مراعاة قواعد الكتابة الأدبية بصفة عامة، أياً كان الجنس الأدبي؛ إذ لا غنى عن مراعاة هذه القواعد، وإن كان الكاتب عالماً بأصول التربية وعلم النفس، فقصة الأطفال مثلاً تحتاج إلى فكرة، ورسم، وشخصيات... مع تشويق، وحبكة، وبناء سليم... ويجب أن تناسب كل هذه الشروط مستوى الطفل المقدمة إليه، ودرجة نموه الأدبي.

٣- اعتبارات تقنية: تتعلق بنوع الوسيط الذي ينقل الأدب إلى الطفل: من مسرح، أو كتاب، أو وسيلة إعلام... فلكل وسيط منها ظروفه وإمكاناته الخاصة، والتي يجب على الكاتب مراعاتها؛ فتقديم قصة من خلال كتاب، يختلف عن تقديمها من خلال الإذاعة أو التلفاز... إذ تجب مراعاة الخط المناسب من حيث: الحجم، والنوع، والرسم، والألوان... وهي في هذا تختلف عن القصة المقدمة للإذاعة.

---

(١) انظر: مقدادي: ٢٤- ٢٦.

دور القصة في بناء شخصية الطفل

أثبتت الدراسات النفسية للطفل أنه كلما زادت خبرات الطفل زادت قدرته على الاستيعاب، والتعلم، وحل المشكلات التي تواجهه، وكلما قلّت خبراته كان أفقه أضيق، واستيعابه أبطأ، وانفعاله أكثر في المعاملات مع الآخرين؛ فالأطفال الذين ينشأون في بيئة نشطة يكون نموهم العقلي ونضجهم الاجتماعي أسرع من سواهم، ممن يشبون في بيئة مقيدة محدودة فقيرة في مثيراتها[1].

إن بناء شخصية الطفل وتنمية قدراته العقلية، ما هو إلا انعكاس للواقع الثقافي المحيط به؛ فخصائص الشخصية والمستوى العقلي، لا يكون لدى الإنسان منذ طفولته في شكل معطيات وراثية، أو في خصائص، وقدرات جاهزة، وإنما تولد هذه القدرات في المناخ الثقافي الذي يتفاعل معه الطفل، فتنمو عمليات التفاعل بين الطفل والعالم الذي يعيش فيه[2].

تنفرد الأسرة بالدور الرئيس الأول في تكوين شخصية الطفل، والتي تقوم بهذا الدور بشكل خاطئ، وطريقة غير سليمة، وهنا يمكن للقصة التدخل فتسهم مع البيت، وبطريقة واعية مدروسة في تكوين شخصية الطفل بشكل صحيح سليم، وتصحيح ما يقع فيه من أخطاء مع الطفل[3].

تصطدم القصة في فترة ما قبل المدرسة بعجز الطفل عن القراءة؛ فتبرز أهمية القصة المسموعة من خلال الأسطوانات، والأشرطة، أو بالصوت والصورة، من خلال التلفاز والسينما، أو التي يحكيها لهم الأهل، ويطلعونهم على الصور المصاحبة[4]...

---

(١) انظر: الحلقة: جلال: ١٥٨.

(٢ و٣ و٤) انظر: نجيب، أدب الأطفال علم وفن: ٦٩- ٧٠.

غالباً ما تعتمد القصص المصورة على الكبار في حكيها، وقصها على الصغار، بينما يتابع الطفل الحدث من خلال الصور المصاحبة[١].

تزيد أهمية نقل القصة إلى الصغير من خلال الوسيط في مرحلة ما قبل المدرسة بالنسبة للأسر ذات الأشغال الدائمة والمتعددة، التي لا تترك للأب أو الأم وقتاً للاهتمام بالطفل، كما أن صغر الأسرة، واستقلالها في سكن صغير خاص، حرم الطفل من كبار السن: جدات وأجداداً، وبالتالي لم تتح لهم فرصة الاستماع إلى قصصهم، ونوادرهم، وحكاياتهم[٢].

والواقع أن السكن الخاص ليس الحائل الوحيد بين الطفل وحكايات الجد والجدة؛ وإنما ساعد التطور والحضارة ووسائل التكنولوجيا على توسيع هذه الفجوة، فقد كانت العائلة تتحلق حول الحطب تتدفأ في الشتاء، وتستمع إلى قصص الجدة، بينما تجتمع العائلة اليوم حول المدفأة تشاهد التلفاز، أو تستخدم الحاسوب... في أوقات فراغهم. كما أن أطفال اليوم لديهم ألعابهم العصرية، وما أكثر أشكالها، التي تعزلهم عن عالم الكبار وقصصهم.

يزيد إسهام القصة في تكوين شخصية الطفل في فترة المدرسة، وقد تعلم القراءة والكتابة، واستطاع الاعتماد على نفسه في قراءة ما يناسب مستواه العقلي، واللغوي، والعلمي[٣]...

يجب أن يكون الكاتب للأطفال على وعي كامل بمراحل الطفولة المختلفة، وما يناسبها من قصص وموضوعات؛ فالطفل يخرج في بداية المرحلة الابتدائية من التمركز حول الذات، إلى الحياة الاجتماعية مع غيره من الصغار، وهذا يتطلب منه تعلم صفات اجتماعية جديدة كالتعاون والنظام[٤]...

---

(١) انظر: نجيب، أدب الأطفال علم وفن: ٦٩- ٧٠.

(٢) (٣) (٤) انظر: نجيب: أدب الأطفال علم وفن: ٦٩- ٧٠.

وفي بداية مرحلة المراهقة، يجب أن تعمل القصص المقدمة للطفل، على إعداده لهذه المرحلة العصيبة من حياته، فتقدم له أنماطاً جديرة بالإعجاب... فيقدم لهما (الفتى والفتاة) العون الذي يحتاجانه، ويرشدهما دون أن يشعرا، وينصحهما دون إلقاء أية أوامر إلى ما يصلح وما لا يصلح... إلى الخير والشر... الحق والباطل[١]...

يستطيع الكاتب أن يجعل من أبطال قصصه شخصيات واقعية ذات تأثير على المراهق، مما يدفعه إلى مصادقتها والإعجاب بها وتقديرها... فتكون قدوة ومثلاً أعلى له... يجد فيها نفسه، ويجد إجابات عن الأسئلة المحيرة بالنسبة له، فتساعده في الوصول إلى حالة من التوازن النفسي[٢]...

أسس تصنيف القصة بحسب المراحل العمرية[٣]:

١- طبيعة الحدث في القصة: فالحدث البسيط الذي يتكون من موقف واحد له: بداية، ووسط، ونهاية، يناسب الطفولة المتوسطة. بينما القصة التي تتكون من موقفين أو أكثر، مترابطين ترابطاً منطقياً، وسببياً يمكن للطفل في مرحلة الطفولة المتأخرة استيعابها؛ إذ تكون لديهم القدرة الكافية على الربط والاستنتاج، والانتقال من موقف لآخر.

٢- الطول أو القصر أو حجم القصة: فالقصة ذات السطور القليلة، أنسب للطفولة المتوسطة، والقصص التي لا تحتاج إلى عمليات عقلية متعددة، تتجاوز مستوى مرحلة الطفولة لاستيعابها كالتحليل، والقياس، والاستنتاج...

٣- قلة عدد الشخصيات: فإذا ما توافر في القصة حدث بموقف واحد قصير، وغير مترابط بعمليات عقلية متعددة، مع قلة الشخصيات، ويكون في

(١ و٢) انظر: نجيب: أدب الأطفال علم وفن: ٦٩ – ٧٠.

(٣) انظر: أبو الرضا: ١٩٩ – ٢٢١.

القصة شخصية واحدة أو شخصيتان... فهي من سمات القصة الناجحة، التي تناسب الطفولة المتوسطة.

٤- العوامل اللغوية التي تتعلق بالصياغة، وتحقيق قدر من اليسر والسهولة في القصة، فإذا ما تحققت في النص، وتكررت فيه أدت إلى تحديد مدى تناسبه مع مرحلة الطفولة المتوسطة، وإذا لم تتكرر بشكل واضح، وبصورة ظاهرة، فهذا يجعل النص ملائماً لمرحلة الطفولة المتأخرة.

قد تخلو القصص الموجهة للطفولة المبكرة من بعض العناصر القصصية كالعقدة... مكتفياً فيها باللمسة الفنية التي تحقق جوهر القصة، حدثاً، وشخصية، ومكاناً، ولغة، وحواراً... إلا أنها ينبغي أن تحقق الهدف من القصة من إثراء للفكر وإمتاع للوجدان... بما يتناسب ومستوى هذه المرحلة عقلياً ونفسياً ولغوياً[١].

يعود السبب في ندرة هذا النموذج الأدبي الخاص بالطفولة المبكرة، إلى عدم توفر القدرة الإبداعية التي يمكنها تشكيل النماذج الأدبية الملائمة لهذه المرحلة بالشروط السابقة. عدا عن عدم قدرة الطفل على القراءة في هذه السن المبكرة، وإن كان قيام الكبار بقصها على الصغار، وتمثيلها لهم يمكن أن يعوض هذا النقص[٢].

(١ و٢) انظر: أدب الأطفال علم وفن: ٧٠.

مراحل النمو الأدبي عند الطفل

لا بد من أن تناسب القصة المقدمة للصغير المستوى العقلي، والأدبي، والنفسي له؛ فيتمكن من فهمها واستيعابها[1]...

يحتاج استيعاب الأدب إلى فهم، وتذكر، وربط، واستنتاج. ويقود الربط بين قدرات الطفل ومستوياته المختلفة سواء أكانت عقلية أو نفسية... من ناحية، ومستواه الأدبي من ناحية أخرى، إلى ما يمكن أن يطلق عليه مراحل النمو الأدبي، التي تتمثل في مراحل عدة[2]:

١- مرحلة الحكاية أو مرحلة المشاهد المنفصلة المترابطة: وتمتد من ٣ – ٨ سنوات، وتنقسم إلى فترتين:

- فترة اللغة المسموعة: من ٣ – ٦ سنوات، وتكون في الطفولة المبكرة.

- فترة اللغة المقروءة: من ٦ – ٨ سنوات، وتكون في الطفولة المتوسطة.

٢- مرحلة الحبكة البسيطة المتدرجة: من ٩ – ١٢ سنة، وهي تعادل فترة الطفولة المتأخرة، وتقع في النصف الثاني من المرحلة الابتدائية، وينتقل الطفل خلالها بالتدريج من مرحلة القصة ذات الحبكة البسيطة التي تنمو بالتدريج مع نموه، وزيادة قدرته على تفسير العلاقة بين الأشياء، وإدراك الروابط بينها.

٣- مرحلة الحبكة المتقدمة: من ١٣ – ١٥ سنة، وهي تعادل المرحلة الإعدادية.

٤- مرحلة الحبكة الناضجة: من ١٦ – ١٨ سنة وما بعدها، وتعادل مرحلة الدراسة الثانوية وما بعدها. وتتميز هذه المرحلة بتداخلها وتدرجها، واختلاف البيئات والمجتمعات وما بينها من فروق ثقافية وحضارية، إلا أنها

---

(١) (٢) انظر: نجيب: أدب الأطفال علم وفن: ٧٠.

وبالرغم من ذلك تضيء الطريق؛ مما يجعلها على قدر ليس بالقليل من الأهمية.

ويمر تفكير الطفل بمراحل ثلاث[1]:

١. مرحلة العد في الطفولة المبكرة: يقتصر من خلالها الطفل على عدّ وتسمية ما يراه عندما يريد شرح صورة ما.

٢. مرحلة الوصف في الطفولة المتوسطة: يبدأ خلالها الصغير بوصف ما يجري في الصورة بشكل أدق وأكثر وضوحاً.

٣. مرحلة التفسير في الطفولة المتأخرة: يربط الطفل خلال هذه المرحلة بين أجزاء الصورة في وحدة عقلية واحدة، ويفسّر ما يراه أمامه موضوعاً واحداً مترابطاً.

ترتبط مرحلة المشاهد المنفصلة المترابطة بمرحلتي العد والوصف... بينما ترتبط مرحلة الحبكة البسيطة بمرحلة التفسير، والتي تبدأ في التاسعة تقريباً[2].

---

(١) انظر: موسى، الفيصل: ٨٦ - ٩٠.

(٢) أنظر: نجيب: أدب الأطفال علم وفن: ٨٦.

مراحل النمو اللغوي للطفل من ناحية الكتابة[1]

١- مرحلة ما قبل الكتابة ما بين ٣ - ٦ سنوات: وهي تسبق تعلم الطفل للكتابة، ويميل الطفل خلالها إلى قصص الحيوانات والطيور والحكايات الخرافية وقصص الإيهام والخيال...

لا يستطيع الطفل في هذه المرحلة أن يفهم اللغة من خلال التعبير البصري التحريري المكتوب، ومن هنا كان من الطبيعي تقديم القصص لطفل هذه المرحلة مشافهة، أومن خلال تسجيل النص على أسطوانة أو شريط تسجيل، أو تقدم له القصة من خلال الصور الصامتة، أو التي تحوي كلمات قليلة بجانب كل صورة ليقرأها الكبار.

٢- مرحلة الكتابة المبكرة من ٦-٨ سنوات: إذ يبدأ الطفل بتعلم القراءة والكتابة، وتكون قدرته على فهم اللغة محدودة، وفي نطاق ضيق.

أصبح بالإمكان في الكتب المصورة لهذه المرحلة، التي كانت تستعمل لتعليم الرسم وحده في المرحلة السابقة، أن تضم بعض الكلمات والعبارات البسيطة، إلى جانب الصور، في حدود قاموس الطفل في هذه المرحلة من ألفاظ وتراكيب.

٣- مرحلة الكتابة الوسيطة: وتمتد من ٨ -١٠ سنوات، ويكون الطفل قد تعلم القراءة والكتابة لفترة لا بأس بها، فيكون بالإمكان تقديم قصة كاملة مدعمة بالصور للصغير في هذا العمر، شرط أن يراعى في اللغة المستخدمة في القصة، أن تكون بسيطة، وسهلة، ومكتوبة بخط النسخ السهل الواضح.

٤- مرحلة الكتابة المتقدمة: من سن ١٠ - ١٢ سنة وما بعدها: يمتلك الطفل خلال هذه المرحلة القدرة على فهم اللغة، فيستطيع أن يفهم أي كتاب

(١) انظر: موسى، الفيصل: ٨٦- ٩٠.

يقرأه أو يقدم إليه، ومن ثم التفاعل معه؛ إذا كان موضوعه ضمن اهتمامات الصغير.

ملاحظات حول مراحل النمو اللغوي[1]:

١- إن مراحل نمو الطفل اللغوي متداخلة، وتختلف باختلاف البيئة التي يعيش فيها الطفل، وتتأثر بالفروق الفردية بين الأطفال، إلا أن العامل الأساسي في نمو لغة الطفل هو اللذة الصادرة عن التعبير والنجاح في التعبير.

٢- إن حدود هذه المراحل وبداياتها ونهاياتها ليست نهائية؛ فقد تبدأ مرحلة الكتابة المبكرة في الخامسة لا في السادسة، وقد تنتهي في السابعة بدلاً من الثامنة.

٣- تضم كل مرحلة من هذه المراحل مراحل تفصيلية أخرى، تتدرج مع تقدم تعلم الطفل للغة، وتحتاج هذه المراحل التفصيلية إلى المزيد من الدراسات العميقة؛ لإيضاح المزيد من التفصيلات، ووضع قواميس للغة الطفل في مختلف مراحله العمرية.

(١) انظر: موسى، الفيصل: ٨٦- ٩٠.

الفصل الثاني

البداية

ارتبطت نشأة الأدب العام بالحضارات القديمة، بما في ذلك أدب الأطفال، وإن انحصر اهتمام المعاصرين بالحضارة الفرعونية[١]، فقيل: إن أول القصص المكتوبة التي عرفها البشر ورُويت للأطفال قبل قصص السندباد، وعلاء الدين، والشاطر حسن، وسندريلا، وذات الرداء الأحمر بألوف السنين، هي القصص المصرية[٢]، المكتوبة على ورق البردي قبل ثلاثة آلاف سنة قبل الميلاد[٣]، كقصة إيزيس[٤]، والملك خوفو[٥]، وجزيرة الثعبان[٦].

اشترت الإنجليزية إليزابيث دوريني، عام ١٨٥٢م، قرطاساً من البردي القديم من إيطاليا، وعرضتها عند زيارتها لمعرض اللوفر، على عالم الدراسات المصرية القديمة "دي روجيه"، فتبين أن البردية، تحوي قصة مصرية قديمة، تشبه الأحاديث في ألف ليلة وليلة[٧].

اكتشفت بعد اثني عشر عاماً، مجموعة من البرديات في أرض دير المدينة بالأقصر، تضم قصة مصرية، بطلها "ضع مواس بن رمسيس الثاني"[٨].

---

(١) انظر: الشنطي، محمد صالح. (١٩٩٦). في أدب الأطفال: أسسه وتطوره وفنونه وقضاياه ونماذج منه.(ط١).حائل: دار الأندلس للنشر والتوزيع: ١٥٩.

(٢) انظر: الحديدي: ٤٢.

(٣) انظر: أبوعرقوب، أحمد حسن.١٩٨٢. محاضرات في أدب الأطفال. عمان: ١١.

(٤) غاب عنها زوجها؛ فطافت البلاد بحثاً عنه إلى أن وجدته أشلاء، كل قطعة من جسده في منطقة، فجمعتها وفاء منها وإخلاصاً. انظر: العناني: ١٢.

(٥) ثاني ملوك الأسرة الرابعة القديمة، وباني الهرم الأكبر. تولى الملك نحو عام ٢٧٠٠ق.م.

(٦ و٧) انظر: الحديدي: ٤٢ - ٤٣، ٢٧ - ٢٨.

(٨) من كبار الكهنة الشغوفين بالسحر . انظر: الحديدي: ٢٨.

وجدت برديات في المتحف البريطاني بعنوان: القدر المحتوم"[1]، وأخرى باسم "فتح يافا " عام ١٨٧٤ م. كما عثر في القاهرة على بقايا لقصة من قصص الحب. وفي لننجراد، تمّ الكشف عن قصص فرعونية أخرى، أهمها: البحار الغريق. وفي برلين، نشر أرميني قصص: خوفو والسحرة.عدا عما اكتشف من قصص: كالفلاح الفصيح، وسانوهي، وأمير بختني[2].

عرف المصريون قصصاً تقترب مما يسمى بالقصص المركبة، كالذي رُوي عن الملك خوفو وسمره مع بنيه[3]، إلا أن هذه القصص وغيرها من قصص الأطفال وأدبهم، لم تجد من يدونها بعد المصريين القدماء لقرون عديدة. والذي سجل منها كقصص الحيوان، التي أثرت في الهند وشعوب الشرق الأوسط، برموزها وأخلاقياتها، وأساطير اليونان بتعقيداتها وطولها المفرط، وحكايات كليلة ودمنة برموزها السياسية، والطائفية، والشعوبية... وما ألف على شاكلتها بالعربية قُصد به الكبار لا الصغار[4].

أثبتت الاكتشافات الأثرية الحديثة، أن البدايات الحضارية الأولى، وما ارتبط منها بالجوانب الثقافية، والفنية، والفكرية، تعود إلى الحضارة السومرية في جنوب العراق قبل خمسة آلاف عام، وكان لها الفضل في انبثاق الإرهاصات الأولى للحضارة الإنسانية، التي شكلت الأساس الذي قامت عليه الحضارة في العصر الحديث في مختلف مجالاتها؛ فقد أنشأ السومريون نظاماً تعليمياً متقدماً يقترب من الأنظمة التربوية الحديثة، وظلت لغتهم لغة الأدب والسياسة، بعد اندثار دولتهم بزمن طويل[5].

---

(١) قصة مصرية قديمة.

(٢) انظر: الحديدي: ٢٧ - ٢٨.

(٣) كل منهم يروي قصة له؛ ليسليه بها. يتناول من خلالها ما رُوي عن السلف من ملوك وكهان.

(٤) انظر: الحديدي: ٤٥.

(٥) انظر: الشنطي: ١٥٩ - ١٦١.

وكشفت الحفريات في جنوب العراق، عن نصوص أدبية كتبت للأطفال، وُصفت أنها في غاية الروعة والبساطة، وذات علاقة بالحياة الاقتصادية والاجتماعية، وتمثل أصناف القصص الشائعة للأطفال، من قصص حيوان، وأساطير، وقصص مدرسية، ومغامرات... تلبي احتياجات الطفل، في مراحله العمرية المختلفة[١].

وقد بدت قصص الحيوان عندهم قصيرة، خفيفة، ذات نكتة طفولية عذبة، مثل: النمس والفأر، والبعوضة والفيل، والحصان والحمارة، ورسالة قرد إلى أمه، وحوار بين الصيف والشتاء...[٢]

يورد علي الحديدي أن الاهتمام بأدب الأطفال بدأ متأخراً في العالم بعامة، وفي الوطن العربي بخاصة، بالرغم من أن أول تسجيل لأدب الأطفال في تاريخ البشرية، يعود تاريخه إلى ثلاثة آلاف سنة قبل الميلاد، مكتوباً على ورق البردي، مصوراً ومنقوشاً على جدران المعابد، والقصور، والقبور، كقصة: جزيرة الثعبان[٣]، والملك خوفو، وفتح يافا... وغيرها من القصص المصورة للأطفال، تمثل القط يمشي على رجليه الخلفيتين، يحمل على كتفيه عصا، ويسوق أمامه الأوز، والأرنب يحرس الماعز ويرعاها[٤]... والفئران تشارك القطط السكن في بلدة واحدة... الأسود والغزلان تجلس جنباً إلى جنب، تستمتع بمشاهدة لعب الكرة... الحمار يعزف على آله الهارب الموسيقية... الأسد والنمر يقودان قطيعاً من البط...[٥]

ويرى بعض الدارسين أن " والت ديزني " قد استلهم فكرته عن الكرتون وشخصياته، خلال زيارة قام بها لمقابر المصريين القدماء، وقد رأى ما فيها من قصص مصورة للأطفال، كانت هي الإلهام والوحي بالنسبة له[٦].

---

(١) انظر: الشنطي: ١٥٩- ١٦١.

(٢) تشبه هذه الحكاية في تفاصيلها الحكايات المنسوبة إلى السندباد البحري.

(٣) انظر: الحديدي: ١١، ٢٨، ٤٢ – ٤٣.

(٤) انظر: إسماعيل، محمود حسن. (٢٠٠٤).المرجع في أدب الأطفال (ط١).القاهرة: دار الفكر العربي: ٣٦.

(٥) انظر: السلطة الوطنية الفلسطينية . أدب الأطفال: دليل المعلم . منشورات وزارة التربية والتعليم الفلسطينية بدعم من مؤسسة دياكونيا.: ٣٦.

(٦) انظر: الشنطي: ١٦٤.

وتميل الباحثة إلى رأي محمد صالح الشنطي في استبعاد أن تكون القصص المكتشفة مكتوبة على أوراق البردي كجزيرة الثعبان... قد كتبت خصيصاً للأطفال، وإن لاقت هوى في نفوسهم؛ إذ لم تكن أول أدوات الكتابة متوفرة، وإن وجدت فبدائية، لا تصلح للتداول، وإنما اقتصر استعمالها على تدوين الضروريات: كالسنن، والشرائع، والمواثيق... وتمثل نقوش الحجارة، والصلصال، ومن ثم ورق البردي، والجلود... هذه المرحلة[1].

نخلص بعد كل هذا، إلى أنه لم يكن للأطفال أدب خاص بهم، بالمعنى الصحيح قبل القرن العشرين، وإن عثرنا على إرهاصات واضحة لهذا قبل ذلك، مهدت لتكوين ظاهرة فنية فيما بعد[2].

وهذا لا يعني أن الصغار كانوا بعيدين كل البعد عن الأدب قبل القرن العشرين؛ إذ كانوا يستمعون إلى الحكايات، والأمثال، والروايات، والرحلات... مما يرويه الناس في مجالسهم، ويتناقلونه من تراث ديني وشعبي، يحمل في طياته حكماً، أو أدباً، أو تهذيباً أو قيماً...[3]

ومن أهم الآثار الأدبية الشعبية التي أثرت في حياة الناس، وصاغ الكتّاب على غرارها هي: حكايات البانجاتنترا[4]، وضعها هندي برهمي ما بين عامي ٥٠٠ - ١٠٠ ق.م. تلبية لرغبة ملك في تعليم أبنائه الثلاثة فنون السياسة، فأوكل الأمر إلى البرهمي الذي وضع حكايات على ألسنة الحيوانات، وأفصح من خلالها عن أفكاره[5].

---

(١) انظر: الشنطي: ١٦٤.

(٢ و٣) انظر: الهيتي: ١٥٨ - ١٥٩

(٤) أو خزائن الحكم الخمس، أو الأسفار الخمسة. وهي حكايات هندية قديمة، حكاياتها منثورة، بينما كانت حكمها وأمثالها منظومة. وضعت باللغة السنسكريتية ونقلت لأول مرة إلى البهلوية (الفهلوية)، وفقد الأصل، ومن ثم ترجمت إلى لغات عدة، منقولة عن الأصل العربي الذي وضعه ابن المقفع.

(٥) انظر: الهيتي: ١٥٩.

مثل هذا ينسحب على كليلة ودمنة لابن المقفع[١]، التي ترجمت من العربية إلى لغـات عـدة تعرف الأوربيون من خلالها، إلى جنس أدبي حديث؛ لبث الحكمة والتهذيب من خلاله[٢].

وتعد حكايات اليوناني إيسوب[٣]، من أقدم المأثورات الأدبية التي لاقت استحسانـاً مـن قبـل الصغار، ووجدوا فيها متعة كبيرة وتسلية، فقد كانت معيناً لكتاب أدب الأطفال الأوائل؛ إذ صيغ الكثير منها في قوالب قصصية للأطفال، أدخل بعضها ضمن المقررات المدرسية، وذهـب بعضـهم إلى الاعتقاد، أنه ليس هناك مثقف في العالم اليوم، لم يتأثر في طفولته بخرافات إيسوب، بالرغم من أنها طبعت ما بين عامي ١٤٧٥ – ١٤٨٠ م للراشدين، إلا أن إقبـال الأطفـال الشـديد عليهـا، جعلهـا أول كتاب يطبع للصغار في تاريخ البشرية[٤].

تعود أولى المحاولات في الكتابة للأطفال في العصر الحديث إلى القرن السابع عشر، مـن خـلال حكايات أمي الأوزة عام ١٦٩٧ م، لتشارلز بيرو في فرنسـها . ذيلهـا (وقعهـا) باسـم بيـرو دار مـانكور المستعار[٥]؛ إذ كانت الكتابة للأطفال تنتقص مـن قـدر الأديـب آنـذاك، إلا أنـه تجـرأ وكتـب اسـمه صريحاً على مجموعة من الحكايات الشائعة في الريف الفرنسي آنذاك، صاغها بيـرو بأسـلوب رقيـق، وأصدرها بعنوان: حكايات الزمان الماضي[٦]، بعد أن لاقت حكايـات أمـي الأوزة رواجـاً كبيـراً؛ الأمـر الذي لفت نظر الأدباء إلى هذا اللون من الأدب؛ فتوالت المحاولات للكتابة فيه، إلا

---

(١) انظر تفصيل ذلك في سعد الدين، ليلى (١٩٨٩). كليلة ودمنة في الأدب العربي: دراسـة مقارنـة. عمّان: دار البشـير للنشـر والتوزيع: ١٣٩- ١٥٣.

(٢) انظر: الهيتي: ١٥٩ – ١٦٠.

(٣) وهي حكايات قصيرة تدور على ألسنة الحيوانات، ولا تهتم بالعناصر الفنية، وتركز على استخلاص النتائج الخلقية.

(٤) انظر: الهيتي: ١٥٩ – ١٦٠.

(٥) وهو اسم ابنه.

(٦) انظر: الهيتي: ١٦٧ – ١٦٨.

أنها لم تأخذ طابع الجدية، إلا على يد جان جاك روسو في القرن الثامن عشر، من خلال كتابه " إميل " عام ١٧٦٢م(١).

تميزت الكتابة للأطفال في القرنين السابع عشرـ والثامن عشرـ باستخدامها أسلوب الوعظ والإرشاد، دون الالتفات إلى الطفل، ونفسيته، فتقدم التعليمات، والنصح مباشرة(٢)؛ فلم يترك للطفل فرصة للتعلم، والاستيعاب، والمتعة، والتسلية، أو الخيال؛ ممـا جعلهـا بتوجيهاتهـا وإرشـاداتها، عبئـاً على الطفل(٣).

ويظهر هذا بشـكل جلي، في كتاب وصية لابن عام ١٦٥٦ م، وهو مـن تـأليف: فرانسيس أوزبون. ومثله كتاب للبنين والبنات الذي وضعه جون بانيان، والتحدث للأطفال لجيمس جينـواي عام ١٧٢٠م، والسجع الريفي، والرموز المقدسة... من كتابـات تعليميـة تهذيبيـة في الأدب، والـدين، والأخلاق(٤)...

ظهر بعد ذلك الشاعر جون دي لافونتين في فرنسا، والذي عدّ أمير الحكايـة الخرافيـة في الأدب العالمي. وأكثر ما اشتهر به، حكايات رمزية مختارة، موضوعة شعراً على ألسنة الحيوانات(٥).

ترجمت ما بين عامي ١٧٠٤ - ١٧١٧م ألـف ليلـة وليلـة في فرنسا، وأثرت في قصص الكبار والصغار على السواء؛ فظهرت مدرسة خاصة بالكتابة للأطفال، استقت مادتهـا القصصية مـن قصص روسو وتعاليمه، فيما يختص بالتربية والتعليم، وابتعدت هذه المدرسة عن قصص الخيـال، والجـان، والعفاريت(٦)...

أشهر ما قدم للأطفال في القرن الثامن عشر، قصة روبنسون كروزو لدانيال

---

(١) اهتم فيها بدراسة الطفل كإنسان قائم بذاته، له شخصيته المستقلة. انظر: شرايحة: ٢٤.

(٢) انظر: دليل المعلم: ٢٥.

(٣) انظر: الحديدي: ٤٩ - ٥٠.

(٤) انظر: العناني، حنان . ١٩٩١. أدب الأطفال . ط٢. عمان: دار الفكر للنشر والتوزيع: ١٠.

(٥) تحوي ٢٤٠ قصيدة حكائية. انظر: عمرو، عبد الغافر، صبح: ٢٦.

(٦) انظر: الهيتي: ١٦٣.

ديفو، عام ١٧١٩م، ورحلات جليفر عام ١٧٢٦م لجاناثان سويفت، بعد تبسيطهما؛ لتناسبا الصغار[١].

كان للكاتب إرث نسبت دور في تغيير صيغة خطاب الطفل، والاعتماد فيه على الكوميديا، كما في قصة الباحثين عن الكنز عام ١٨٩٩م. بالإضافة إلى استخدام الفنتازيا الهادفة. كما نلحظ في قصة العنقاء والبساط عام ١٩٠٤م[٢].

يعد تشارلز لامب في مطلع القرن التاسع عشر، أول من ثار على كتاب الطفل التعليمي؛ فبدأ يكتب قصصاً للأطفال؛ بهدف المتعة والتسلية، مما أعاد هذا اللون من القصص إلى الظهور في بريطانيا[٣].

ترجمت عام ١٨٢٤م، مجموعة الأخوين جريم، وحكايات هانز أندرسون عام ١٨٤١م، وظهرت مجموعة أليس في بلاد العجائب للويس كارول عام ١٨٦٥م، كأشهر مجموعة قصصية للأطفال كُتبت بالإنجليزية[٤].

والمتتبع لحركة أدب الأطفال، يلحظ أن أدب الأطفال الحقيقي ظهر في مطلع القرن العشرين، مرتبطاً بظهور علم نفس الطفل الذي يدرس احتياجات الطفل النفسية والجسدية، والتي جاء أدب الأطفال ملبياً لها، فبدأنا نعثر على أدب أُنشئ خصيصاً للأطفال منذ البداية، بعد أن كان مجرد تبسيط واختصار لما كتب للكبار.

يعد النصف الثاني من القرن العشرين، العصر الذهبي لأدب الأطفال في العالم أجمع، ساعد على ازدهاره، ما وصل إليه العلم الحديث من التطور التكنولوجي، في صناعة كتب الأطفال، وخاصة في مجال الطباعة والصور[٥]... فانتشرت المطابع

---

(١) انظر: شرايحة، هيفاء.١٩٩٠. أدب الأطفال وكتاباتهم. ط٣. عمان: ٢٤.

(٢) انظر: أحمد: ٧٤.

(٣ و٤) انظر: الحديدي: ٤٩ - ٥٠.

(٥) انظر: الحديدي: ٥٨.

ودور النشر المختصة بنشر كتب الأطفال(١).

كتب للأطفال في القرن العشرين كتاب عظماء من أمثال: تشارلز ديكنز، وبيتر دكسون(٢)، وجورج إليوت(٣)، وألكسندر بوشكين(٤)، ومكسيم غوركي، وليو توليستوي(٥)، ومايا كوفسكي(٦)...

---

(١) انظر: شرايحة: ٣١.

(٢) له قصة الصقر الأزرق نال عليها جائزة أدب الأطفال لعام ١٩٧٧م. انظر: شرايحة: ٢٥ - ٢٦.

(٣) انظر: عمرو، عبد الغافر، صبح: ٢٦ - ٢٧.

(٤) له حكاية الصياد والسمكة.

(٥) كتب قصصاً لطلاب المدارس صاغها بأسلوب بسيط.

(٦) انظر: عمرو، عبد الغافر، سلامة: ٢٦ - ٢٧.

الفصل الثالث

أدب الأطفال العربي

عُرف أدب الأطفال عند العرب منذ العصر الجاهلي، من خلال القصص، والحكايات الشعبية، والسير، والأشعار[١]... فكانت الأمهات يروين لأبنائهن قصص الأمم الماضية، والمعارك والفروسية؛ مما يعزز انتماء الصغار إلى القبيلة[٢].

وهكذا يكون أدب الأطفال مرتكزاً في بداياته على الأساطير، التي بنيت عليها القصص المروية شفاهياً، ومن ثم تطورت لتؤثر على الجماعة، كالولاء للقبيلة، والحفاظ على التقاليد؛ بهدف ترسيخ السلوك القبلي في نفوس الأطفال[٣].

وفي صدر الإسلام، أصبحت طفولة النبي صلى الله عليه وسلم، ومعاركه، وغزواته، ودعوته إلى الدين الجديد، ومكائد المشركين للمسلمين، تتصدر الحكايات التي تحكيها الأمهات لأبنائهن؛ فتنطلق خيالاتهم في تصوره عليه السلام، وتصور معجزاته، كالإسراء والمعراج، وكيف قطع النبي عليه السلام المسافة من المسجد الحرام إلى المسجد الأقصى في ليلة واحدة[٤].

كما كان من عادة الآباء قراءة المدائح النبوية، والتراتيل الصوفية لأبنائهم؛ تثبيتاً لعقيدتهم، وتعويدهم على الصبر، و حثهم على الجهاد[٥]، وتوجيههم إلى الخير...فانتشرت الحكايات والسير التي تمجد البطولة: كالسيرة الهلالية، وسيف بن

---

(١) انظر: بريغش، أدب الأطفال.. تربية ومسؤولية: ٥٣.

(٢) انظر: شرايحة: ٣٢.

(٣) انظر: أبو معال: أدب الأطفال دراسة وتطبيق: ٣١.

(٤) انظر: الحديدي: ٢٢٣- ٢٢٤.

(٥) انظر: العناني: أدب الأطفال: ١٣.

ذي يزن، وعنترة بن شداد، والزير سالم[١]...

لم تلقَ هذه القصص والحكايات، الاهتمام الكافي بها؛ فبقيت محصورة في الخيام والمنازل، يتناقلها الأطفال والنساء، بينما انشغل المدوِّنون في إشباع حاجات الكبار ورغباتهم، دون أن يخطر لهم الصغار على بال؛ فلم يدوِّنوا شيئاً من تلك القصص والحكايات التي كانت تحكى للصغار، كقصص: كليلة ودمنة،وألف ليلة وليلة، والرسائل، وحي بن يقظان، والملاحم الشعبية... التي شكَّلت فيما بعد، أغنى مصادر أدب الأطفال التي استمد منها الكبار قصصهم، واستمتع بها الصغار، وأثَّرت في خيالهم[٢].

في الوقت الذي استأثر فيه أدب الكبار بالتدوين والرواية، فلا نجد في تراثنا الأدبي العربي المنسوب إلى العصر الجاهلي شيئاً مما كان يُروى للصغار، وتقصه الأمهات، والمربيات، والمرضعات... عليهم. إلا أن العلماء، والفلاسفة، والمفكرين على مر العصور، تنبهوا إلى أهمية أدب الأطفال في تربية الطفل، وتنشئته تنشئة سليمة صحيحة، وتكوين الخيال عنده، بالإضافة إلى المتعة والتسلية؛ مما جعله مادة أساسية، تُروى للصغار وتُحكى لهم مشافهة[٣].

ويؤكد اهتمام الخلفاء، والعلماء، والمفكرين بتعليم القصص، والحكايات، والتراجم، وسير الصالحين، على الدور التربوي المنوط بها، وبتعلمها، وإن أُهمل تدوينها[٤].

فقد بعث عمر بن الخطاب رضي الله عنه كتاباً إلى الأمصار، حدد فيه نهج تعليم الصغار وتثقيفهم، إذ يقول: "علموا أولادكم السباحة، والفروسية، ورووهم ما سار من المثل، وحسن الشعر" لاسيما ولكل مثل أو قصيدة قصة لا تُروى للطفل بدونها بأسلوب يتناسب وعقله، وأسلوب تفكيره، إلى جانب لمحة عن حياة قائلها[٥].

---

(١) انظر: أبو عرقوب: ١٨.

(٢ و٣ و٤ و٥) انظر: الحديدي: ٢٣٤، ٢٣٦، ٢٤٠ - ٢٤١.

وأوصى عتبة بن أبي سفيان مؤدب أولاده قائلاً: "... علمهم سير الحكماء، وأخلاق الأدباء..."[١].

كما حدد هشام بن عبد الملك لمؤدب ابنه المنهج، فقال: "... أول ما أوصيك به أن تأخذه بكتاب الله، ثم روِّه من الشعر أحسنه، ثم تخلل به في أحياء العرب؛ فخذ من صالح شعرهم، وبصِّره بطرف من الحلال والحرام، والخطب والمغازي"[٢].

قال الرشيد لمؤدب ولده: ".. أقرئه القرآن، وعرِّفه الأخبار، وروه الأشعار..."[٣].

واعتبر الغزالي أحاديث الأخبار، وحكايات الأبرار، إحدى الوسائل التعليمية دينياً، وأخلاقياً، وسبيلاً لغرس القيم... يقول الغزالي في إحياء علوم الدين: "... فيتعلم القرآن، وأحاديث الأخبار، وحكايات الأبرار، وأحوالهم..."[٤].

تطورت وظيفة القصص بعد ذلك من تثبيت العقيدة، والحث على الجهاد؛ ليكون لها وظيفة سياسية في عهد الأمويين؛ إذ استُخدمت المساجد للدعوة إلى بني أمية[٥]؛ فنشطت القصص الدينية بعد وفاته عليه السلام، خاصة وقد تعددت الفرق الإسلامية، وتشعبت المذاهب؛ وكل واحد يدعو إلى شيعته، فكان الكبار يصوغون للصغار قصصاً عن هذه المذاهب، بما يتناسب وعقولهم، وتفكيرهم، ويثبت عقيدتهم التي يعتنقون[٦].

لم يبدأ الاهتمام بتدوين التراث، إلا في أواخر العصر الأموي، متوجهاً إلى أدب الكبار، بينما لم يسترعِ أدب الصغار انتباه المدوِّنين، باستثناء الأغنيات التي

(١) انظر: الحديدي: ٢٤٠- ٢٤١.

(٢) انظر: الشنطي: ١٧٢.

(٣ و ٤) انظر: الحديدي: ٢٣٨- ٢٣٩.

(٥) انظر: العناني: أدب الأطفال: ١٣.

(٦) انظر: الحديدي: ٢٢٧- ٢٢٨.

كانت الأمهات يرقصن بها صغارهن. فبقي أدب الأطفال محصوراً بين جدران المنازل والقصور، يتناقلها الأطفال والنساء، لم يخطّه قلم؛خوفاً على المجد الأدبي؛ إذ كان الأدباء يجدون فيه مهانة تحط من قدر معلم الصبية، حتى أن شهادته كانت تُرد عند بعض الفقهاء؛ فانشغل المدونون في إشباع حاجات الكبار، متجاهلين القصص والحكايات التي تروى للصغار، والتي شكّلت فيما بعد، أغنى مصادر أدب الأطفال، واستمتع الأطفال بها، وأثّرت في خيالهم، مثل : كليلة ودمنة، وألف ليلة وليلة، والمقامات، والرسائل، وحي بن يقظان، والملاحم الشعبية... ضاع منه الكثير، وأضيف إليه الكثير، ثم بدأ قبل العصر الحديث (عصر النهضة) يدور في فلك الأدب الشعبي[١].

نشأ أدب الأطفال العربي في العصر الحديث في المدارس؛ بهدف التعليم والتهذيب، فكان المعلمون من أوائل الكتّاب لأدب الأطفال الذي تركز في معظمه على الأناشيد، والقصائد الغنائية، والتمثيليات ذات الطابع الوطني والقومي؛ مما ساعد في بناء شخصية الطفل، وغرس الأخلاق الفاضلة، والتضحية، والمحبة في نفسه[٢].

اعتمد أدب الأطفال العربي على التأليف، والترجمة، والتلخيص، والتبسيط، والاقتباس، والإعداد عن التراثين العربي والأجنبي[٣].

ظهر أدب الأطفال في الوطن العربي في العصر الحديث، حين ترجم رفاعة الطهطاوي (ت١٨٧٤م) " حكايات أمي الأوزة"[٤]، وأدخل قراءة القصص

---

(١) انظر: الحديدي: ٢٣٤ – ٢٣٥.

(٢) انظر: أبو مغلي، الفار، سلامة: ١٦.

(٣) انظر: الهيتي: ٢٢٩- ٢٣٠.

(٤) انظر: دليل المعلم: ٣٩.

والحكايات(١)، مثل عقلة الأصبع(٢) إلى المناهج الدراسية، لتلاميذ مدارس المبتديان في المرحلة الابتدائية(٣)، فكان أول من قدّم كتاباً للطفل العربي(٤). بعد الذي رآه من تنعم أطفال أوروبا، بمختلف أنواع الكتب الخاصة بهم(٥).

وأول هري ألف للسنار شو أسد شوقي، بعد أن عاد من فرنسا مبهوراً بما يزخر به الأدب الفرنسي من قصص، وحكايات، وأشعار كتبت خصيصاً للأطفال الفرنسيين، فكتب العديد من الأغاني، والقصص الشعرية للأطفال على ألسنة الطيور والحيوانات، فكان بذلك رائداً لأدب الأطفال باللغة العربية. وأول من كتب للأحداث العرب أدباً يستمتعون به ويتذوقونه(٦).

لم يأخذ أدب الأطفال شكله الحقيقي، كفن من فنون الأدب في العالم العربي، إلا على يد محمد الهراوي، وكامل الكيلاني، في العقد الثالث من القرن العشرين(٧). فكتب محمد الهراوي " سمير الأطفال للبنين " عام ١٩٢٢م. أتبعه بـ " سمير الأطفال للبنات "(٨)، ما بين عامي ١٩٢٢م-١٩٢٣م، وأغاني الأطفال(٩) ما بين عامي ١٩٢٤-١٩٢٨م. ومن قصصه للأطفال: جحا والأطفال، وبائع الفطير(١٠)...

_____

(١) انظر: الحديدي: ٢٤٢.

(٢) مجموعة من الحكايات الإنجليزية ترجمها رفاعة الطهطاوي. انظر: العناني: ١٤.

(٣) انظر الحديدي: ٢٤٢.

(٤) انظر: شرايحة: ٣٣.

(٥) انظر: دياب، مفتاح محمد. ٢٠٠٤. دراسات في ثقافة الأطفال وأدبهم. ط١. دمشق: دار قتيبة: ٦٨.

(٦) انظر: الهيتي: ٢١١.

(٧) انظر: الحديدي: ١٥٩- ٢٦١.

(٨) وهي منظومات قصصية كل منها في ثلاثة أجزاء.

(٩) في أربعة أجزاء.

(١٠) انظر: أبو مغلي، الفار، سلامة: ١٨.

نشط الكتاب العرب في التأليف للصغار، في ثلاثينيات القرن العشرين خاصة، وقد أدركوا أهمية هذا اللون من الأدب، والربح الذي يدره عليهم؛ فدفعوا بالقصص، والأغاني، والأناشيد، والتمثيليات... إلى المطابع، إلا أن القليل منها، هو الذي يمكن أن نعدّه من الأدب الرفيع[١].

تراجع أدب الأطفال أثناء الحرب العالمية الثانية؛ لندرة الورق، وارتفاع ثمنه؛ مما دفع الناشرين إلى الإحجام عن طباعة كتب أطفال باهظة التكاليف، لن يتمكن غالبية الصغار من شرائها، وبذلك لم يحققوا ما كانوا يطمعون فيه[٢].

وعاد أدب الأطفال إلى التألق، بعد الحرب العالمية الثانية، وبخاصة بعد ثورة ٢٣ / يوليو، التي كانت إيذاناً بتغيير حياة العرب وتفكيرهم. فأخذت كتب الأطفال تحتل، واجهات المكتبات في الخمسينيات والستينيات من القرن الماضي؛ تبعاً لزيادة الوعي القرائي بين الأطفال، وارتفاع مستوى دخل الأسرة، وتخفيف العبء الثقافي عليها؛ بمجانية التعليم في مختلف مراحله، ورقي الفن الإعلامي والدعائي لكتب الأطفال، وتوقع الكتاب الربح الوفير؛ نتيجة الإقبال المتزايد على أدب الأطفال[٣].

وقد أُدخلت مؤخراً مادة أدب الأطفال مقرراً يُدرس في بعض المعاهد العلمية والجامعات، وأنشئت مكتبات خاصة بالأطفال، وقدمت العديد من الدراسات الخاصة بالطفل؛ مما خطا بأدب الأطفال في الوطن العربي خطوات واسعة في طريق التقدم، والتطور في هذا المجال[٤].

ونلاحظ أن أدب الأطفال لقي اهتماماً كبيراً في الدول العربية، فزخرت الأسواق العربية بالكثير من مجلات الأطفال، كأسامة في سوريا، وماجد في

(١ و٢ و٣) انظر: الحديدي: ١٦٩- ٢٧٢.

(٤) انظر: المصلح، أحمد. أدب الأطفال في الأردن: ١٩٧٧ – ١٩٩٨م دراسة تطبيقية. ط٢. عمان: وزارة الثقافة: ١٥.

الإمارات، وسعد في الكويت، وسامر في لبنان، ومجلتي والمزمار في العراق، وسامر، وحاتم، ووسام، وبراعم عمان في الأردن... احتجب بعضها، واستمر بعضها الآخر[1].

بقي أدب الأطفال العربي أقل شأناً من مثيله الغربي، بالرغم من المحاولات الفردية التي قام بها بعض الكتاب العرب، ولعل مرد ذلك إلى[2]:

١. استعمار الوطن العربي، وانصراف الأدباء والكتاب، وانشغالهم بمواجهة الاستعمار، والاشتغال بالقضايا الاجتماعية، والسياسية، والتعبير عنها شعراً ونثراً؛ لالتصاقها بحياتهم.

٢. المجتمع العربي إنما هو مجتمع الرجل؛ لذا فمعظم الألوان الأدبية، تدور في فلك الرجل؛ لترضيه، وترضي رغباته، وليس للصغار فيها مكان.

٣. التشبث بالنظريات التقليدية العقيمة في التربية، التي ترى في الطفل رجلاً صغيراً.

٤. ترفع الأدباء والكتاب عن الكتابة للصغار؛ إذ كان يعتقد أن الكتابة للأطفال، هبوط إلى مستوى لا يرقى بهم، وبكتاباتهم إلى ما يطمحون إليه.

٥. استهانة المجتمع العربي بأدب الأطفال، مما انعكس على المشتغلين به، والقائمين عليه، وبالتالي الإحجام عنه.

---

(١) انظر: أبو عرقوب: ٢٢.
(٢) انظر: دياب: ٥٩- ٦٠.

الفصل الرابع

أدب الأطفال في الأردن

تأخر ظهور أدب الاطفال في الأردن، شأنه في ذلك شأن غيره من الدول العربية[1]، باستثناء مصر؛ نظراً لتأخر النهضة الأدبية في هذه الدول، وانشغالها بالسياسة وأمور البناء. بالإضافة إلى الاضطراب، وعدم الاستقرار الذي خلفه الاستعمار... فلم نكن نجد مكتبات خاصة بالأطفال كما نجد مكتبات للكبار، عدا عن أن مجلات الأطفال المتخصصة تفتقر إلى التقنية، ومعظم القائمين عليها من الشباب تنقصهم الخبرة، والدراية، والأدوات... فلا نجد شعراً كثيراً للأطفال؛ وذلك إما لعزوف الشعراء عن الكتابة للأطفال، أو لطغيان القضايا القومية والوطنية على أشعارهم..[2] مما انعكس سلباً على أدب الأطفال في الأردن، فانحصرت بداياته في محاولات متناثرة على صفحات المجلات، والصحف اليومية، والأسبوعية، والزوايا الأدبية، وملاحقها الثقافية[3]...

وبالرغم من أن هذه المحاولات سارت بخطى وئيدة بطيئة، إلا أنها وجدت العناية والتشجيع، فتخطت مرحلة المحاولات المتناثرة،إلى الكتابة، والتأليف، والنشر، بطريقة واضحة ومألوفة الآن[4]. فنجد اليوم، الكثير من الكتاب الذين تخصصوا في الكتابة للأطفال في الأردن، من أمثال: روضة الهدهد، ومحمد الظاهر، ويوسف الغزو، ووفيقة والي، ويوسف قنديل، وجهاد جميل حتر، وواصف فاخوري[5]،

(١) انظر: أبومعال: أدب الأطفال: دراسة وتطبيق: ٨.

(٢) انظر: الحسيني، خليل محمد .٢٠٠١. دراسات في أدب الأطفال.ط١.فلسطين: رام الله: ٧١.

(٣ و٤) انظر: أبومعال: أدب الأطفال: دراسة وتطبيق: ٨.

(٥) انظر: العناني: أدب الأطفال: ١٧.

ومحمد جمال عمرو، ومحمود أبو فروة الرجبي، ومحمد بسام ملص، ومنيرة قهوجي، وحسين الخطيب...

كما كثرت الكتب المترجمة للأطفال؛ بهدف سد النقص في الأدب الموجه للطفل، وأشهر الكتب المترجمة آنذاك: سلسلة ليدي بيرد، ومنشورات دار المنى في السويد[١].

فجاء الاهتمام بأدب الأطفال، وكأنه وليد خطة شاملة، وضعت للعناية بثقافة الطفل من جميع جوانبها، فظهرت برامج التلفاز، والإذاعة الموجهة للأطفال، والمجلات الخاصة بهم، مثل: سامر، وفارس، وأروى، ووسام، والصحفي الصغير[٢]... بالإضافة إلى المجلات المدرسية، وملاحق الأطفال في الصحف اليومية...[٣]

إلا أنه لم تكن هناك دلالات واضحة،لتحديد الأسس الرئيسة، لهذا الأدب الجديد، وكانت عملية التقويم، تشكل الأساس المتين في التمييز بين الصالح والمفيد، وبين الضعيف والعقيم من هذ الأدب، إلا أن قلة ما يصدر من كتب للأطفال - يتراوح ما بين ٣-٤ كتب سنوياً، وأحياناً كتاب واحد في السنة - إذا ما قورن ببلدان عربية أخرى، جعل عملية التقويم مسألة يشوبها الحذر؛ حيث لا نجد من خلال هذه المؤلفات، باستثناء القليل، مما يمكن أن نعدّه حركة الكتّاب، فوجود أي إنتاج فكري لا يقاس إلا بمدى حركته[٤].

---

(١) انظر: دليل المعلم: ٤١.

(٢) صدر العدد الأول منها في نيسان / ٢٠٠٧

(٣) انظر: أبو مغلي، الفار، سلامة: ١٧٧

(٤) انظر: شرايحة: ٤٩ - ٥٠

كما لا نجد اهتماماً بالكتابة للطفل الأردني ما قبل المدرسة، أي في الفترة العمرية الممتدة من ٣-٦ سنوات في الوقت الذي نجد في أوروبا وأمريكا كتباً للأطفال الرضع[١].

بدأت محاولات الكتابة (ما بين تأليف وترجمة) للأطفال في الأردن، منذ عام ١٩٢٨م. ومن أوائل الذين كتبوا للأطفال آنذاك: إبراهيم البوارشي، وإسكندر الخوري، وإسحاق موسى الحسيني، وحسني فريز، ومحمد العناني، والطالبان آنذاك: جهاد جميل حتر، وواصف فاخوري[٢]...

وهناك من ألف كتباً؛ يثقف بها الطفل الأردني، كالشيخ إبراهيم القطان، وله: "عظماؤنا الخالدون" بالاشتراك مع محمد العناني، وليوسف العظم مجموعة قصصية، ولراضي عبد الهادي ورفاقه "الروض". واشترك روكس العزيزي، وإبراهيم القطان في: "المبتكر لتعليم اللغة العربية ومرشده"[٣].

وقد جاءت هذه الكتب بأسلوب تقريري مباشر؛ إذ كان هدفها منهجياً، الأمر الذي أخرجها من دائرة أدب الأطفال[٤].

إلا أن الاهتمام الرسمي بأدب الأطفال، جاء بظهور الجمعية العلمية الملكية عام ١٩٧٠م؛ إذ كانت أول جهة رسمية تدعم كتاب الطفل، وبخاصة الكتب العلمية؛ إذ شكلت لجنة من ذوي الاختصاص للكتابة للأطفال، وتعاونت مع العديد من الباحثين لترجمة الكتب اللازمة وتأليفها، واستمرت رسالتها فيما بعد[٥].

(١و ٢) انظر: شرايحة: ٤٩ -٥٠.

(٣ و٤) انظر: المصلح: ٣٩.

(٥) انظر: مقدادي: ٢٨

أصدرت الجمعية مابين عامي ١٩٧٦م -١٩٧٩م مجموعة من الكتب للأطفال، مثل: البلاستيك في حياتنا، وحيوانات تعيش بيننا، وخالد يسجل أخطاء المرور، والخطوط المستقيمة والمتوازية، وطعامك، والعين والإبصار[١]...

وتميزت إصداراتها: بجودة الإخراج، وبموضوعاتها المستمدة من البيئة، وبطابعها العلمي البحت، إذ كانت تخلو من السمات الفنية للقصة؛ فنجد في كتاب البلاستيك في حياتنا لعادل جرار تعريفاً للبلاستيك، وأنواعه، وفوائده، ومضاره على البيئة... بأسلوب علمي مباشر؛ مما يجعله في مصاف كتب الحقائق والمعلومات. أو الكتب الموضوعية التي تبحث في موضوع معين، بأسلوب غير قصصي، يتناول كل جانب من جوانبه المختلفة، بما يتناسب وعقلية الطفل[٢]..

وقد نهضت هذه الكتب بدور بارز، في إكساب الطفل المعلومات، والحقائق العلمية، حول الموضوعات التي تناولتها، كما كان لها دور في تكوين شخصية الطفل[٣].

وأمثال هذه الكتب هي الأكثر رواجاً في الدول المتقدمة، بينما تطغى الكتب القصصية على كتب الحقائق العلمية في الدول النامية[٤].

بدأ التأليف للأطفال بشكل واضح في الأردن، في خمسينيات القرن العشرين، وكان النتاج المقدم للأطفال قبل ذلك قليلاً أو معدوماً، باستثناء بعض المحاولات الفردية لبعض الكتاب[٥]، مثل: الملك فيصل عام ١٩٣٥م[٦]، والزنابق- للصف

---

(١) انظر: النوايسة، عبير. (٢٠٠٤). أدب الأطفال في الأردن: الشكل والمضمون. ط١، عمّان: دار اليازوري: ١٦..

(٢ و ٣ و ٤) انظر: مقدادي: ٢٨.

(٥) انظر: النوايسة: ١٥

(٦) انظر: حمدان، يوسف. (١٩٩٥). أدباء أردنيون كتبوا للأطفال في القرن العشرين. عمان: دار الينابيع: ٢٥

التمهيدي[1]- لروكس العزيزي، وخالد وفاتنة لراضي عبد الهادي، والكلب الوفي لإسحاق موسى الحسيني، والطرائف لمحمد العدناني عام ١٩٤٥م[2].

كما كتب للأطفال في الستينيات العديد من الكتاب، منهم: نبيل صوالحة وله: رحلات ي المارنة في الأردن[1]، ولعيسى الناعوري " نجمة الليالي السعيدة " عام ١٩٦٣م[4].

اتصف النتاج الأدبي الخاص بالطفل مابين عامي ١٩٥٣م- ١٩٧٩م بقلته؛ إذ لايتجاوز عدد قصص الأطفال خلال هذه الفترة عدد أصابع اليد الواحدة في كل عقد، وهي أقرب إلى المحاولات الفردية[5]. وتفتقد إلى جودة الإخراج، بالإضافة إلى رداءة الورق، وخلو معظمها من الصور الملونة[6]...

أبرز الذين كتبوا للأطفال خلال هذه الفترة (١٩٧٠-١٩٧٩): يوسف العظم، وتغريد النجار، ونبيل صوالحة[7]...

وجدت كتابات منهجية، دخلت إلى المكتبات التعليمية في المدارس، من خلال كتب المطالعة، للمرحلة الابتدائية في الخمسينيات، والستينيات، وأوائل السبعينيات... وبالرغم من طول هذه المرحلة زمنياً، إلا أنها كانت بداية قصص الأطفال في الأردن[8].

---

(١) انظر: العناني: أدب الأطفال: ١٧.

(٢) انظر: حمدان: ٣٣، ٤١١، ٤١٥.

(٣) انظر: العناني: أدب الأطفال: ١٧.

(٤) انظر: حمدان: ٣٩.

(٥) انظر: مقدادي: ٢٨.

(٦ و ٧) انظر: شرايحة: ٤٩.

(٨) انظر: مقدادي: ٢٨.

إلا أن العام ١٩٧٩م (العام الـدولي للطفل)، كـان الانطلاقـة الكبرى لأدب الأطفال في الأردن، بالرغم من أن العديد من الأدباء والكتاب، كتبوا للأطفال قبل هذا العام، إلا أن هذا العام كان حافزاً للكتاب الأردنين للاهتمام بشكل ملحوظ بأدب الأطفال وثقافتهم[١]؛ فنشهد بشكل ملحوظ اهتماماً فعلياً بأدب الأطفال، من خلال رسالة الملك الحسـين بـن طلال – يرحمه اللـه – للجنة الوطنيـة الأردنية للسنة العالمية للطفل؛فقد حرص الملك على تنشئة الطفل تنشئة صالحة، تُعنى بنمو أجسامهم وعقولهم، ثقافياً واجتماعياً، فأخذت الجهات الرسمية والشعبية في الأردن، تشجع أدب الأطفال بمجالاته المختلفة من القصة، والمسرحية، والشعر[٢].

وفتحت المجلات الثقافية والرسمية الصادرة عن دائرة الثقافة والفنون، كمجلة أفكار، ومجلة الشباب... صفحاتها لأدب الأطفال، وعمدت أحياناً إلى تخصيص ملف لأدب الأطفال، فنقرأ فيها بعض القصص المترجمة للأطفال. كما ساهم في الكتابة على صفحاتها بعض الأدباء الشيوخ كحسني فريز[٣]...

يعدُّ العام الدولي للطفل (١٩٧٩م) حداً فاصلاً بـين أدب الأطفال في الأردن قبل عـام ١٩٧٩م وما بعده؛ إذ نضجت الكتابة في الثمانينيات وما بعدها[٤]، وبدأنا نلحظ كتابة جادة للأطفال شعراً ونثراً، وقُررت مساقات خاصة بأدب الأطفال في الخطط الدراسية لبعض الأقسام، في كليات المجتمع والجامعة الأردنية[٥].

وبرز مابين عامي ١٩٧٩م - ١٩٨٧م عدد من الكتاب والمترجمين، مثل حسني فريز، وروضـة الهدهد[٦]، وفخري قعوار، وهدى فاخوري، ورندة الور، ومفيد

(١) انظر: أبو مغلي، الفار، سلامة: ١٧٧.
(٢) انظر: مقدادي: ٢٩.
(٣) انظر: المصلح: ٣٣ – ٣٤.
(٤) انظر: النوايسة: ١٦ – ١٧.
(٥) انظر: شرايحة: ٤٩.
(٦) انظر: النوايسة: ١٨ - ١٩.

نحلة، ومحمود شقير، وأحمد أبو عرقوب، وفواز طوقان، وعيسى الجراجرة، وزليخة أبو ريشة، ومحمود الشلبي، وعلي البتيري، وإبراهيم نصر الله، وكمال رشيد، ونائلة الرحال[١]...

تطورت التجربة الإبداعية للأطفال في الأردن بعد ذلك، وأفرزت بعض النماذج الإبداعية في الرواية والمسرحية، والقصة، والحكاية الشعبية، وحكاية السيرة... وإن لم ينتج عنها اتجاه متميز في الإبداع الأدبي للطفل، إلا أنه لفت الأنظار إلى إمكانية بلورة هذه التجربة وتعميقها؛ لتأخذ موقعها على خارطة الأجناس الأدبية المعاصرة في الأردن[٢]. فظهرت جمعيات ومراكز، عُنيت بأدب الطفل وثقافته: كنادي أصدقاء الأطفال، وجمعية أصدقاء الأطفال[٣]، ومركز هيا الثقافي، والرابطة الوطنية لتربية وتعليم الأطفال التابعة لمؤسسة نور الحسين[٤]، ودائرة الثقافة والفنون في الأردن[٥]، واللجنة الوطنية لسنة الطفل العالمية ... كما اهتمت وزارة التربية والتعليم بأدب الأطفال، فأنشأت قسماً خاصاً باسم أدب الأطفال، وأصدرت كتابي: العد والقياس، والدم، وصدر عن أمانة عمان كتاب: الصحة والمرض، وصدر عن اتحاد الجمعيات الخيرية كتاب: الأكسجين[٦].

---

(١) انظر: عمرو، عبد الغافر، صبح: ٣٩

(٢) انظر: المصلح: ٣٤

(٣) انظر: أبو معال: أدب الأطفال: دراسة وتطبيق: ٣٣

(٤) خصصت جائزة دورية باسم الملكة نور الحسين لأدب الأطفال. انظر: أبو مغلي، الفار، سلامة: ١٧٧

(٥) نشرت الكتب، وأقامت المسابقات الثقافية، وعرضت المسرحيات، وأنشأت قسماً خاصاً بأدب الأطفال. انظر: أبو معال: ٣٣

(٦) انظر: المصلح: ٣٠ - ٣١

وأخذت دور النشر والمطابع الأردنية تهتم بكتب الأطفال؛ فظهر العديد من الكتب والقصص المحلية والمترجمة[١].

أقامت الرابطة الوطنية لتربية الأطفال وتعليمهم ندوة الأطفال في الأردن - واقع وتطلعات، شارك في هذه الندوة عشرون باحثاً وباحثة تناولت أوراقهم البحثية ألوان الإبداع الطفولي المقدم للأطفال في الأردن، ومكتبة الأطفال وصحافة الطفل، وكتب الأطفال المدرسية، وأثر الإذاعة والتلفزيون على أدب الأطفال، ودور المؤسسات الرسمية في دعم أدب الأطفال، نشرتها وزارة الثقافة بالتعاون مع مؤسسة نور الحسين في كتاب عام ١٩٨٩م[٢]...

شاركت وزارة التخطيط في إقامة مؤتمر الطفولة عام ١٩٩٢ م؛ تجاوباً مع إعلان مؤتمر القمة العالمي للطفولة المنعقد عام ١٩٩٠ م لبقاء الطفل وحمايته ونمائه. اشتمل المؤتمر على بحوث وتوجيهات تخص الطفولة في مجالي الثقافة والإعلام.[٣]

خصص المؤتمر العام للأدباء والكتاب العرب الثامن عشر المنعقد في عمان عام ١٩٩٢ م، محوراً من محاوره لأدب الخيال العلمي، وأثره في تكوين عقلية الطفل العربي، شارك فيه عدد كبير من الأدباء والمثقفين المهتمين بأدب الأطفال في الأردن[٤].

كما تم إعادة تأسيس مديرية ثقافة الطفل في مطلع عام ٢٠٠٦ م ؛ لتأمين احتياجات الطفل الثقافية والفكرية والترفيهية، والترويج لأهمية ثقافة الطفل، ووضع معايير لكتب الأطفال من حيث الإخراج، والخامات، والوسائل الإيضاحية، والألوان، والصور...

بالإضافة إلى تشجيع الكتّاب من خلال الدعم الكلي أو الجزئي، أو شراء

---

(١) انظر: أبو معال: أدب الأطفال: دراسة وتطبيق: ٣٣

(٢و ٣ و ٤) انظر: المصلح: ١٣٧

مؤلفاتهم بما يحقق الدعم المادي للمؤلف، والدعم المعنوي وذلك بـالترويج لمؤلفه محلياً وعربياً، من خلال المعارض التي تقيمها الوزارة في المدارس والجامعات، وتبادلها مـع المؤسسـات والمنظمات المحلية والعربية الدولية. وسيتم تزويدها بالكتب والإصدارات والـدوريات، بالإضافة إلى الألعـاب التثقيفية للطفل في مختلف مراحله العمرية. إلى جانب عدد من النشاطات الثقافية من مسابقات، وعروض أفلام، وقراءة قصص وسرد حكايات... وسيتم ذلك كله تحت إشراف معنيين ومختصين بأدب الطفل وثقافته، ضمن خطة زمنية وآلية محددة بالتنسيق مـع القطاعـات الأهليـة والرسمية من المجتمع الأردني.

ومن مهام المديرية أيضاً التوسع في إنشاء المكتبـات في المراكـز الثقافية، والمـدارس والأبنية، وتطوير القائم منها، ومن أبرز المشاريع الثقافية لهذه المديرية كذلك، للأعوام ٢٠٠٦ – ٢٠٠٨ م: هو توفير كرفانات متنقلة، مجهزة بكافة الإمكانيات ؛ تجوب مناطق المملكة وقراها كافة، ولاسيما في المناطق والتجمعات النائية ؛ لتمكينهم من المشاركة في الحياة الثقافية...

وقد تحمس الكثير من الشعراء، وكتاب القصة، والرواية للكتابة للصغار، وظهر مسرح الطفـل، فصنف بعض المؤلفين الكتب في أدب الأطفال وثقافتهم[١].

يقودنا الحـديث عـن بـدايات أدب الأطفال في الأردن، إلى الحـديث عـن إسهامات كتّـاب فلسطينيين، كتبوا للأطفال، ونشروا نتاجهم في الأردن؛ وقد بدت الوحدة العربية في أسمى تجلياتها؛ بوحـدة الشـعبين الأردني والفلسـطيني[٢]. فكتـب للأطفال في الأردن وفلسطين: إبراهيم البـوارشي مجموعة من أناشيد الأطفال، وكتب روكس العزيزي عن التاريخ الحـديث، وجمـع محمـد إسعاف النشاشيبي مجموعة أناشيد الأطفال، وأصدر إسحاق موسى الحسيني ورفاقه بعض القصص، وكتب

(١) انظر: أبو مغلي، الفار، سلامة: ١٧٧
(٢) انظر: مقدادي: ٢٧

يوسف هيكل، وعبد الرؤوف المصري، وفايز علي الغول حكايات وقصصاً من التراث، والأساطير الشعبية، وكتب واصف فاخوري بعض الكتب[١]...

وقد لعبت معاناة الشعب الفلسطيني بعد النكبة دوراً كبيراً في التأثير المباشر على الحركة الأدبية بعامة، وأدب الأطفال بخاصة؛ إذ شهدت هذه المرحلة صدور أغاني الأطفال في فلسطين للشاعر علي الخليلي، وصور من الأدب الشعبي الفلسطيني للأديبين جميل السلحوت، وحمد شحادة... بالإضافة إلى ألوان مختلفة من أدب الأطفال لمحمود شقير، وسامية فارس، وباسمة حلاوة[٢]...

اعتنى بعض الكتاب بأدب الطفل الفلسطيني، وضمنه الحقائق التاريخية والعلمية عن فلسطين، خاصة بعد أن تنبه لأدب الطفل الصهيوني، والذي يركز على غرس الحقد على المسلمين، وكراهيتهم، وتحقيرهم، وتصويرهم بالتفاهة، والجهل، والحقارة، والكذب... وأبرز الكتاب في هذا المجال: روضة الفرخ الهدهد، لها سلسلة من القصص(الحكايات) بدأتها بقصة:عز الدين القسام[٣]... وليوسف العظم: أناشيد وأغاريد. كما كتب نبيل صوالحة، وكمال رشيد قصصاً وأناشيد[٤]...

وإذا كان أدب الأطفال يعكس التغيرات التي تطرأ على العالم كقضية فلسطين، فهناك من يدعو إلى أن يستمتع الصغار بحياتهم وطفولتهم، مهما كانت حياة الكبار بائسة وحزينة، إذ أن أدب الكبار يعكس الحيرة، والشك، والأمل الكاذب، والضغط الاقتصادي، وفقدان الثقة بالإنسان، والسلام يخرج أدب الأطفال في كتب

---

(١) انظر: بريغش: أدب الأطفال.. تربية ومسئولية: ٦٠

(٢) انظر: أبو مغلي، الفار، سلامة: ٣٠

(٣) لها في هذا المجال عدة قصص، منها: سر القنابل الموقوتة، وقافلة الفداء، والزمن الحزين في دير ياسين، ورحلة النضال، ومنقذ القرية...

(٤) انظر: بريغش: أدب الأطفال.. تربية ومسئولية: ٦١

رائعة بهيجة، من حيث الشكل والمضمون، وكأن المؤلفين، والناشرين، والرسامين تعاونوا على أن يقدموا لهذا الجيل من الأطفال خير ما في عالم الكتب، لكي يعوضوه عن المستقبل الذي لا أمل فيه[(١)].

خاصة وقد أخذ أدب الأطفال يتطور ويتغير؛ تبعاً لتغير المجتمع، وتطوره، واهتمامه بالطفل، مثله كمثل أدب الكبار، الذي يتغير وفقاً لتغير القيم الثقافية، والدينية، والاجتماعية، والسياسية... وأدب الأطفال الحقيقي خلال فترة ما، يعكس وجهة نظر المجتمع في هذه الفترة؛ فأصبح الكبار اليوم يدركون أكثر من أي وقت مضى مطالب الأطفال، واحتياجاتهم الفكرية، والعقلية، والعاطفية؛ فكتبوا لهم في مختلف ألوان الأدب وأجناسه، إذ لا يمكن فصل تأديب الأطفال عن تفكير الكبار؛ فالكبار هم الذين يكتبون للأطفال، وهم الذين ينتقون الكتب للصغار، إلا أن الأطفال هم الفيصل في الحكم على الكتاب، فإما أن يكتبوا للعمل الأدبي الموجَّه لهم الخلود ؛ وإما أن يودعوه في مجاهل النسيان[(٢)].

ويظهر بوضوح الآن مدى تأثير الأحداث في البلاد العربية والعالم، على أدب الأطفال وكتبهم ؛ فقد شهدت الأمة في القرن الماضي حربين عالميتين، وهزتها نكبة فلسطين عام ١٩٤٨ م، كما شهدت ثورة٢٣/يوليو/ ١٩٥٢م، وحرب ١٩٥٦م، ثم هزيمة ١٩٦٧م، وانتصار١٩٧٣م، وحرب لبنان١٩٧٥/١٩٧٦ م[(٣)]... وحرب الخليج الأولى، وحرب الخليج الثانية... إلخ.

ويبدو هذا جلياً في أعمال روضة الهدهد، مثل: في أحراج يعبد - الشيخ عز الدين القسام، وسر القنابل الموقوتة – أبو إبراهيم الكبير، وقافلة الفداء – محمد سرور برهم... ولمنيرة القهوجي: أطفال القدس، ولمجدولين خلف: رمضان في القدس...

(١ و ٢ و٣) انظر: الحديدي: ٢٧٥ - ٣٧٨

كتب في مجال الشعر إبراهيم نصر الله: صباح الخير يا ثورة، ولعلي البتيري: القدس تقول لكم، وليوسف حمدان: غنوا لفلسطين؛ ولعفاف صلاح: أغاني الانتفاضة[1]...

وكتب في المسرح زهير كحالة: دير ياسين، وأم من فلسطين... ولأكرم أبو الراغب: ابن فلسطين وشهيدها "مشاهد من حياة عبد القادر الحسيني"، وأحفاد صلاح الدين "مواقف بطولية عن الانتفاضة "، والقدس لنا[2]...

بالإضافة إلى حروب التحرير في الجزائر وأفريقيا، والتهديد العالمي بالقوة الذرية، ثم سياسة الوفاق بين الدولتين الكبيرتين في العالم (بين أكبر دولتين في العالم)[3].

كما لمسنا تأثير التقدم الحضاري على أدب الأطفال، كاختراع الطائرات، ووسائل الإعلام المسموعة والمرئية، والوصول إلى القمر، وصناعة الصواريخ، والعقول الإلكترونية[4].

(١و٢) انظر: حمدان: ٥٠ -٥١، ٢٩٥، ٣٩٩.

(٣ و٤) انظر: الحديدي: ٢٧٥- ٢٧٧.

شعر الأطفال في الأردن

تنوعت أشكال الشعر المقدم للطفل في الأردن مابين حر، وعمودي، وقصص شعري، إلا أنه لا يمكن اعتبار أي شعر للأطفال؛ مالم يكن جاداً، يمزج بين الخبرات، ويربط تجربة الشاعر بالطفل... ويربط فكر الطفل بعاطفته؛ فتثيره الصور الشعرية... إلا أنه لامجال فيه للمثيرات الحادة كالرثاء، والهجاء، والكراهية، والقسوة الشديدة، والمرارة في شعر الأطفال [١]...

وقد تشعبت مضامين الشعر المقدم للطفل: مابين وطنية، واجتماعية، وتربوية، وعلمية [٢]...

بدأت كتابة الشعر للأطفال في الأردن في أوائل القرن الماضي [٣]. واهتم كتاب وشعراء كثيرون بالكتابة لهم، وعلى رأسهم: إسكندر الخوري البيتجالي، نظم للأطفال: المثل المنظوم عام ١٩٣٦م [٤]، والطفل المنشد عام ١٩٤٢م [٥].

جمع بعد ذلك محمد إسعاف النشاشيبي أناشيد للأطفال، في كتاب أُطلق عليه اسم: البستان [٦] عام ١٩٤٥م [٧].

(١ و ٢) انظر: النوايسة: ٩٥

(٣) انظر: العناني: أدب الأطفال: ١٧

(٤) انظر: الحسيني: ٦٩

(٥) انظر: حمدان: ٤١١. وهي أناشيد لأطفال المدارس. أقرت وزارة المعارف الفلسطينية تدريسهما في مدارسها الابتدائية، ووصفهما ناصر الدين الأسد بأفضل ما ألف للأطفال في الوطن العربي.

(٦) انظر: العناني: أدب الأطفال: ١٩

(٧) انظر: حمدان: ٣٣

وأصدر راضي عبد الهادي عام١٩٤٥م، مجموعة شعرية بالاشتراك مع آخرين بعنوان: الروضة[١]، ولعبد الكريم الكرمي أغاني الأطفال عام ١٩٦٤م[٢].

وليوسف العظم في نهاية الستينيات مجموعة أناشيد وأغاريد للجيل المسلم، وتعد أول أشعار موجهة للطفل الأردني[٣]. ولعلي البتيري: لوحات تحت المطر عام ١٩٧٣م[٤]، ولمحمد جمال عمرو أغاني مسرحية بعنوان: الجرذان عام ١٩٧٦م، ولمحمود الشلبي هكذا يسمو الوطن، ولجاك سليم لحام أغاني الصغار، ولوداد قعوار هيا ننشد يا أطفال عام ١٩٧٩م[٥].

وقد تنامى الاهتمام بشعر الطفل الأردني ونشيده في الثمانينيات والتسعينيات، وصولاً إلى القرن الحادي والعشرين ؛ فكتب محمد الظاهر قصتين شعريتين بعنوان: لينا النابلسي عام ١٩٨٠م، وتغريد البطمة[٦]، ولعلي البيتري: المتوسط يحضن أولاده عام ١٩٨١م[٧].

وصدر عام ١٩٨٢م: عبير والساحرة، والدمى واللص لمحمد جمال عمرو، وأغاني المعمورة لمحمد القيسي، والبركان الصغير لشحدة الزاغ، والديك والنهار لمحمود الشلبي، والأناشيد المدرسية لمحمد عطيات، وفي هوى فلسطين لمحمد القيسي، وقصائد لأطفال الآر بي جي لمحمد الظاهر، وفي ظلال المصطفى ليحي الحاج يحي، وصباح الخير يا أطفال، وصباح الخير يا ثورة لإبراهيم نصر-الله[٨]، والقدس تقول

---

(١) انظر: حمدان: ٣٣.

(٢) إلا أن عدد من قصائدها كُتب قبل النكبة. انظر: أبو مغلي، الفار، سلامة: ١٧٩.

(٣) انظر: مقدادي: ١٧.

(٤) انظر: أبو مغلي، الفار، سلامة: ١٧٩

(٥ و ٦) انظر: حمدان: ١٦٢، ٣٦٣، ٤١٢، ٤١٧، ٤٠٣

(٧) انظر: أبو مغلي، الفار، سلامة: ١٧٩

(٨) انظر: حمدان: ٧٩، ١٦٢، ٣٦٣، ١٩٣، ٣٩٨، ٤٠٣، ٤١٨، ٤٠٦

لكم لعلي البيتري عام ١٩٨٣م[١].

بالإضافة إلى دلال المغربي[٢] لمحمد الظاهر، وإن غاب القط العب يا فار[٣] لسليم أحمد حسن، وأناشيدي لكمال رشيد[٤]، وأطفال فلسطين يكتبون الرسائل لعلي البيتري عام ١٩٨٤م[٥]، وغنوا لفلسطين ليوسف حمدان، وأطفال الوطن الجميل لمحمد الظاهر، وفرسان المستقبل لصالح الشافعي عام ١٩٨٥م[٦]، وأغنيات للوطن، وأبجدية الطفل العربي لمحمد الظاهر، وفرح ولعب وجد[٧] لسليم أحمد حسن، والغزال كحول[٨] لمحمود الشلبي[٩]، وفلسطين يا أمي لعلي البيتري عام عام ١٩٨٦م[١٠]، والفراشات واللهب[١١] لسليم أحمد حسن، وأناشيد الفجر الطالع ليوسف حمدان وحكاية الولد الفلسطيني لرياض عودة سيف[١٢]، وصوت بلدي[١٣] لعلي البيتري عام ١٩٨٧م[١٤]، والثعلب الصالح[١٥] لمحمد جمال عمرو، وشادي

---

(١) انظر: أبو مغلي، الفار، سلامة: ١٧٩.

(٢) قصة شعرية.

(٣) مسرحية شعرية.

(٤) انظر: حمدان: ١١٧، ٤٠٣.

(٥) انظر: أبو مغلي، الفار، سلامة: ١٧٩.

(٦) انظر: حمدان: ١٧٦، ٤١٤، ٤٠٣.

(٧ و ٨) مسرحيتان شعريتان.

(٩) انظر: حمدان: ١٦، ١٠٦، ٤٠٣.

(١٠) انظر: أبو مغلي، الفار، سلامة: ١٧٩.

(١١) مسرحية نثرية

(١٢) انظر: حمدان: ١٠٦، ٤٠٠، ١٧٦

(١٣) أغاريد عربية لأطفال الروضة والمرحلة الابتدائية.

(١٤) انظر: أبو مغلي، الفار، سلامة: ١٧٩

(١٥) أغاني مسرحية .

يرسم وطنه لرياض عودة سيف، وفصول لأحمد كواملة، وعصافير الندى لمحمود الشلبي عام ١٩٨٨م [١].

وقدمت عفاف صلاح مسرحية شعرية بعنوان: أغاني الانتفاضة، وسليم أحمد حسن صندوق الدنيا [٢].

ويستمر الاهتمام بكتابة الشعر للأطفال في التسعينيات من قبل الشعراء السابقين، ولمعت أسماء جديدة اتجهت إلى الكتابة في هذا اللون من الشعر في الثمانينيات والتسعينيات؛ فصدر لمحمد جمال عمرو: نسعى إلى المستقبل، ولمحمد الظاهر: أين كنت [٣]، ولأحمد كواملة: الباعة الصغار عام ١٩٩٠م [٤]، وأناشيد للأطفال لمحمد أبو صوفة، وليلى والذئب لليلى الحمود، وياوطن لراشد عيسى، وقناديل ج١ ليوسف حمدان، وأناشيد الانتفاضة لعفاف صلاح [٥]، وشموع وزهور وحجارة [٦] لناديا العالول، وماذا ترى [٧] لمحمد الظاهر عام ١٩٩٢م [٨]، وديوان أناشيد لجميل علوش علوش، وقناديل ج٢ ليوسف حمدان، وأقمار مضيئة خاصة بالوطن لمحمد صالح يوسف، والمسلمون الصغار، وأنا المسلم [٩] لمحمود عبد الرحيم الرجبي عام ١٩٩٣م [١٠]. وباسم الجرئ [١١] لمحمد جمال عمرو، وقناديل ج٣ ليوسف حمدان،

(١ و ٢) انظر: حمدان: ٤٠٠، ١٦٢، ٤١٤، ١٠٦.

(٣) للقراءة المبكرة.

(٤) مسرحية شعرية: انظر: حمدان: ٣٦٣، ٤٠٣، ٤٠٤.

(٥) انظر: حمدان: ١٢٦، ٩٦، ١٧٦، ٤٠٢، ٤١٤.

(٦) عن الانتفاضة.

(٧) للقراءة المبكرة.

(٨) انظر: حمدان: ٤٠٣، ٤٠٠.

(٩) ديوان شعر باللغة الإنجليزية.

(١٠) انظر: حمدان: ٧٣، ١٧٦، ٣٦٦، ٤٠٤.

(١١) قصة شعرية حول مجزرة الحرم الإبراهيمي الشريف.

والأسد والثيران الثلاثة[١] لأحمد كواملة، وحكاية أمة[٢] لسليم أحمد حسن عام ١٩٩٤م[٣].

ولم تتوقف القصائد المنشورة عند المجموعات الشعرية وحسب، بل إن العديد من الشعراء نشروا، وما زالوا ينشرون قصائدهم للأطفال في مجلات الأطفال كحاتم ووسام، والملاحق الأسبوعية للصحف اليومية، من أمثال: كمال رشيد، وأحمد أبو عرقوب، وعلي البتيري، وحسن ناجي، وراشد عيسى، وأحمد كواملة، ومحمد جمال عمرو[٤]...

---

(١) مسرحية شعرية.

(٢) أوبريت غنائي مسرحي.

(٣) انظر: حمدان: ٣٦٣، ١٧٦، ٣٣٠، ١٠٦.

(٣) انظر: مقدادي: ١٧.

مسرح الأطفال في الأردن

بدأ مسرح الأطفال في الأردن في المدارس، والجمعيات، والنوادي الخاصة بالأطفال[١]... بجهود أفراد من المعلمين، ومشرفي النوادي، والجمعيات والأندية... ولم يبدأ في المسارح المتخصصة[٢].

وتشير الدراسات،إلى أن مسرح الأطفال في الأردن، بدأ بالمسرح العفوي، على يد مارجو ملتجيان[٣]، التي بدأته بمسرحية " عنبرة والساحرة " عام١٩٧٠م، وعُرضت على مسرح الواصفية[٤].

قدمت ملتجيان ما بين عامي ١٩٧٠ م - ١٩٧١ م أكثر من عشرين مسرحية للصغار، اعتمدت فيها على الأدب الأجنبي؛ إذ قامت بتعريب أفضل القصص العالمي، مما يناسب الطفل العربي[٥].

استمر الحال على هذا النحو، إلى أن بدأت دائرة الثقافة والفنون - التابعة لوزارة الثقافة والشباب - بالاهتمام بمسرح الطفل، الذي نادت مارجو ملتجيان إلى تأسيسه عام ١٩٧١م[٦]. وقد نهضت هذه الدائرة بدور مهم في دعم الكاتب الأردني، وفي إيجاد جمهور يُقبل على مسرح الأطفال برغبة وشوق، وعرضت عدداً

---

(١) انظر: أبو معال، عبد الفتاح. في مسرح الأطفال. ط١. عمان: دار الشروق للنشر والتوزيع: ١٧ - ١٨

(٢) انظر: مقدادي: ١٧ - ١٨

(٣) انظر: النوايسة: ١٩

(٤ و ٥) انظر: المصلح: ١٢٤

(٦) انظر: مقدادي: ١٨

من المسرحيات، مثل: الحمار الراقص، وعازف المزمار، وعلي بابا والأربعين حرامي[١]...

تنبه المسؤولون في وزارة الثقافة إلى خطورة مسرح الطفل؛ فعمدوا إلى تفريغ من يمكنه أن يقوم بأعباء هذا المسرح، مسندين هذه المهام إلى المخرج نعيم حدادين، فقدم ثلاث مسرحيات متتابعة، وهي: الأمانة كنز عام ١٩٨٠م، والثعلب الماكر، وبيسان عام ١٩٨١م، من خلال خطة ميدانية، حققت لمسرح الأطفال في الدائرة الكثير[٢].

ساعد على ازدهار مسرح الأطفال في الأردن، وجود العديد من المسارح: كمسرح هيا الثقافي، ومسرح قصر الثقافة، ومسرح المركز العلمي، ومسارح الجمعيات الخيرية والأندية، ومسارح المدارس[٣]... فقدم نادي أصدقاء الطفل عام ١٩٧٢م، مسرحية: طبيب رغم أنفه، وقدم عام ١٩٧٣ م مسرحية: العبد والأسد. وتعد مسرحية سمير والوردة، أول نتاج محلي لنص مسرحيات الأطفال[٤].

إذ اعتمد مسرح الطفل الأردني في بادئ الأمر،على النصوص المقتبسة من النصوص العالمية؛ نظراً لعدم وجود كتاب مسرحيين محليين[٥] بينما تراوحت المسرحيات المعروضة على المسارح الأردنية ما بين مسرحيات موضوعة[٦]خطتها

---

(١) انظر: المصلح: ١٢٤.

(٢) انظر: موسى، عبد اللطيف؛ مهيدات، محمود؛ السعدي، عماد؛ قزق، حسين. (١٩٩٢). الدراما والمسرح في تعليم الطفل. ط١. إربد: دار الأمل للنشر والتوزيع: ٣٢.

(٣) انظر: مقدادي: ١٨.

(٤) انظر: العناني، حنان. (١٩٩١). الدراما والمسرح في تعليم الطفل. (ط ٢). عمان: دار الفكر للنشر والتوزيع: ١٩.

(٥) انظر: أبو مغلي، الفار، سلامة: ١٧٨.

(٦) تحتوي نصوص هذه المسرحيات على مضامين أخلاقية، وأهداف تربوية لمساعدة الطفل على التمييز بين الخير والشر، من خلال رصده للصراع الدائر بينهما. انظر: موسى، مهيدات، السعدي، قزق: ٣٢.

أقلام أردنيـة،و مترجمـة[1] عـن النصـوص العالميـة[2]، تشـبه في مضـمونها، مضـمون مسرـحية الغابـة القرمزية، التي قدمتها جوليت عواد على المسرح[3].

كما شاهد الطفل الأردني مسرحيات عدة لعروض فرق مسرـحية عربيـة، وأجنبيـة[4]، كمسرـح المركز المسرحي الوطني في ليموزان عام ١٩٧٤م، وفرقة مسرح العرائس السوري والروماني عام ١٩٧٦ م، ومسرح الدمى البلغاري، لفرقة بلومديف للأطفال عام١٩٧٩م[5].

ازداد الاهتمام بمسرح الأطفال الأردني في الآونة الأخيرة؛ فعُرضت العديد من المسرحيات ضمن مهرجانات الأطفال، مثل: الراعي والغنمات، والأسد المغرور، وشفاء القلوب، والصداقة[6]...

بالإضافة إلى مسرحية: الدمى واللص التي عرضت عام ١٩٨٢م من إعداد: محمد بسـام ملـص. كما شهد عام ١٩٨٣م نشاطاً مسرحياً ملموساً؛ إذ عرضت خلاله العديد من المسرحيات، مثـل: وطـن العصافير، والأسد المغرور... وفي عام ١٩٨٤م، عرضت مسرحية شفاء القلوب للكاتـب المصرـي: عـامر علي عامر، ومن إخراج: نبيل نجـم. وعرضـت في العـام نفسـه مسرـحية: درس في الصـداقة للكاتـب إبراهيم العبسي[7].

وممن ألف وأعد مسرحيات للأطفال في الأردن: نبيل صوالحة، ومحمود إسماعيل بدر، ونانسي باكير، ومنيرة شريح، وأكرم أبو الراغب، ووفاء القسوس،

---

(١) انظر: مقدادي: ١٨

(٢) انظر: العناني: الدراما والمسرح في تعليم الطفل: ١٩

(٣) انظر: أبو معال: في مسرح الأطفال: ١٨

(٤) انظر: المصلح: ١٢٦

(٥ و٦) انظر: العناني: الدراما والمسرح في تعليم الطفل: ١٩

(٧) انظر: السعدي وآخرون: ٣٣

وبشير هواري، ومحمد بسام ملص، ومحمد الظاهر، وحسن ناجي، وزهير كحالة، وليلى الحمود، وروضة الهدهد، ومارجو ملتجيان، والمخرج نعيم حدادين[١]...

أشهر مسرحيات الأطفال الأردنية: الملك سيف بن ذي يزن عام ١٩٥٧م لتوفيق أبو السعود[٢]، والحمار الراقص عام ١٩٧١م، عرضت على مسرح الواصفية، ومسرح دائرة الثقافة والفنون فيما بعد، وطبيب رغم أنفه لموليير، عرضت على مسرح المركز الثقافي البريطاني، وأولاد الحطاب عام ١٩٧٢م، عرضت على مسرح البساط الطائر، وعازف المزمار قدمت على مسرح قصر الثقافة، والعبد الأسود على مسرح المركز الثقافي البريطاني عام ١٩٧٣م، وبينوكيو عُرضت عام ١٩٧٤م[٣].

بدأت النصوص المسرحية المحلية تتسرب إلى المسرح الأردني، وتفرض وجودها عليه في منتصف السبعينيات، بعد أن كانت النصوص العربية، والمترجمة، والمقتبسة، تكتسح مسرح الأطفال الأردني، مثل: حذاء الطنبوري لمحمد بسام ملص، وسمير والوردة[٤] لفؤاد الشوملي، عام ١٩٧٥م، عرضت على مسرح دائرة الثقافة والفنون، والغابة الذهبية[٥] لجميل عواد، عام ١٩٧٦م[٦]، ومزرعة الأصدقاء، والثعلب الصالح لمحمد بسام ملص عام ١٩٧٩م[٧].

وقد أخذت الكتابة لمسرح الطفل الأردني في التطور والنمو بشكل ملحوظ في الثمانينيات من القرن العشرين؛ إذ عُرض على مسرح دائرة الثقافة والفنون عدد

(١) انظر: عمرو، عبد الغافر، صبح: ٣٨

(٢) انظر: حمدان: ٤٠١

(٣) انظر: المصلح: ١٢٥ - ١٢٦

(٤) حسبما ورد في أرشيف دائرة الثقافة والفنون. انظر: المصلح: ١٢٥ - ١٢٦

(٥) حسبما ورد في أرشيف دائرة الثقافة والفنون. انظر: المصلح: ١٢٥ - ١٢٦

(٦) انظر: المصلح: ١٢٥ - ١٢٦

(٧) انظر: حمدان: ٤٠١، ٤٠٦، ٤١٢

من المسرحيات، منها: الرحلة العجيبة، ومظلوم والأسد لمارجو ملتجليان[١]، والأمانة كنز ليوسف ممتاز عام ١٩٨٠م، وغابة الأرانب لبشير هواري[٢]، وعازف الناي عام ١٩٨١م[٣].

بالإضافة إلى: السباق الكبير، والدمى واللص لمحمد بسام ملص عام١٩٨٢م، ولا أعبد ما تعبدون، ودير ياسين، وهدية السماء، وليلة القدر، ومولد النور، وموكب النور لزهير كحالة، ووطن العصافير، وفادي وربى لنادية أبو طه عام ١٩٨٣م، والدعاء الأخير لمحمد أبو صوفة، ودرس في الصداقة لإبراهيم العبسي، والعصفور التائب لحسن ناجي عام ١٩٨٤م، والحكواتي عزوز لغنام صابر غنام عام ١٩٨٥م، وعمو أمين لمصطفى صالح عام ١٩٨٦م، وابن فلسطين وشهيدها (مشاهد من حياة عبد القادر الحسيني) لأكرم أبو الراغب عام١٩٨٧م، وهي الأم لمحمد خماش، وجحا والمحتال لمحمد بسام ملص عام ١٩٨٨م، ونقوش زمنية لوليد سيف عام ١٩٨٩م[٤]...

ويستمر الاهتمام باطراد بمسرح الطفل في الأردن في التسعينيات من القرن الماضي ومطلع القرن الحادي والعشرين، فتقابلنا مسرحية: أحفاد صلاح الدين، والقدس لنا لأكرم أبو الراغب، والغابة المسحورة لهاشم غرايبة عام ١٩٩٠م، والحكواتي مسعود لغنام صابر غنام، وقراقوش والموسيقى لفتحي عبد الرحمن، وفهمان أبو المعارف لنادية أبو طه عام ١٩٩٢م، ونسيم وريحانة ليوسف الغزو عام ١٩٩٣م[٥]...

---

(١) انظر: أبو مغلي، الفار، سلامة: ٢٨

(٢) عرضت كذلك على مسرح المدرسة الثانوية التجارية بالزرقاء عام ١٩٨١ م .

(٣) انظر: المصلح: ١٢٧

(٤ و٥) انظر: حمدان: ٥٠، ٥١، ٢٠٦، ٢١٠، ٣٩٦، ٣٩٨، ٣٩٩، ٤٠١، ٤٠٦، ٤١٨، ٣٠٦، ٢٩٥، ٤٠٤، ٤٠٥

قصص الأطفال في الأردن

بدأ طهور القصص مع بدايه الوجود على الأرض، والطفل الأردني فرد من هذا العالم، كانت الجدة تقص عليه القصص قبل النوم، وأثناء الجلوس أمام الموقد في الشتاء... سواء أكانت القصص خرافية، أم شعبية،أم أساطير... لتسليته، وإخافته أحياناً؛ لينام، أو يخفف من طلباته، وإزعاجه[١].

والذي يهمنا من هذه القصص، هو المدوّن منها، وبخاصة ذلك الذي بدأ تدوينه في الأردن متأخراً ؛ لأسباب سياسية، واجتماعية، واقتصادية... عاشتها المنطقة[٢].

بدأت مسيرة قصص الأطفال في الأردن، عام ١٩٤٥ م، على يد راضي عبد الهادي، بقصة خالد وفاتنة، ولإسحاق موسى الحسيني قصة: الكلب الوفي، وأحمد المدلل[٣]، ولمحمد العدناني: سلسلة الطرائف[٤].

وكتب محمود يوسف زايد عام ١٩٤٦م: يوليسيس التائه، وراضي عبد الهادي: سمسمة الشجاعة عام ١٩٥٣م، وكوكو، وعبد الرؤوف المصري: رغيف يتكلم عام ١٩٥٧م، وعيسى الناعوري: نجمة الليالي السعيدة عام ١٩٦٣م، وفايز علي الغول: الدنيا حكايات[٥]، ومن أساطير بلادي عام ١٩٦٦م، ومحمد العدناني: أقاصيص الأطفال عام ١٩٦٧م[٦].

(١و ٢) انظر: مقدادي: ٢٦ - ٢٧

(٣) اشترك فيهما مع آخرين .

(٤) انظر: حمدان: ٣٣، ٤١١، ٤١٥

(٥) قصص شعبية في ثلاثة أجزاء .

(٦) انظر: حمدان: ٣٣، ٣٥، ٣٩، ٤١٤، ٤١٥، ٤١٦، ٤٠٢

اتخذت قصص الأطفال في الأردن مساراً واضحاً في أواخر السبعينيات فكتب منير الهور: حبة القمح، والحقيبة المسحورة، وتغريد النجار: صفوان البهلوان عام ١٩٧٧م[١].

ويمكن القول: إن البداية الحقيقية لأدب الأطفال بعامة في الأردن، والقصص بخاصة، كانت عام ١٩٧٩م؛ إذ تزايد الاهتمام بقصص الأطفال، وصدر عدد لا بأس به منها، إلا أن هذا لا يعني تهميش القصص الصادرة قبل عام ١٩٧٩م أو إنكارها، بالرغم من كونها محاولات فردية تخلو من سمات القصة الفنية، إلا أنها تعد البذرة الأولى لقصص الطفل الأردني[٢].

كتب عام ١٩٧٩م جمال أبو حمدان قصة النهر[٣]، وفخري قعوار: السلحفاة والأطفال[٤]، وروضة الهدهد: في أحراج يعبد - الشيخ عز الدين القسام، ومنير الهور: أطفال القدس القديمة، ورشاد أبو شاور: عطر الياسمين[٥]، وأرض العسل[٦] ...

كما صدرت عام ١٩٨٠م قصة: عرس القرية، و نهاية غراب لمنير الهور، ولغة الطيور لأكرم أبو الراغب، وسر القنابل الموقوتة - أبو إبراهيم الكبير، و قافلة الفداء - محمد سرور برهم - لروضة الفرخ الهدهد، وأبو المكارم لنايف النوايسة، وعلي بائع الكعك لتغريد النجار، والجندي واللعبة لمحمود شقير، و المطاط

---

(١) انظر: حمدان: ٣٣، ٣٥، ٣٩، ٤١٤، ٤١٥، ٤١٦، ٤٠٢.

(٢) انظر: المصلح: ٣٢.

(٣) تعد هذه القصة بداية قصص الأطفال الطويلة في الأردن، يضاف إليها رواية أطفال القدس القديمة لمفيد نحلة.

(٤) قصص مترجمة عن حكايات الشعوب.

(٥) انظر: حمدان: ١١٤، ١٥٢، ١٧٩، ٢٠٦، ٣٩٧، ٤٠٢.

(٦) انظر: ملص، محمد بسام. (٢٠٠٦). ثبت منتقى من أدب الأطفال في الأردن. ط١. منشورات مكتب الأردن الإقليمي لرابطة الأدب الإسلامي العالمية: ٣٨.

لعادل جرار، وأطفال القدس لمنيرة القهوجي[١]، والأشياء العجيبة لعبد الله الشحام[٢]... بالإضافة إلى قصة طويلة للتلفزيون[٣] لأحمد المصلح، وعدد من القصص والتمثيليات لحسني فريز[٤].

وفي عام ١٩٨١م، صدرت: بائعة الكبريت، وخمس حبات في غلاف واحد[٥] لعيسى الناعوري، ومن الفراشه الملونة إلى الطيور المهاجرة لفخري قعوار، والزمن الحزين في دير ياسين لروضة الفرخ الهدهد[٦]، وتصريح سفر للأرض المحتلة لتيسير رمضان، والفرسان والبحر لمفيد نحلة، وقلب القرد لحسني فريز وعبد الحليم عباس[٧].

وعام ١٩٨٢م كتب أحمد أبو عرقوب: الفالوجة ذات يوم[٨]، وعيسى الجراجرة: ورد، وعريب الذكية، وقرنزح وبرنزح، والقطة وذيلها، والقطة والفأرة والكلب، وحديدون، والنصائح الثلاث، والذبابة سوسو[٩]، وللدكتور نمر سرحان: فنون شعبية للأطفال، وللدكتورة هدى فاخوري قصة الأسنان، ولأكرم أبو الراغب: الأميرة والوحش، ولروضة الهدهد: رحلة النضال - حسن سلامة، ومنقذ القرية- إبراهيم أبو دية - وسلسلة حكايات الغول- ليلى والكنز[١٠]، وكوخ الحكايات ليحيى الجوجو[١١].

---

(١) انظر: حمدان: ١٢٢، ٣٩٥، ٣٩٧، ٣٩٨، ٤٠٢، ٤١٤.

(٢) انظر: ملص: ٤٩.

(٣) منشورة في مجلة أفكار عام ١٩٩٢.

(٤) انظر: حمدان: ٣٠.

(٥) وهما من ترجمة عيسى الناعوري، وليستا من تأليفه.

(٦)انظر: حمدان: ٣٩، ٢٠٦، ٣٩٧، ٤١٨.

(٧) انظر: ملص: ٣٢، ٧٤، ٣٤.

(٨) رواية.

(٩) وجميعها مستوحاة من التراث الشعبي .

(١٠) انظر: حمدان: ٧١، ٧٧، ٣٩٥، ٣٩٧، ٤١٧

(١١) انظر: ملص: ٨١

بينما صدر للأطفال عام ١٩٨٣ م: صائم في سجن عكا - الشيخ فرحان السعدي - لروضة الهدهد، والعصفور يحاول منع انطباق السماء على الأرض^(١) لعيسى الجراجرة، ويوميات الشاطر حسن^(٢) لمحمد الكعوش^(٣).

و نشر أحمد أبو عرقوب عصافير المخيم، وجريس الريحاني البترول، وعادل جرار: الشمس: منشأها.. مصدرها.. طاقتها. وليالي بدر: لبانة والقمر، ونجود سبع العيش: تلوث الماء^(٤)، وعلي حسين خلف: الحسون يكتشف السر عام ١٩٨٤م^(٥)، ومنيرة القهوجي: أطفال القدس، ولن أرحل، وعلي حسين خلف: الحسون يكتشف السر، وأحمد جبر: بيئة الوطن الجميل، وخير الحناوي: الألغاز الثلاثة، ورامي أنيس إيراني: عامي الأول، ومفيد نحلة: الأطفال يحبون الأرض كثيراً^(٦).

و كتب عيسى الجراجرة: السيارة العجيبة، والولد سر أبيه، والأصدقاء الثلاثة، والحائك الحليم، وطويلة وقصيرة وجريئة، وعشق حتى الموت^(٧)، وأردنية تحلم بنصر- في فلسطين، وهنيئاً للحسين العظيم، وعطية عبد الله عطية: الحفيد الضائع^(٨)، وهاني الطيطي: حصار عراق المنشية، وأكرم أبو أبو الراغب: شبل قريش، وروضة الفرخ الهدهد: سلسلة حكايات الغول: هل يكفي الحظ ؟! ومغامرات ريان^(٩)،

---

(١) مستوحاة من التراث الشعبي.

(٢) قصة في جزئين.

(٣) انظر: حمدان: ٧٧، ٣٩٧، ١١٢.

(٤) كتاب تعليمي.

(٥) انظر: حمدان: ٧١، ١٨٥، ٤١٢، ٤١٤، ٤١٥، ٤١٧.

(٦) انظر: ملص: ٧٥، ٥٥، ٢٦، ٣٦، ٣٧، ٧٣.

(٧) كلها مستوحاة من التراث الشعبي الأردني .

(٨) رواية .

(٩) انظر: حمدان: ٧٨، ٣٩٥، ٣٩٧، ٤١٧.

وقراصنة البحر، وسناء محيدلي عام ١٩٨٥ م.

ويستمر الاهتمام بقصص الأطفال في الأردن في منتصف الثمانينيات والتسعينيات من القرن العشرين، وتبرز أسماء جديدة في هذا المجال: مثل محمود شقير: الحاجز، والجندي واللعبة[1]، وزليخة أبو ريشة: الماستان، وأحمد عودة: الكلب المخدوع، ونمر سرحان: حكايات شعبية فلسطينية، وفراس العجلوني: أسد فوق حيفا[2]، وشحادة الناطور: خلية النحل، وعرسان بياع السوس، والفزاعة[3] عام ١٩٨٦م، وعلي حسن رمان: الأسد والثعلب، وإمبراطورية الدجاج، والفراشة والفيل والنحل، والكلب وابن آوى، وملكة النحل، وعماد زكي: رحلات السندباد الصغير عام ١٩٨٧م. وأحمد جبر: جحا والسمكة الكبيرة، وغصن الأمل، والأفعى والفيل، ورامي إيراني: الذبابة المؤذية، وعماد زكي: قصة السلحفاة عام ١٩٨٨م، ومنى بسطامي: العائلة السعيدة، والإجازة، ومنذر أبو حلتم: سلسلة تتضمن: مَن يستشهد غداً،و الصبار الحزين، وقسماً لن ننسى- والسحابة السوداء، والبطل الصغير، وشجرة أم سعد، وليلى في سجن الخليل، وجسر العودة، وأحراش الخليل، وسقف الغارة، وجبل النار، وعطية عبد الله عطية: أريج عام ١٩٨٩م[4].

كما استمر نتاج الكتاب الذين برزوا من قبل من أمثال: يحيى الجوجو: إلى ولدي، وروضة الفرخ الهدهد: كفر قاسم والمحاكمة العادلة، ولغز الأطفال والبندقية في مخيم الدهيشة، عام ١٩٨٦م، وسر الشياطين الحمر في البيرة، ويوم الأرض والقمح المشتعل وصراع في الغابة، ومنير الهور:عش العصفورة عام ١٩٨٧م،

(١) انظر: ملص: ٧٠.

(٢) انظر: حمدان: ١٢٢، ٢١٦، ٣٩٧، ٤١٥، ٤١٧، ٤١٨، ١٣٥.

(٣) انظر: ملص: ٤٦.

(٤) انظر: حمدان: ٣٩٧، ٤٠٢، ٤١٥، ٧٨، ١٤٥، ٤١٣، ٤١٨، ٤٠٠ - ٤٠١.

وحكاية البحر عام ١٩٨٨م(١). ومحمد بسام ملص: عبر الزمن، وحدث في القلعة(٢)، وروضة الفرخ الهدهد: سر جبال أوراس – جميلة بوحيرد، وعرس الروح – الشاعر الشهيد: عبد الرحيم محمود، وعيسى الجراجرة: يزن يكتشف سر الخراف الباكية(٣)، وعطية عبد الله عطية: أريج، ويحيى الجوجو: إنهم أطفال الحجارة عام ١٩٨٨ م، ومنيرة شريح: نورة والحقل، يوسف الغزو: تفاحة آدم عام ١٩٨٩ م (٤).

وتزداد وتيرة قصص الأطفال الأردنية في التسعينيات من القرن العشرين فنصادف قصصاً، مثل: سر سكين عامر: مجزرة المسجد الأقصى– وعامر أبو سرحان(٥)، وماكينة الخياطة ومعركة الضريبة(٦) لروضة الفرخ الهدهد، وكان يا ما كان لمحمد أبو سمرة، وأخلاق إسلامية، وفي المسجد لكمال رشيد،و الوادي السعيد لناديا العالول،وهذه حكايتي ليحيى جبر، وجهينة والغول لعمر العناني ولغز جبل الأشباح لعبد الله عيسى والحجر السابع لعلي حسين خلف عام ١٩٩٠م، ولا تطير وحدك لعلي سلمان، والأطفال الشجعان ولصوص الآثار لناديا العالول، والشهيد ليوسف الغزو، وغرد يا شبل الإسلام لمحود مفلح، والحمامة الشقية لدينا بدر علاء الدين، والبطيخة لتغريد النجار، والصديق الوفي لمحمود الرجبي عام ١٩٩١م.

وصانع السيوف:خباب بن الأرت، وأسد الله وسيد الشهداء:حمزة بن عبد المطلب، والملثم وجريمة الأحد الأسود(٧) لروضة الهدهد،و الأميرة غسق والغول الشرير لعمر القاضي، وأوراق طالبة لكريمان الكيالي، والدجاجة النظيفة لدينا بدر

---

(١) انظر: حمدان: ٣٩٧، ٤٠٢، ٤١٥، ٧٨، ١٤٥، ٤١٣، ٤١٨، ٤٠٠ – ٤٠١.

(٢) قصص إسلامية.

(٣) مستوحاة من التراث الشعبي الأردني.

(٤) انظر: حمدان: ٩٠، ٤١٨، ٣٥٤، ١١٠.

(٥) من قصص الانتفاضة في العبيدية .

(٦) من قصص الانتفاضة في بيت ساحور .

(٧) من قصص الانتفاضة في غزة .

علاء الدين،و نشمة وجاسم لتغريد النجار، وأبو خليل والحلم الجميل، ونحن نحب هؤلاء: الشرطي، العامل، المعلم لكمال رشيد، والاكتشاف الكبير لمحمد بسام ملص عام ١٩٩٢م.

بالإضافة إلى الدب والجندي، وفتى القلاع لأحمد جبر،ومحاكمة في الغابة لجهاد الرجبي، والحلم الكبير ليوسف حمدان، والمخترع الصغير، وزهرة برية ليوسف الغزو، وذكريات سيارة لمنير الهور، والمغترب لعطية عبد الله عطية، ومؤمن وبيئته لفايز أبراش، والقدس لا تؤمن بالدموع لباسل الخطيب، وأشهب، وضاع عمر لتغريد النجار، والأرض الملتهبة لحسين العودات، ورحلة إلى جبل النار لرانية عبد الفتاح، وأبطال من جباليا لرائد أبو الرب، والولد البار والبقرة الذهبية لعبد الوهاب أبو صفية، ورأس الأفعى، ومنصور لم يمت[1] لمحمد جمال عمرو، ومهنة أبي، وفراس في العيد لياسر سلامة، والبركان الإسلامي لمحمد الكسجي، والتاجر والمريضة لرياض البجعة، والفخ العجيب لعلي رمان عام ١٩٩٣م.

والبحث عن صديق لمحمود الرجبي، وطفل في الجامعة لهاني الطيطي، ومأساة طفل لعقاب فايز عبد اللطيف، وبيئة الوطن الجميل، والصقر والزهرة الحزينة لأحمد جبر، والبحث عن القطعة الضائعة لجمال أبو حمدان، ولعبة الحبل لشهلا الكيالي، ويوميات كوكب يحتضر- لمحمود الرجبي وعكاشة الطيبي، وحكايات من الطفولة لكريمان الكيالي، والجنود والوطن لروضة الفرخ الهدهد...عام ١٩٩٤ م.

عدا عن: علاء والبيضات لمجدولين خلف، والمغترب لعطية عبد الله عطية، وإجازة في الأردن لتغريد عارف النجار، والخنساء ليحيى محمد يوسف النمراوي، وكهف الأرانب لأحمد عرفات الضاوي، وشهيد الإسلام عز الدين القسام لأحمد أبو غنيمة، وقصص القرآن للأطفال لأيمن جبر، وأحمد في مدينة المجلس لمحمود

(١) بالاشتراك مع محمود الرجبي. فازت بالمرتبة الأولى في مسابقة طرحتها مؤسسة عربية لإنتاج فيلم ورسوم متحركة .

الرجبي وعكاشة الطيبي، وألوان من حضارة الإيمان ليوسف العظم، وقصص الأنبياء للأطفال لماجد دودين، والغزال الصغير لسميح أبو مغلي... عام ١٩٩٥م، ونورة والكرة لمجدولين خلف، وحكاية الدجاجة بركة[١] لسهى العزة، ومهمة في الأغوار لروضة الهدهد، وحكاية الأرانب والثعلب، والصياد والأسد لأكرم أبو الراغب، ومغامرة على الطريق لناديا هاشم العالول، والأولاد والغرباء لنايف النوايسة، ومزرعة الدراق لنبيل الشريف، وهمس الوجود لصالح الشافعي، وزياد والعصافير لمحمد جبر، ومغامرات قطة ليوسف ضمرة، وفرسان الإسلام لماجد الحرباوي، وحكايات مدرسية لسليم أحمد حسن... عام ١٩٩٦م، والكلمات العجيبة، ونعم أنا صائم لمحمود أبو فروة الرجبي، وأحمد والحمامات لمجدولين خلف، وهدية الجد لمنير الهور، وماما أنيسة تحكي١٦ قصة للأطفال لخليل البدوي، وأنا المعوق لأحمد جبر، والمشجع الرائع لسناء الحطاب، ولماذا يشتم الأطفال الآخرين لإبراهيم شتاهل، والمطر لنهلة الطحان، وكيف نجا الأرنب لخليل عبد الكريم، ونداء مدينة لجليلة حياصات عليمات، وحسام يختار مهنته لإبراهيم العمري، وليلى في قصر-القطط لشهلا الكيالي، والأمانة، ومهنة الأمير لصباح المدني، وزرياب يستغيث لمحمد جمال عمرو، ويحكى أن لمحمود الرجبي، وأصبح الحلم حقيقة، ومصلحة مشتركة، وسؤال واحد، والقرد وعباد الشمس، وفي خزانة الجدة لشهلا الكيالي، وصدرت لعبير الطاهر في العام نفسه، مجموعات قصصية متنوعة مثل: دبس، وأين ياسمين، وياسمين والعصفور، وصديق ياسمين، ولا أحد يحبني... عام ١٩٩٧م

وأحبكم فلا تفقدوني لفداء الزمر، وحكايات عالمية للأطفال لنازك ضمرة، والمطر الأحمر لسماح العطار[٢] عام ٢٠٠١م، وأيتها الجميلة عام ٢٠٠٢م، من

---

(١) حازت على المركز الثاني بجائزة الملكة نور الحسين في الأدب العلمي للأطفال لعام ١٩٩٦م.

(٢) كانت آنذاك طالبة في الصف الرابع الابتدائي .

تأليف: ناهد الشوا، وغازات الدفيئة لفداء الزمر، وكواك... كواك، وهيا الشجرة، ورضاك يا قمر لناهد الشوا، ووجدت ساعة لعبير الطاهر، والاستنساخ في الجبل الأسود لسهى العزة، ومجموعة جزيرة الطيور لمنذر أبو حلتم، والحسد لزياد أبو لبن عام ٢٠٠٣ م.

نزهة سلوى لمحمد جمال عمرو، والذئب والماعزان الصغيران لشحدة فارع وماهر عبد الواحد، فأر القرع من تأليف لجنة تطوير مهارات القراءة في دا رالمنهل، وأطفال الحي الجديد لمارغو ملتجليان عام ٢٠٠٤م.

وعام ٢٠٠٥م نجد أعمالاً قصصية للأطفال مثل: أصدقاء السلحفاة، وخفوش، ونعومة، والتمساح الصغير لرنا الفتياني، وفي صفنا ضفدع، وأحلى يوم لتغريد النجار، وأنا وعمتي لعبير الطاهر، واللآلئ لمجدولين خلف.

ونلاحظ في أوائل التسعينيات من القرن الماضي، ظاهرة سلاسل القصص الموجهة للأطفال، مثل: سلسلة حكايات من بلادي (حكايات من التراث)، وقصصها أربع، هي: الشتاء والصيف، وحماة.. وكنة، وزينب اليتيمة، والصديق الوفي لمحمد جمال عمرو، ومحمود الرجبي عام ١٩٩١م، وسلسلة المغامرون الثلاثة في لغز الجريح، والمغامرون الثلاثة في لغز الجريمة،و المغامرون الثلاثة في لغز الشاحنة والمغامرون الثلاثة في لغز الشرطي المزيف والمغامرون الثلاثة في لغز مجنون الغابة لعبد الله عيسى عام ١٩٩٢ م، وسلسلة قصص وحكايات معبرة كتبها زيدان العقرباوي، وسلسلة حكايات العم حكيم عام ١٩٩٣ م، شارك في كتابة هذه السلسلة: علي رمان بقصصه: لا تصدقي العدو، والقرد والأفاعي، وأنا حرة، الغراب الأبيض، والبوم الوفي... ومحمود الرجبي بقصة: الحمار الجميل، والضفدع الطبال، ومحمد جمال عمرو بقصة: رأس الأفعى.

وينفرد محمد جمال عمرو عام ١٩٩٤ م بسلسلة قصص حكايات النورس، وقصصها ثمانية، هي: النورس الفضي، وحمامة الياكريم، وحرية حتى الموت، وأين

موطني، والعائدون، هكذا نحمي الحظيرة، والنسر الحارس، ونهاية العصفور.

وله أيضاً عام ١٩٩٨م، سلسلة قصة وتلوين، وقصصها: أفكار هبة، وأحلام ريان، ودعاء سلوى، وأمنية سعيد. ولروضة الفرخ الهدهد خمسون عاماً على فراقها.

ولمحمد جمال عمرو ما بين عامي ١٩٩٧ - ١٩٩٩م، سلسلة حكايات صفراء للفتيان: الكلب الجوري والجندي الذكي، وعاقبة الصابرين، ومكافأة من فيل، وزرياب يستغيث، والطريق إلى تستر، والحجلة الشاهدة، والجمل الهارب.

وأخرج للطفل عام ١٩٩٩م سلسلة الشجعان الثلاث أشعب ونجيب وبمان، وقصصها هي: نقطة الانطلاق مكة المكرمة، وفي المحطة الثانية: جدة.. عروس البحر، وفي المحطة الثالثة: قاهرة المعز، وفي المحطة الرابعة: أخفض بقعة في العالم، وفي المحطة الخامسة: دمشق الفيحاء، وفي المحطة السادسة: استانبول، وفي المحطة السابعة: لصوص المخطوطات في طشقند.

كما صدرت مابين عامي ٢٠٠١-٢٠٠٣م سلسلة أحمد العقاد لعبير الطاهر، وتتضمن قصص: أحمد العقاد عام ٢٠٠١م، وأحمد العقاد(٢)، وأحمد العقاد وطاقية الإخفاء عام ٢٠٠٢ م، وأحمد العقاد وآلة الزمن عام ٢٠٠٣ م.

وللكاتبة كذلك سلسلة: اقرأ لي، خرجت إلى الوجود خلال ثلاثة أعوام، من قصصها: قصة حذاء نديم عام ٢٠٠١ م، وقيس ينتظر أمه، ولمحمد جمال عمرو سلسلة نور الإسلام: شهداء الصحابة: الزبير بن العوام، وطلحة بن عبيد الله، وحمزة بن عبد المطلب، وعبد الله بن الزبير، ومصعب بن عمير، وزيد بن حارثة، وجعفر بن أبي طالب، وعبد الله بن رواحة، وسعد بن معاذ، وسعد بن عبيد، وأبو حذيفة بن عتبة، وعكرمة بن عمرو بن هشام، وأبو دجانة سماك بن خرشة، والنعمان بن مقرن عام ٢٠٠٢ م .

وسلسلة حكايات سمون ونحوف، وهي من تأليف: محمد جمال عمرو. من أبرز قصصها: الكرة الملونة، والسباق الكبير، وأسرة سمون، وأنا وضدي، والشكل الناقص، وأحلام سمون، ومَن الأجسل، وأين أنت؟ وجميعها صدرت عام ٢٠٠٣م.

وسلسلة أشبال الأقصى، بقلم محمد مكرم بلعاوي،و أبرز قصصها:التحدي الكبير، ومرحباً بكم في القدس، وزيتونة للأقصى، وشقيق الحرمين، وذوات الضفائر... عام ٢٠٠٤ م.

كما صدرت خلال العامين ٢٠٠٤ - ٢٠٠٥م للمؤلف نفسه سلسلة حكايات جدي، منها: جدي والضبع، والصديقان، والطمع ضر ما نفع، ورحلة الصقور، وأصدقاء الذئب...

وفي مطلع القرن الحادي والعشرين نفّذت دار المنهل مشروعاً تعليمياً لمختلف مراحل الطفولة الممتدة من ٥ - ١٦ عاماً تحت عنوان: مشروع المنهل التعليمي: وهو برنامج متكامل لتنمية مهارات الطفل العلمية، واللغوية، والأدبية، من خلال أربعة مستويات يحوي كل منها عدداً من القصص التعليمية، كما يلي:

١- المستوى الأول: ويتألف من عشرة قصص للمرحلة العمرية من ٦-٧ سنوات، كتب قصص هذا المستوى: هدى الشاعر، ولها قصة: إنها زهرة واحدة، وكل شجرة بثلاث، وأحمد محمد وله:العملاق الشقي وملك الأقزام، ومريم العموري ولها: حمودة والمارد الصغير.

٢- المستوى الثاني: يتكون من عشر قصص للمرحلة العمرية من ٧-٨ سنوات. كتب قصص هذا المستوى كل من: مريم العموري: حمودة والببغاء الحبيسة، وحمودة والصدفة العجيبة، وأحمد محمد: جزاء الصيادين، وفريال خلف: الدائرة العجيبة، ومحمد فؤاد التكروري: المقلاع، ودعد الناصر: من فاز بالجائزة، وكان حلماً والحمد لله، وهدى الشاعر: الشجرة الطيبة، وحورية الحتة: الشجرة المغرورة...

٣- المستوى الثالث: ويحوي ثماني قصص، للمرحلة العمرية من ٨-٩ سنوات، منها: أحمد محمد: إنهم يلوثون البيئة، وفي التعاون بركة، والنمل أخبرني لأحمد محمد، وقرية النمل لفريال خلف،و قطرة ماء تروي قصتها، والشفع والوتر لإبراهيم غرايبة، وحرس العدالة، وبائع السوس لسلام جميعان، وعنب في حديقة الجيران لمحمد فؤاد التكروري، وشرف العصافير لعمر الساريسي...

٤- المستوى الرابع: وفيه ثماني قصص للمرحلة العمرية من ٩-١٠ سنوات، لـفريال خلف: السنبلة الخضراء، وثمن الرحيق، وسر الحرير، ومحمد سلام جميعان: مستشار السلطان، وعمر الساريسي: شهادة الزور، وأخيراً رقص الجمل، وجزاء الإحسان، والسمكة العجيبة.

وشبيه به مشروع نادي القراءة، الذي أصدرته دار المنهل كذلك؛ بهدف تعليم الطفل القراءة، في سن ما قبل المدرسة، وحتى تسع سنوات، من خلال أربعة مستويات، موزعة كالتالي:

- بداية القراء: وهي سلسلة قصصية موجهة إلى الطفل في عمر ما قبل المدرسة، وتعالج بعض الموضوعات والسلوكيات التي يمر بها الطفل خلال هذه المرحلة. ويتضمن هذا المستوى اثنتي عشرة قصة، تحتوي كل قصة على عدد قليل من الكلمات، التي يمكن للطفل استيعابها بسهولة، وربطها بمشاهد القصة.

ومن قصص هذه المستوى: العصفور الصغير، والضفدعان عام ٢٠٠٣م، لشحدة فارع وماهر عبد الواحد.

أعدت لجنة تطوير مهارات القراءة في دار المنهل عدداً من قصص هذا المستوى، منها: ألبس وحدي عام ٢٠٠٢م، وحمودة في المدرسة عام ٢٠٠٣م، وأسنان سارة، ولا أحد يلعب معي عام ٢٠٠٤م...

- المستوى الأول: ويتضمن عشر قصص موجهة للفئة العمرية الممتدة من ٦-

٧ سنوات. أعيدت صياغة كل قصة على شكل قصيدة غنائية مسجلة على شريط كاسيت مرفق بالسلسلة.

أبرز قصص هذا المستوى: البطة الذكية، والأسد المغرور، ولوني لا يعجبني، والسباق العجيب، وحارس الدكّان... وجميعها من إعداد لجنة تطوير مهارات القراءة.

- المستوى الثاني:عبارة عن عشر قصص متنوعة، صدرت ما بين عامي ٢٠٠٣م-٢٠٠٤م. تناسب المرحلة العمرية من ٧-٨ سنوات، أبرزها: المهرجون الثلاثة، لشحدة فارع، وماهر عبد الواحد عام ٢٠٠٣م، وأحلام المدينة، والذئب الصغير، لمحمد جمال عمرو ٢٠٠٤م، وصغيرة أم كبيرة،والمشجع الرائع، وأنا قصير، لسناء الحطاب عام ٢٠٠٤م ،ونظارة سارة عام ٢٠٠٤م، من إعداد لجنة تطوير مهارات القراءة.

- المستوى الثالث: تخاطب قصص هذا المستوى-السبعة- المرحلة لعمرية من ٨-٩ سنوات. تقدم قصص هذا المستوى للطفل، العديد من المفاهيم، التي تعمل على زيادة وعيه، وتنمية تفكيره.

أبرز قصص هذا المستوى: حكيم القرية لشحدة فارع، وماهر عبد الواحد، والهدية العجيبة لمحمود الرجبي، ومَن لا يعمل لا يأكل، والفتاة الأمينة، من إعداد لجنة تطوير مهارات القراءة...وجميع هذه القصص صدرت عام ٢٠٠٤ م.

بالإضافة إلى استمرار إصدار المجموعات القصصية المتفرقة، مثل: سنجوب وحبة الجوز، والقنفود الصغير(١)، وسمكة السردين عام ٢٠٠٠م، من تأليف: رنا

---

(١) نشرت هذه القصة في مجلة وسام: السنة: الرابعة عشرة. العدد ١٦٣ - ١٦٤ عام ٢٠٠٤ . من إعداد: سناء الفاعوري. ولا نعرف في ألوان الإبداع كافة ما يمكن إعداده، فالإعداد يكون لبرنامج إذاعي، أو تقرير عن شيء ما، أما أن تكون القصة معدة، فهذا ما لم نسمع به من قبل في الأدب، ويبدو أن استخدام مثل هذا المصطلح كان من قبيل حفظ طريق الرجعة عند المساءلة.

الفتياني.

ظهر عام ٢٠٠٦ م عدد من السلاسل القصصية ذات الأغراض المتعددة، منها ما كان هدفه تعليمياً، وأخرى ترمي إلى تنمية خيال الطفل... وأبرز هذه السلاسل: سلسلة الحكايات المشوقة، وقصصها هي: أحلام والحصان الطائر، وهالة والوحش، وسمير والمارد، ويزن والأفعى، ونهاية الكوكب الأحمر. وقصص سلسلة القصص العملاقة، وقصصها: سبايدر بوي، وبات بوي، وسوبر بوي، وجيش الجماجم، والعميل السري زيتون، وسلسلة مغامرات الغابة، وهي: المغارة المسحورة، وغابة الديناصورات، والفأر والنسر المغرور، والعاصفة والسنجاب. وسلسلة قصص الأبطال، وقصصها هي: الطيور المتوحشة، والعملاق الخطر، وخلود في الفضاء، وسر خرائط الكنز، وأمينة والغول، وسلسلة قصص المغامرات المثيرة لنضال البزم، وقصصها: زياد والأقزام، والآلي المدمر، وغرباء من الفضاء، وغسان وغادة في الغابة، وشبح البيت المهجور.

ومثلها سلسلة الحكايات المحبوبة، وقصصها: فرح ملكة الفراشات، وسامي والذئب، وسامر وفلة، وسالي والأمير المسحور، ورامي المشاكس، وسلسلة قصص كان في قديم الزمان لريما البرغوثي وقصصها: نادين والأقزام السبعة، وماوكلي فتى الأدغال، وشروق والأمير فارس، وخالد والضبع، والشتاء الحزين. وتهدف هذه السلاسل، إلى تنمية قدرات الطفل على القراءة باللغتين العربية والإنجليزية، والاستفادة من المفردات الجديدة في اللغتين، من خلال متعة القراءة بشكل تلقائي مبسط...

بالإضافة إلى سلاسل القصص النحوي، وأبرزها: سلسلة قصص نوادر جحا، من تأليف علي البتيري، وقصصها: جحا وتيمورلنك، وجحا والخطاط، وجحا والدجاجة المطبوخة، وجحا ورنين الدراهم، وجحا والدب الكبير، وسلسلة قصص نوادر البخلاء للمثنى عبد الفتاح، وتتألف من القصص: الحذاء الحافي،

وخطبة حيران، ورائحة الجبن، وثمن الدواء، والأغنياء الحمقى، وسلسلة القصص العالمية لعلي هصيص، وهي: البجعات المسحورة، والصياد والقمقم، وحيوانات الغابة، وسندريلا والحورية، وعقلة الأصبع.

يضاف إليها قصص تنمية مدارك الأطفال، وتهدف إلى توسعة مدارك الأطفال، وتنشيط مخيلتهم، من خلال مهارات القراءة والتلوين، والحث على التفكير، والتمتع بالألعاب التربوية، والألغاز المسلية... ويتمثل كل هذا من خلال سلسلتي: لون، اقرأ، تسل، وقصصها: المارد والتفاحة، ونهاية الأشرار، والوحش اللطيف، والأفعى القاتلة، وفيروس الديناصورات، وسلسلة: لون، اقرأ، تمتع، وقصصها هي: العميل السري، وسوبر بوي، وسبايدر بوي، وبات بوي، والجيش المقنع، وقصص السلسلتين من تأليف نضال البزم.

وأخرجت دار المنهل سلسلة حكايات الزرافة في ثلاث مجموعات، من إعداد لجنة تطوير مهارات القراءة فيها، وهي: الدودة والعصفور، والدب والسمكة، وحيلة جرادة، ورد الجميل، والدجاجة والثعلب، ونقيق الضفدع، والزرافة والعصفوران، والعصفور الذكي، والصديقان الصغيران، والأرنبان الجائعان، والقنفذ النظيف، والغراب والخلد، والكبشان والذئب، والسلحفاة الطائرة، وحيلة ناجحة، والضفدع واللقلق، وطمع أفعى، والثعلب والجرة، وحمار الصباح، والحمامة والثعلب، وذكاء أسد، ونهاية مخادع، وبيت الدب، والفيل الأخضر والبطة والأرنب، والببغاء والأرنب، والوطواط والبومة، والوفاء بالعهد، والقنفذ والجرة.

إلى جانب المجموعات القصصية، والقصص المنفردة، أبرزها: بنطالي مبلل لنردين أبو نبعة، وجدو مناور لفداء الزمر، وحكايات من التراث[1] لقاسم محمد حسن...

---

(١) في جزئين.

الفصل الخامس

المضمون في قصص الأطفال

لا بد لكاتب أدب الأطفال من أن يكون على وعي تام بخصائص الطفل الذي يكتب له، عالماً بنفسيته، وبمراحل نموه العمرية والعقلية، وما يناسبه في كل منها من موضوعات، وصور، ولغة، وخط...

كما يجب أخذ البيئة التي يعيش فيها الصغير بعين الاعتبار؛ إذ تختلف طباع ابن البادية، وسلوكه، ووضعه الاقتصادي... عن نظيره الذي يقطن المدينة، بل إن الطفل الذي يعيش في عمان الشرقية، يختلف في سلوكه، ونمط حياته، ولعبه... عن قرينه في عبدون... وغيرها من أحياء عمان الغربية وضواحيها .

ومن ثم ينبغي أن تحتوي قصص الأطفال على مضامين وموضوعات مناسبة تتفق والمستوى الإدراكي للصغير الذي كتبت من أجله، كما يجب ألا تحتوي على ألفاظ سوقية، أو أن تزرع الخوف والرعب والفزع في داخل الطفل، أو أن تصور مواقف دنيئة، أو تتعرض للجنس[١].

تتفاوت قصص الأطفال في طولها وحجمها وفق اعتبارات فنية وتربوية؛ ترجع إلى اختلاف نوعها ما بين فكاهية، ودينية، وتاريخية، وأسطورية، وعلمية، وبوليسية... إذ إن لكل منها اعتبارات خاصة به[٢]. مما جعل من الضروري على من يكتب للأطفال أن يسأل نفسه: لمن يكتب؟ وكيف يكتب ؟ ليتمكن من اختيار الموضوع المناسب الذي يتماشى مع ميول الصغير وذوقه ويناسب مستواه العقلي؛ إذ لا بد للأديب من أن يكون واسع الخبرة، فطناً، ملماً بسلوك الطفل الذي يتوجه إليه بالكتابة، واهتماماته وأحلامه فيقدم له ما يمكن أن يلقى هوى في نفسه، ويعينه

---

(١) انظر: الحديدي: ٧٨- ٧٩.

(٢) انظر: نجيب، أحمد. (١٩٨٢). فن الكتابة للأطفال. ط٥. مصر: دار الكاتب العربي: ٢٢.

على تحقيق هذه الأحلام والطموحات التي تعتمل بداخله؛ بما يثيره من دهشة، وعجب، واستفهام[١]... فيحدد الانطباع العام للطفل عن الكتاب أو القصة التي قرأها مدى مناسبته له[٢].

ينقسم المضمون في قصص الأطفال إلى: مضمون قصصي- تقليدي، وآخر متطور، وثالث مستحدث بالألوان[٣].

تحكمت قصص الخرافات، والأساطير، والمغامرات، والقصص الخيالية، في المضمون التقليدي لقصص الأطفال آنذاك: كخرافات أيسوب، ولافونتين، وجريم، وأندرسون، ومصباح علاء الدين، وعلي بابا، وعقلة الأصبع، والسندباد، والبساط السحري، وطاقية الإخفاء[٤].

وبرز المضمون القصصي- المتطور من خلال التطور العلمي، والتكنولوجي، والإعلامي في المجالات المختلفة؛ مما أدى إلى ازدهار قصص الخيال العلمي، وقصص المستقبل، والقصص البوليسية، والقصص التي يمتلك أبطالها قدرات خارقة، أو يستخدمون أجهزة علمية حديثة متطورة كأشعة الموت، وأجهزة الطيران في الفضاء... بعد أن كان الإنسان الخارق فيما مضى يستخدم طاقية الإخفاء، والبساط والعصا السحريين، والكرة البلورية في السحر[٥].

ويخدم مضمون الألوان المستحدثة في الشكل الأدبي تنمية المعلومات العامة والمعرفة في مجالات العلم المختلفة، وبخاصة التي تعتمد على التقدم التكنولوجي... وتقدم القدرات والاستعدادات العقلية، وتكوين العقلية العلمية، والاتجاهات

---

(١) انظر: مرتاض، محمد. (١٩٩٤). من قضايا أدب الأطفال: دراسة فنية تاريخية. الجزائر: ديوان المطبوعات الجامعي: ١٣١ - ١٣٢.

(٢) انظر: الحديدي: ٧٩.

(٣ و٤ و٥) انظر: الحلقة: نجيب: ١٢٠- ١٢٣.

الفكرية السليمة، وأساليب البحث العلمي^(١)...

يتيح هذا النوع من المضامين، فرصة للتدرب على المهارات، والهوايات المختلفة، والأنشطة العلمية؛ إذ لا تعتمد على سحر القصة، وإنما على التكنولوجيا الحديثة في القصة المتمثلة في الطباعة، وإخراج الكتاب... بالإضافة إلى الكشوف، والمنجزات العلمية الحديثة^(٢).

وتهتم كتب الأطفال المقدمة لمرحلة الطفولة المبكرة بالنواحي التعليمية والتربوية كثيراً؛ لإعداد الصغير للمرحلة الابتدائية... فتقدم له قصصاً تعلم اللغة العربية، والمفاهيم الرياضية، والأشكال الهندسية... بالإضافة إلى تنمية مهارات القراءة، والكتابة، والحساب^(٣).

يمكن القول إن المضمون في قصص الأطفال ينقسم إلى: مضامين وطنية، وتربوية، واجتماعية، وأخلاقية، وتاريخية، وشعبية...

لا بد من أن يقدم كل مضمون فائدة ما للطفل، من خلال العمل المقدّم فيه: فالمضمون الثقافي يقدّم المعلومات العامة، والحقائق المتنوعة عن الحياة، والناس، والمجتمع، والمخترعات^(٤)...

يجب أن تبرز من خلال المضمون الأخلاقي القيم الفاضلة، التي تنمي عند الصغير الصفات الحميدة والقيم السامية، وتنفره من البذاءة والصفات الذميمة^(٥).

يحقق المضمون الروحي التوازن بين المادة، والقيم الدينية والروحية عند الطفل؛ مما يضمن له السعادة في الدنيا والآخرة^(٦).

بينما يقوم المضمون الاجتماعي، بتعريف الطفل على مجتمعه الذي يعيش فيه، ومكونات هذا المجتمع ومؤسساته، والبيئة التي سيعيش الطفل فيها، ويساعده على

(١ و٢ و٣) انظر: الحلقة: نجيب: ١٢٠- ١٢٣.

(٤ و٥ و٦) انظر: نجيب: المضمون في كتب الأطفال: ٤٦ – ٤٨، ٧٨ – ٧٩.

الانخراط في هذا المجتمع والتكيف معه[1].

وينمّي المضمون التاريخي في نفس الطفل اعتزازه بعروبته، فيدرك أن وطنه جزء لا يتجزأ من الوطن العربي الكبير الذي تربط بين أجزائه اللغة العربية، والتاريخ المشترك، بالإضافة إلى الموقع الجغرافي المتصل، والممتد من المحيط إلى الخليج... والتراث العربي الذي كان منبع حضارة البشر، ونواة الحضارات الأوروبية الحديثة[2].

ومن المضامين ما هو عقلي يمنح الطفل فرصة للتفكير، والتخيل، والتحليل، والتذكير، والتركيـز، والربط بين الأحداث، والاستنتاج... مما يكون له دور في نمو العمليات العقلية عند الطفل[3].

ومنها ما يقدّم المعاني والأخيلة، مدعمة إياها بالألوان الجميلة الجذابة التي تستهوي الطفل، وتصور له الحياة والوجود، بالإضافة إلى الأساليب الأدبية الجيدة، والمتمثلة في جمال اللغة، والرسوم المصاحبة للنص، والمعلومات المقدمة، والتي يمكن أن تزيد حصيلة الطفل لغوياً، وعلمياً، ودينياً، وثقافياً، واجتماعياً[4]...

إلى جانب شغل الطفل بما يمتعه، ويسليه، ويدخل البهجة والسرور إلى نفسه، ويفيده، ويسهم في بناء شخصيته، وإكسابه القيم والاتجاهات السليمة، وتكوين ضميره، أوما يمكن أن نطلق عليه الرقيب النفسي[5].

والمضمون الجيد يجب أن يكون[6]:

١-   مناسباً لمستوى الطفل، وموافقاً لخصائصه، تبعاً للمرحلة العمرية الموجه إليها.

٢-   أن يحقق الهدف المرجو منه، تبعاً لمعايير أدب الأطفال السليم.

٣-   أن يحمي الطفل من الوقوع فريسة للصراع الفكري بين الأصيل

(١ و٢ و٣ و٤ و٥ و٦) انظر: نجيب: المضمون في كتب الأطفال: ٤٦- ٤٨، ٧٨ - ٧٩.

والمستورد، من قيم المجتمع وتقاليده، وهذا لا يعني الجمود؛ بل أن يُطعّم بأفضل ما في الثقافات الأخرى من إيجابيات، وتحصين الطفل ضد سلبياتها.

٤- ألا يكون في المضمون تعارض بين العلم والدين، فالدين يحث على التأمل، والتفكير، والبحث عن الحقيقة، ويدعو إلى طلب العلم في كل زمان ومكان. والمضمون العلمي يدعم الإيمان بقدرة الخالق الذي أبدع ألواناً من الإعجاز العلمي المتمثل في مختلف نواحي الحياة.

٥- الابتعاد عن الأسلوب التقريري المباشر،كما ينبغي الابتعاد عن الغموض، والإغراق في الرمز.

ومن هنا كان المضمون هو: "كل ما يقدّمه الكتّاب من فكر، وعلم، ومعرفة، وخيال، وقيم، وانطباعات، ونماذج للتصرف، وأنماط للسلوك، لا من خلال الكلمة، وإنما يشمل ذلك إخراج الكتاب: من صور، ورسوم، ونماذج لخطوط مكتوبة باليد، أو مصفوفة بحروف المطبعة، وما توحي به الكلمات بين السطور، وما تتركه الرسوم والخطوط من أثر وانطباعات في نفس الطفل، وما تساعد عليه من تذوق فني[١] ...".

وتؤثر طريقة العرض السيئة على المضمون الجيد؛ لذا لابد من أن نولي طريقة العرض أهمية خاصة؛ فلا بد وأن يتكامل الشكل والمضمون؛ إذ لا يمكن أن يكتمل أحدهما في معزل عن الآخر وإنما يجب الربط بينهما من خلال المعايير الأدبية السليمة، التي تحول دون تحوّل القصص (النص الأدبي) إلى ما يشبه المقررات الدراسية[٢].

كما ينبغي التنبه إلى العناوين المضللة؛ فهناك كتب للأطفال قد تكون فاخرة

(١) نجيب: الحلقة: ١٢٠.

(٢) انظر: نجيب. المضمون في أدب الأطفال: ٧٧- ٧٨، ١٩.

الطباعة؛ إلا أنها تخفي وراءها مضموناً سيئاً، وقد يكون العنوان مضللاً؛ فقد يختار الكاتب عنواناً جذاباً لقصته؛ يدفعه إلى هذا أن الموضوعات التعليمية والعلمية البحتة غير مرغوبة من قبل الصغار، فهم أكثر ميلاً إلى قصص المغامرات والخيال... فقد يتحدث كتاب عنوانه:أميرة الجنيات وهو يتحدث عن السحاب والمطر وتكونهما ... ويتناول كتاب عنوانه: عقلة الأصبع في مدينة الشمع، الحياة العجيبة في مملكة النحل، وهكذا[١].

والطريقة المفضلة للكتابة للأطفال، هي التي تكون "... بأسلوب واضح؛ بغية التوجه بشكل مباشر ودفعة واحدة، إلى عقول الأطفال وعواطفهم من خلال أحداث القصص، إنهم يريدون أفعالاً، وأدلة عقلية مقنعة وملموسة، يقدمها الأبطال لهم من خلال مجريات القصة، وتتناسب مع إمكاناتهم العقلية؛ ليستقر المغزى أو الهدف التربوي من تلك القصص في نفوسهم. هذا المغزى الذي يجب أن يحمل في طياته العديد من القيم والمثل الأخلاقية، كما يجب أن يكون مختبئاً بعض الشيء، ثم يظهر وبشكل تدريجي من خلال تسلسل أحداث القصة وسرد جزئياتها..."[٢]

---

(١) انظر: نجيب: المضمون في أدب الأطفال: ٧٧- ٧٨، ١٩.

(٢) مرتاض: ١٣٨.

الخيال في أدب الأطفال

يعد الخيال من القضايا السالقة والشائكة في قصص الأطفال، فما حدود هذا الخيال، وهل نسمح بتقديم قصص الجن، والعفاريت، والجنيات، والحوريات، والغيلان، والعمالقة، والأقزام...؟ وإلى أي مدى يمكن تقبل التفسيرات الخيالية للحقائق العلمية، والأعمال الخارقة في قصص الأطفال[1]؟

الخيال هو القوة التي تكمن في نفس الشاعر؛ لتمكنه عند اللجوء إليها من فصل المدركات وتحليلها؛ للوصول بها إلى خلق جديد. فالوهم أو التصور أو الخيال الأولي، إنما هو تكرار في العقل المحدود لعملية الخلق الخالدة في الأنا الأعلى، بينما يكمن الخيال الثانوي في الاستخدام الإرادي لتلك القوة، فتتناغم الأضداد، وتتداخل العناصر والأشياء؛ لينشأ شيء جديد لا علاقة له بمكوناته الأساسية، في الوقت الذي يعجز فيه الوهم أو الخيال الأولي عن إعادة صهر الأشياء وخلقها من جديد[2].

الخيال: هو التصور والارتفاع فوق الواقع. وهو لفظة متداولة في الأدب شعراً ونثراً؛ فليس هناك أدب دون خيال "إذ تتداعى المعاني بوسيلة التذكر ثم المخيلة تنتخب منها ما يناسب الغرض. وهذا العمل أعني الانتخاب يُسمّى تخيلاً تحضيرياً، لأنه العمل الذي تتمكن به المخيلة من استحضار العناصر المناسبة للمرام، وبعد أن تنتخب المخيلة ما يليق بالغرض من العناصر تتصرف فيها بالتأليف إلى أن ينتظم فيها صورة مستطرفة، ويسمى هذا التصرف تخييلاً إبداعياً أو اختراعياً"[3].

---

(١) انظر: نجيب: المضمون في كتب الأطفال: ٦٧.

(٢) خليل، إبراهيم. (٢٠٠٢). في النقد والنقد الألسني. منشورات أمانة عمان الكبرى: ٢٠.

(٣) انظر: الفيصل، سمر روحي. (١٩٩٨). أدب الأطفال وثقافتهم: قراءة نقدية. دمشق: اتحاد الكتاب العرب: ٤٧-٤٨.

اختلف العلماء حول الرعب في قصص الأطفال، وقد أعيدت كتابة حكايات الجنيات والخرافة المفزعة بهدف التخفيف من التفصيلات المخيفة في أصولها المتوارثة[١]. إذ أن المضمون الناجح - عندهم - لكتب الأطفال، هو الذي يعي خصائص الصغير في مراحله العمرية المختلفة، ويسير معها على الدرب نفسه، دون أن تزل قدم وينحرف عن مساره؛ مما جعل من الضروري تنقية قصص الأطفال من الخيال المفزع والمخيف، وألا يؤدي المزج بين الواقع والخيال إلى حدوث بلبلة، أو اضطراب في المفاهيم عند الطفل، بين الحقيقة والخيال[٢].

يرى الحديدي أن لا داعي لكل هذه المخاوف، فعلى النقاد أن يفهموا موضوع القصة، إذ أن للأطفال مخاوفهم الخاصة، وأنهم بعد قراءتهم لهذه القصص أو سماعها يركضون إلى آبائهم وأمهاتهم حيث الحب والحنان؛ مما يطرد الفزع من نفوسهم، فيدركون أن ما قرأوا وسمعوا ما هو إلا محض خيال، لن يمسهم بسوء، أو يصيبهم بمكروه[٣].

وفي رأيه أيضاً، أن الكتاب هو الوسيلة التي يطلع الطفل من خلالها على مصاعب الحياة ومشاقها، وبالتالي فلا بد من أن يواجه هذه المشكلات، ويكوّن فكرة عن آلام الحياة ومصاعبها، وعن القسوة والحروب، وما تخلفه من ويلات... إلا أنه لا داعي لصدم الطفل بهذه المفزعات والمشكلات في سن مبكرة؛ فينبغي اختيار العمر المناسب، وقد نضج الصغير، وزادت قوته؛ الأمر الذي يهيئه لمواجهة الحياة، وتحمل مشاقها[٤].

وتميل الباحثة إلى الرأي الذي يقبل من هذا الخيال الخيال العلمي، الذي يستند إلى الحقائق العلمية، ويستبعد الخيال المبني على الوهم، ويبقى انطباع الطفل، وما يخرج به بعد قراءته للكتاب، أو القصة هو الفيصل؛ فإذا خرج الطفل بانطباع جيد

---

(١) انظر: نجيب: المضمون في كتب الأطفال: ٦٨.

(٢ و٣ و٤) انظر: الحديدي: ٧٩، ٨٠.

وسليم فالعمل مناسب له، وإن خرج بعكس ذلك لم يكن المؤلف موفقاً فيما قدم له[1].

وترتاح النفس إلى مثل هذا النوع من القصص، الذي تظهر فيه القوى الخارقة التي تفوق المقدرة البشرية؛ لمساعدة الضعفاء، ونصرة المظلومين، إذ تتميز بالصراع بين الساحرة الشريرة والفتاة الطيبة مثلاً، بين القوة الغاشمة والطيبة المغلوب على أمرها... تنتهي نهاية سعيدة يتغلب فيها الخير على الشر.مما يأخذ بيد الطفل فيبغض الرذيلة وقد أظهرت الخرافة الأشرار بصورة منفرة وكريهة[2].

(١) انظر: نجيب: المضمون في كتب الأطفال: ٧٥.
(٢) سبيني، سرجيو. التربية اللغوية للطفل. القاهرة: دار الفكر العربي: ١٤٢- ١٤٣.

المضمون في قصص الأطفال في الأردن

تعددت مضامين قصص الأطفال في الأردن، ما بين تربوي، واجتماعي، ووطني، وديني، ورمزي، وتاريخي، وعلمي، وخيال علمي، ومغامرات... وسأتناول في الصفحات التالية كل واحد من هذه المضامين على حدة، وأفصّل القول فيه. وسنلاحظ مع بداية العقد الأخير من القرن العشرين كيف أخذت القصص الاجتماعية والتربوية تكتسح قصص الأطفال في الأردن، على حساب المضامين الأخرى التي بدأت في التراجع في مطلع العقد الأخير من القرن الماضي، مما سوغ - في نظر الباحثة - تقديم القصص الاجتماعية والتربوية على غيرها في الدراسة.

وسيبدو لنا بوضوح، إلى أي مدى تداخلت المضامين الاجتماعية والتربوية بعضها ببعض، وبغيرها من المضامين؛ فلا يفصل بينها سوى خيط دقيق.

١- المضمون الاجتماعي:

ويشمل كل ما يرتبط بحياة الطفل من بيئة، وعلاقات اجتماعية في محيط الأسرة، أو المدرسة، أو المجتمع[(١)]... فالطفل جزء لا يتجزأ من هذا المجتمع، ولا بد له من التعرّف عليه وعلى تراث وطنه، ومظاهر الحياة فيه... ومن هنا، فالقصص الاجتماعية هي القصص: الذي يرصد المظاهر الاجتماعية، ويعرض للعلاقات الأسرية، والمشكلات البيئية، وتطرح حلولاً لها[(٢)].

أبرز مَنْ كتب في هذا الاتجاه: عماد زكي: سلسلة رحلات السندباد الصغير في الأردن وفلسطين، ومحمود شقير: يوم جديد، وأحمد حسن أبو عرقوب: أشجار

---

(١) انظر: النوايسة: ٣٨.

(٢) انظر: مقدادي: ٣٥.

ريما[1]، وناديا العالول: حدث ذات ليلة، ومغامرة على الطريق، ويوسف الغزو: العطاء[2]، ومحمود أبو فروة الرجبي: مغامرة في محمية الشومري، وحين تصالحت مع جدي، وفي بيتنا حرب، وعندما قسّم الرزق، وتنورة النجوم السبعة[3]، وإصبع محمود الحزين وقبلة الصباح[4]، وشرطي يلاحق نكتة، وأم في السابعة[5]، ومبير الهور: هدية الجد، وهدى الشاعر: إنها زهرة واحدة، وكل شجرة بثلاث، وأحمد محمد: إنهم يلوثون البيئة، وجزاء الصيادين، وسناء الحطاب: أنا قصير، وصغيرة أم كبيرة، والمشجع الرائع، وعبير الطاهر: لا أحد يحبني، ودبس، وحذاء نديم، وماذا أحب، وأين ياسمين، وأنا وعمتي، وكل شيء على ما يرام، وصديق ياسمين، وعلي رمان: أنا حرة، ولا بد من هجرة، والبعير المزيف، وشحدة فارع وماهر عبد الواحد: حكيم القرية، والدب البني، ومحمد جمال عمرو: زينب اليتيمة[6]، وأسرة سمون، وأحلام المدينة، ونزهة سلوى، وإبراهيم غرايبة: قطرة ماء تروي قصتها، وعيسى الجراجرة: السيارة العجيبة، وفريال خلف: السنبلة الخضراء،وكريمان الكيالي: أوراق طالبة، وحكايات من الطفولة، ونردين أبو نبعة: بنطالي مبلل، وتغريد النجار: عندما دق الباب، ومَن خبأ خروف العيد، وأحلى يوم، وفداء الزمر: أحلام الطفولة، وجدو مناور، وغازات الدفيئة، وشحدة فارع وماهر عبد الواحد: الفيل الأبيض، ومارغو ملتجليان: أطفال الحي الجديد، وريتا زيادة البلة: أنا لست صغيرة، وناهد الشوا: أيتها الجميلة، وهيا الشجرة، وو كواك.. كواك.

---

(١) من مجموعته: عصافير المخيم.

(٢) من مجموعته: المخترع الصغير.

(٣) من مجموعته: النجوم السبعة.

(٤) من مجموعته: الجوافة المقاتلة.

(٥) من مجموعته: هل تأكل الديوك الثعالب.

(٦) بالاشتراك مع محمود الرجبي.

كما أعدّت لجنة تطوير مهارات القراءة في دار المنهل عدداً من القصص التي تحمل في طياتها مضموناً اجتماعياً في سلسلة نادي القراءة، منها: ماذا نعمل في المدرسة، وماذا نعمل في العطلة، وحمودة في المدرسة، وألبس وحدي، والفتاة الحكيمة، وأمي الحنونة، وأختي الكبيرة، وأخي الصغير، وعندي حفلة، وأبي الحبيب، وفي المدرسة، والعطلة الصيفية، وسارة الكسولة، والمهرجون الثلاثة، وفلفل وفلة...

وارتأت الباحثة، أن تتخذ عدة قصص باعتبارها نموذجاً للدراسة، منها: قصة: "زينب اليتيمة " لمحمد جمال عمرو، ومحمود الرجبي.

تدور أحداث القصة حول زينب اليتيمة التي ماتت عنها أمها، وتزوج والدها بأخرى؛ علّها تعوّض زينب عما افتقدته من حنان الأمومة، إلا أن زوجة والد زينب تسيء إليها، بل إنها تحاول التخلص منها؛ فتقنعها أن والدها مريض، ولا يشفيه إلا تفاح ساحرة الجبل، فخاطرت زينب بحياتها، وذهبت إلى ساحرة الجبل على الرغم من أنها تعلم أن ساحرة الجبل تقتل كل من يقترب من بيتها.

وحين وصلت زينب إلى حيث ساحرة الجبل وأخبرتها بحاجتها، أعطتها الساحرة ما تريد، بعد أن اجتازت زينب الامتحان الذي وضعته لها الساحرة.

وفي الطريق تلتقي زينب شجرة ياسمين، فتقوم برفع غصنها من الطريق، كما تساعد الوردة بإزالة الشوك عنها، وتساعد الفرس التي وضعت مهراً صغيراً؛ فتدعو لها الياسمينة بأن يزداد بياض بشرتها، وتدعو لها الوردة بأن يحمر خداها حتى يصبحا بلون الورد، بينما تدعو لها الفرس أن يطول شعرها، ويصبح جميلاً كذيلها .

وحين عادت زينب، وقد ازدادت جمالاً، ترسل زوجة والدها ابنتها؛ علّها تعود أجمل مثل زينب، إلا أن ابنتها كانت شريرة مثلها؛ فتدعو عليها الياسمينة بأن تصبح بشعة، وتدعو الوردة عليها أن يصبح شعرها كالشوك، وتدعو الفرس عليها أن يصبح رأسها كرأس الفرس، ويستجيب الله لهم.

وحين تعود إلى أمها بهذه الهيئة، تندم الأم على ما فعلت، وتستغفر الـلـه، وتحسن إلى زينب؛ فتعود ابنتها كما كانت.

وعلى الرغم من ذلك، فمضمون القصة جيد فيه دعوته إلى عمل الخير، وبر الوالدين، والتضحية لأجلهما، وإيثارهما على النفس، لاسيما وقد تفانت زينب في إحضار التفاح الذي تعتقد أن فيه شفاء لوالدها، وفي مساعدتها للشجرة، والوردة، والفرس حثٌّ على عمل الخير.

كما عاقبت القصة الأشرار الذين يمتنعون عن فعل الخير، كزوجة الأب وابنتها، التي أصبحت قبيحة بعد أن دعت عليها الشجرة، والوردة، والفرس لرفضها مساعدتهن.

يؤخذ على خاتمة القصة قول القاصين: "حزنت زوجة قاسم لما حدث لابنتها، وعرفت أن هذا جزاء الشر والعمل السيئ، فندمت على ما فعلت، وصارت تحب زينب، وتعتني بها، وتدعو الـلـه أن يغفر لها، لأنها ظلمت زينب، ولأنها كانت صادقة في توبتها ودعائها، أعاد الـلـه وجه ابنتها وشعرها كما كانا، وعاشت أسرة قاسم بعدها بسعادة وهناء"[1].

كان من المفترض – من وجهة نظر الباحثة – أن تتوب ابنة زوجة قاسم ليعود وجهها وشعرها كما كانا، إذ لم تكن مؤدبة مثل زينب، ولا تحب الخير، ولا مساعدة الآخرين، ولم تكن صانعة للمعروف... وبالتالي، فإن ما نالها من عقاب كان نتيجة تصرفاتها الشريرة، لا تصرفات والدتها، إذ لا تزر وازرة وزر أخرى، وتوبتها تعيد وجهها وشعرها إلى طبيعتهما لا توبة والدتها؛ وبقاء سلوكها على ما هو عليه؛ إذ لم يرد في القصة ما يدل على توبتها، أو ندمها على ما فعلت.

كما نجد في القصة دعوة إلى التوبة، والرجوع إلى الـلـه عز وجل والاستغفار،

---

(١) عمرو، محمد جمال؛ الرجبي، محمود، (١٩٩١). حكايات من بلادي: حكاية من مدينة القدس: زينـب اليتيمـة. عمّان: ١٩.

والعودة عن الذنب، وهنا يتقاطع المضمون التربوي مع الديني في هذه القصة، وهذا نلحظه في الغالب الأعم من القصص التربوي والاجتماعي؛ إذ تحض الشرائع السماوية كافة، على بر الوالدين، والعفو عند المقدرة، والتسامح، وحسن الجوار، ومكارم الأخلاق...

وتُعمّق الكاتبة عبير الطاهر الروابط الأسرية من خلال قصتها: "لا أحد يحبني" فبالرغم من بساطتها إلا أنها حملت معنى كبيراً، وأكدت على توثيق العلاقات الأسرية من خلال الطفل علي الذي يفكر في الهرب إلى بيت جده، متصوراً ألا أحد في البيت يحبه، فأمه لم تعد تجلس معه، وتهتم به كما كانت من قبل، فقد شغلتْ أخته الصغيرة زين جلّ وقتها، وأبوه يعود من العمل متعباً، وإما أن يتفرج على التلفاز، أو أن يقرأ الصحيفة، بينما يجلس أخوه الأكبر منه مرتاحاً، ويطلب إليه تلبية رغباته، وحتى أخته الصغرى زين تأخذ لعبه، وإذا ما فكر في استعادتها منها، شرعت في البكاء؛ مما يجعل الجميع يلقي باللوم عليه.

وبينما كان علي يعد أغراضه، وما يحتاج إليه ليهرب، كانت العائلة مشغولة في الإعداد للاحتفال بعيد ميلاده، وما إن يفتح علي باب غرفته، حتى يفاجأ بالجميع يقفون عند الباب يحملون الهدايا، ويقولون له بصوت واحد: عيد سعيد .

وفي محيط العلاقات الأسرية تدور أحداث قصة: حين تصالحت مع جدي لمحمود أبو فروة الرجبي، فدانية ذات الأعوام الخمسة تمص إصبعها، وفي كل مرة تختبئ في مكان ما؛ لكي لا يراها أحد، إلا أن جدها يضبطها متلبسة بمص إصبعها، فتعده كل مرة ألا تعود إلى مصه دون فائدة. صاب الجد بداء السكري، ويمنعه الطبيب من تناول الحلويات التي يحبها كثيراً.في إحدى الليالي، تتسلل دانية إلى المخزن خفية؛ لتقوم بمص إصبعها دون أن يراها أحد، لتفاجأ بجدها يتناول بعض الأطعمة والحلويات التي منعه من أكلها الطبيب، وهنا تبدأ المقايضة والمفاوضات .

يطلب الجد من دانية ألا تخبر أحداً بما رأته ،فتوافق دانية على ذلك، شرط أن

يدعها جدها تمص إصبعها كما تشاء دون أن يخبر أحداً بذلك، فيرفض الجد أن يتركها تمص إصبعها؛ إذ في ذلك ضرر عليها، وهنا تفهم دانية أن حب جدها لها دفعه إلى رفض شرطها، فأحست بأنها كانت أنانية، إذ كان ينبغي أن تكون حريصة على صحته، فتمنعه من أكل ما يضر بصحته لا أن تتستر عليه.

ومن ثم تبدأ المفاوضات بين الجد ودانية، التي تنتهي بعقد اتفاقية فيما بينهما، تقضي بأن يتوقف الجد عن تناول الحلويات، مقابل أن تتوقف دانية عن مص إصبعها.

وتتحرك عاطفة عزة في قصة " أحلام الطفولة " تجاه المعاناة التي يعيشها الأطفال من فقر، وجوع، وحرمان، وعجز، وتشرد، وعيش في بيئة ملوثة؛ الأمر الذي جعل عزة تفكر بمساعدتهم من خلال توزيعها منشورات، تتضمن حقوق الأطفال، تدعوهم إلى المطالبة بها؛ إذ لا يضيع حق وراءه مطالب، كحرية الرأي، والتعليم في المرحلة الابتدائية مجاناً، والحفاظ على الهوية، وتوفير أسرة ترعى الصغير، وتعتني به... بالإضافة إلى تأمين مستوى عالٍ من الرعاية الصحية، والطبية، والتثقيف الصحي، والعيش في بيئة نظيفة.

تنفرد قصتا: " صغيرة أم كبيرة، وقصة " أنا لست صغيرة " بالفتيات من ٩ - ١٢ سنة، وهما تتشابهان في المعنى إلى حد بعيد؛ فتبحثان في الصراع داخل الفتاة، وقد كبرت، وصار لها همومها الخاصة المختلفة عن تلك عند أخوتها من الذكور، فتحار في أمرها في هذه المرحلة الانتقالية الحرجة، وقد استعدت الفتاة لمغادرة مرحلة الطفولة إلى مرحلة المراهقة، فترى في نفسها صبية كبيرة تجنح إلى تقليد أمها في تصرفاتها، وكلامها، ولبسها، وطريقة حديثها مع أخوتها والآخرين....

ففي قصة " أنا لست صغيرة " تلون زينة وجهها بأدوات الزينة الخاصة بوالدتها؛ لتثبت لها أنها لم تعد صغيرة؛ فقد رفضت والدتها أن تصحبها معها بحجة أنها مازالت صغيرة، وحين جاءت صديقة أمها لزيارتهم رفضت زينة اللعب مع

صديقتها سهى، وقررت مصاحبة صديقة والدتها، والجلوس إلى أمها وصديقتها، والاستماع إلى أحاديثهما؛ فهي في نظر نفسها لم تعد طفلة، وحين تذهب بصحبة أمها إلى السوق، ترفض إلا أن تشتري فستاناً من محلات ملابس الكبار، وإن بدا كبيراً عليها...

تستفسر زينة من والدها كيف تصبح كبيرة؟! فيعالج والدها الأمر ببساطة تجعل زينة تفضل البقاء طفلة على أن تصبح كبيرة؛ إذ "عندما يصبح لكِ أخ أو أخت أصغر منكِ ستكونين أنت الكبرى[1]"

ونامت زينة تلك الليلة، وهي تفكر بكلام والدها، فرأت أمها تناديها لتعطي الرضاعة للصغير، فهي مشغولة بتحضير الطعام، وعليها أن تسكته وتلاعبه ليكف عن البكاء، وأن تحضر حاجياته... استيقظت زينة فزعة.. حمدت اللـه على أن ذلك كان حلماً، وفي اليوم التالي زارتهم صديقة والدتها، فتركتها زينة ومضت لتلعب مع رفيقتها سهى، موقنة أنها مازالت صغيرة.

تفتقد الفتاة في الطفولتين المتأخرة والمصاحبة للمراهقة، إلى مثل هذا النمط من القصص الذي يختص بها، ويعالج مشكلاتها الخاصة في هذه المرحلة، التي تختلف فيها عن الصبي في ميولها القرائية، واهتماماتها كلها، فتعجبها القصص التي تتحدث عن الأسرة، والعلاقات الأسرية والعائلية، وعن الفتاة، ومتغيرات حياتها في هذه الفترة... ولم تقع الباحثة على مثل هذه القصص، مما يمكن أن يرضي الفتاة بعد سن الثانية عشرة، باستثناء مجموعتي كريمان الكيالي السابقتي الذكر.

وفي قصة "أنا وعمتي"؛ التي تشد الطفل من ٩-١٢ سنة؛ جميل يكره زيارة عمته بالرغم من أنها تحبه؛ إذ ليس لديها أولاد يلعب معهم، فيضطر إلى الجلوس معها، والاستماع إلى ثرثرتها، فيضجر ويسأم أحاديثها، إلا أنه يدرك خطأ ما ذهب إليه، حين يمرض ويُصاب بالجدري المائي، ولا يعوده أحد باستثناء عمته التي لا يحبها .

---

(١) البله، ريتا زيادة. (٢٠٠٥م). أنا لست صغيرة: ١٨.

مما يدفعه إلى تغيير فكرته، ومن ثم تنقلب عداوته لها إلى محبة.

بينما كانت القصص التي تتحدث عن البيئة والطبيعة تناسب المرحلة العمرية من ٨-١٢ سنة، ففي قصة "مغامرة في محمية الشومري"، الكثير من المعلومات عن المحميات عموماً، وعن محميه الشومري والحيوانات التي تعيش فيها بشكل خاص، من خلال الرحلة المدرسية التي قام بها التلاميذ على بعد ١٢ كلم شرق عمان، فتعرّف الصغير على معنى المحمية، وأن محمية الشومري تأسست عام ١٩٥٨م، وهي أول محمية إرشادية في الأردن، كما تعرفوا على الأحياء البرية المعرّضة للانقراض كالمها العربي والنعام البرية.

يقيم التلاميذ مخيماً في المحمية، ويمكثون فيها عدة أيام، يبدأون خلالها بمراقبة الحيوانات، فيشهدون معركة قاسية بين اثنين من المها، انتهت بإعلان الولاء والطاعة للفائز.

يخبر المعلم تلاميذه أن المها تعيش في هذه المحمية منذ عام ١٩٧٨ م، والأردن والبلاد العربية هي الموطن الأصلي لها، إلا أن أعدادها بدأت تتناقص، ومن ثم تنقرض نتيجة الصيد، والرعي الجائر، وسوء استغلال الأرض، إذ لم تعد البيئة مناسبة له.

وتستمر متابعة المها، فيلاحظون أن المها تعيش في قطعان، تتكون من ١٠ - ١٢ رأساً، وتفضل الأعشاب والنباتات التي تحوي نسبة عالية من الرطوبة، كما يتفاوت القطيع في درجة تناول الطعام، إذ لا يأكل جميع أفراد المها بالدرجة نفسها؛ فالأفراد الأقوى تأكل أكثر بما يتناسب مع قوتها.

ويخوض الطلاب مغامرة في المحمية، يحبطون خلالها محاولة لسرقة حيوان المها، وتهريبه إلى الخارج.

٢ - المضمون التربوي:

حفلت قصص الأطفال في الأردن بالمضامين التربوية، لا سيما وأن كثيراً من كتّاب القصص التربوية، هم من ذوي الخبرة في التربية والتعليم بحكم كونهم معلمين، وأساتذة، ومربين... عدا عن أن توجيه الصغار وإرشادهم، إنما هي مسؤولية الكبار[١].

تنوعت المضامين الاجتماعية في قصص الأطفال؛ لتربية الطفل، وصقل شخصيته، وبنائها بناءً سليماً خيّراً، وحمايته من الانحراف، والفساد، والانجراف وراء الملذّات والأهواء... مما يؤهله لتحمّل المسؤولية، والقيام بالمهام والواجبات الملقاة على عاتقه في المستقبل، فيأخذ ما له، ويؤدي ما عليه .

أبرز القصص التربوية للأطفال في الأردن: الحذاء، والنحلة الطيبة، ورقصة الطاوس لمحمود شقير، والصقر والزهرة الحزينة، وغصن الأمل لأحمد جبر، والتلميذ والنحلة لخليل بدوي، والعقاب ليوسف حمدان، وخلية النحل، والفزاعة، وثمن الخيانة، لشحادة الناطور والقلب الأبيض ومن زرع حصد، وحين يبتسم الأطفال، والوفاء بالوعد[٢] ليوسف الغزو، والنظام، والنظافة، والصدق[٣] لكمال رشيد، والقطة الحزينة، والطفل خالد، والطفل الطيب والعصفور لبشرى حيدر، وانتصر الضمير[٤]، وصانع الألوان، والبطولة المفقودة لناديا العالول، والحائك الحكيم لرندة الشاعر الور، وباسم والموقف الجديد لعزمي خميس، والبطيخة لتغريد النجار، وكعكة الفاكهة لهيا صالح[٥].

---

(١) انظر: مقدادي: ٣٦.

(٢) من مجموعته: تفاحة آدم.

(٣) من مجموعته: أخلاق إسلامية.

(٤) من مجموعتها: مغامرات على الطريق.

(٥) تشبه قصة كعكة الفاكهة في هذه المجموعة إلى حد بعيد، وفي تفاصيلها كافة، القصة الصادرة عن دار المعارف المصرية ضمن سلسلة مكتبة سمير، وهي بعنوان: أين الفطيرة؟ إلا أن بطل القصة هنا كان فتاة، بينما بطل قصة أين الفطيرة؟ إنما هو ذكر.

يضاف إليها: النسر الطماع، والذئب الصغير، وأحلام سمون، والحمار الجميل، ونزهة سلوى لمحمد جمال عمرو، والقرد والأفاعي، والأرنب ينقذ الثيران، والغراب الأبيض لعلي رمان، والعصفور الصغير، وفي الاتحاد قوة، والمهرجون الثلاثة لشحدة الفارع وماهر عبد الواحد، ومستشار السلطان، وحرس العدالة، وبائع السوس لمحمد سلام جميعان، وحكاية نحلة لأميمة الناصر، وشهادة الزور، والسمكة العجيبة، وجزاء الإحسان، وأخيراً رقص الجمل لعمر الساريسي، وجدي والضبع، والصديقان، والطمع ضر ما نفع، ورحلة الصقور، وجزاء الغربان، وملك الصحراء، ولا تخرج من جلدك، وعبرة لمن اعتبر لمحمد مكرم بلعاوي، والعملاق الشقي وملك الأقزام، وفي التعاون بركة، والنمل أخبرني لأحمد محمد، وحمودة والمارد الصغير، وحمودة والصدفة العجيبة، وحمودة والببغاء الحبيسة لمريم العموري، وياسمين والعصفور، وعمر لا يحب أن يكتب، ووجدت ساعة لعبير الطاهر، ومن فاز بالجائزة لدعد الناصر، وسنجوب وحبة الجوز لرنا الفتياني، ووفاء الأصدقاء، والحسد، وغرور لزياد أبو لبن، والحمار الجميل، والضفدع الطبال، والجوافة المقاتلة، وعلى ظهر سلحفاة، والبكاء فنون، واللاقط فوق رأسي[1]، وفي بيتنا حرب[2] لمحمود أبو فروة الرجبي، وفي قرية النمل لفريال خلف، والشجرة الطيبة لهدى الشاعر، والشجرة المغرورة لحورية الحتة، والمقلاع، وعنب في حديقة الجيران لمحمد فؤاد التكروري... وأجمل تلميذة في المدرسة لمحمود عبد الرحيم الرجبي، ولمنذر حلتم الطاوس المغرور، والأرنب الكسول، ومغامرة البطريق الصغير، ومدينة النمل، وربيع والدراجة الحمراء[3]، ولنردين أبو نبعة: بنطالي مبلل، والشجرة المغرورة لحورية الحتي، والشجرة الطيبة لهدى الشاعر...

---

(١) من مجموعته الجوافة المقاتلة.

(٢) من مجموعته: النجوم السبعة.

(٣) من مجموعته جزيرة الطيور.

ومجموعة من القصص التربوية من إعداد لجنة تطوير مهارات القراءة في دار المنهل وتأليفها، أبرز هذه المجموعة: مَنْ لا يعمل لا يأكل، وحارس الدكان، والأسد المغرور، ولا أحد يلعب معي، والبطة الذكية، والسباق العجيب، والفتاة الأمينة، والديك القوي، والثعلب والأرنب، وطمع أفعى، الضفدع واللقلق، والسلحفاة الطائرة، الكبشان والذئب، والغراب والخلد، والأرنبان الجائعان، والصديقان الصغيران، والزرافة والعصفوران، ونقيق الضفدع، والدجاجة والثعلب، وورد الجميل، وحيلة جرادة، والدب والسمكة، والقنفذ والجرة، وحيلة ناجحة، والوفاء بالعهد، والوطواط والبومة، والببغاء والأرنب، والبطة والأرنب، والفيل الأخضر، ونهاية مخادع، وذكاء أسد، وحمار الصباح، والدودة والعصفور، والثعلب والجرة، والعصفور الذكي، والحمامة والثعلب، والقنفذ النظيف، وفأر القرع... وسلسلة لون، اقرأ، تسل، وتتضمن القصص: الأفعى القاتلة، والمارد والتفاحة، وفيروس الديناصورات لنضال البزم.

وتضمنت هذه القصص عدداً من السلوكيات التي ينبغي على الطفل تعلمها: كالمحافظة على عينيه بالقراءة تحت ضوءٍ كافٍ، والابتعاد عن التلفاز أثناء مشاهدته، والعناية بالأسنان وكيفية المحافظة عليها من التسوس، وكيف نقضي الإجازة بما هو مفيد، كمساعدة الأم، وزيارة المريض... مما يكون له دور فعال في توجيه الطفل في طفولته المبكرة، لاسيما وأن جميع الشرائع السماوية تدعونا إلى الوفاء بالعهد، وأداء الأمانة إلى أصحابها... وقد استأثر الطفل الأردني في طفولته المبكرة بجميع قصص المشروع؛ إذ تتناول القصة حدثاً واحداً سريعاً في المكان نفسه، يعرضه الكاتب بسرعة؛ إذ لا طاقة للطفل على التركيز لفترة طويلة في هذه المرحلة العمرية.

ترسخ القصص التربوية - في ذهن الطفل - الأخلاق الفاضلة، والمبادىء السامية؛ كالعمل، والتعاون، والأمانة، والوفاء، وعمل الخير ... ففي قصة "حكاية

نحلة"[1] لأميمة الناصر، حث على العمل، إذ تهرب النحلة زينة، وقد خرجت لجمع الرحيق، إلا أنها تقرر ألا تعود إلى الخلية؛ فقد ملّت من العمل، فتذهب لتلعب مع الفراشة، إلا أن الفراشة ترفض اللعب معها؛ فهي مشغولة، فترى زينة نملة، فتعرض عليها اللعب معها، فتعتذر النملة؛ إذ لا وقت لديها، فهي تبحث عن غذاء، ومثل ذلك يفعل الجندب، فتدرك زينة أنه لا بد لكل مخلوق أن يعمل لكسب رزقه، فلا حياة بدون عمل وجد .

والفكرة نفسها، نجدها في قصة " لا أحد يلعب معي"[2]، إذ تتمارض سارة حتى لا تذهب إلى المدرسة، ومن ثم تذهب لتلعب مع العصفور، فيرفض، ومثله النحلة، والفراشة، فكل واحد منهم مشغول بتأمين قوته ولا وقت لديه للعب، فتندم سارة لأنها لم تذهب إلى المدرسة، وتتعلم درساً لن تنساه.

ويلاحظ قارئ القصتين أنهما شبه متطابقتين، فالنحلة زينة التي ترفض العمل، وتهرب من الخلية لتمضي وقتها في اللعب، تقابلها الطفلة سارة التي تتظاهر بالمرض؛ كي لا تذهب إلى المدرسة، ومن ثم تنطلق للعب. تعرض النحلة زينة على الفراشة والنملة والجندب أن يلعبوا معها، وتطلب سارة من العصفور والنحلة والفراشة. ومثل هذا التشابه في الفكرة، والمضمون، والأحداث، والشخصيات... لا يسوّغه شيء في نظر الباحثة، التي ترى أن قصة لا أحد يلعب معي إنما هي اختصار لقصة " حكاية نحلة " مع تغيير بسيط في القصة، والذي تمثل في تغيير الشخصيات التي رفضت اللعب مع سارة، وتمارض سارة كي لا تذهب إلى المدرسة.

وتدور أحداث قصة " الفتاة الأمينة"[3] حول أمير أراد أن يختار زوجة له؛ فتتنكر

(١) نشرت بدعم من وزارة الثقافة عام ٢٠٠٣.

(٢) صدرت عن دار المنهل عام ٢٠٠٤.

(٣) فيها تناص مع حكاية التاجر المؤتمن عند ابن المقفع في كليلة ودمنة.

في زي رجل من العامة اسمه حمدان، وتوجه إلى منزل مختار القرية، واستودع ابنة المختار دجاجـة، على أن يعود لأخذها فيما بعد، إلا أنها تأكل الدجاجة، وحين يعود حمدان لأخـذ الدجاجـة، تـدّعي أن الذئب أكلها، إلا أن حمدان لا يصدقها، فلماذا أكل الذئب دجاجته، وترك إوزاتها، فيهـددها بـأن يشكوها إلى الأمير، فتعترف له بما حدث، وتهبه بدلاً منها إوزة.

يأخذ حمدان الإوزة، ويتوجه بها إلى بيت كبير التجار، ويتركها أمانة عنـد ابنتـه فتلاقـي الإوزة المصير الذي لاقته الدجاجة عند ابنة المختار، وتدّعي حين يعود حمـدان لاسـترداد أمانتـه أن الـذئب أكلها، فيهددها حمدان بأن يشكوها إلى الأمير، فتعترف بما فعلت، وتعوضه عنها بخروف.

يمضـي حمدان بالخروف، وفي الطريق يلتقـي فتـاة فقـيرة، يسـتودعها الخـروف، فتعتنـي بـه، وحين يعـود إليها حمدان ليأخذ الخروف، يجده في أحسن حال، فيطلعها على حقيقته، ويتزوجها.

هذه القصة مع بساطتها ذات مغزى تربوي، يترك أثراً حسناً داخل الطفل؛ من خلال الخسارة التي حلّت بابنتيّ كبير التجار والمختار؛ لخيانتهما الأمانة التي ائتمنتا عليها، والمكافأة التي فازت بهـا الفتاة الأمينة جزاء أمانتها، على الرغم من فقرها، وحاجتها - ربما - الماسة إليها.

وترينا قصة شرف العصافير، لعمر الساريسي، عاقبة الطمع، وتعيد إلى أذهاننـا القـول المـأثور: عصفور في اليد، ولا عشرة على الشجرة...

فيحتـال العصـفور عـلى الصياد لإطلاق سراحـه، مقابـل أن يدلـه عـلى كنـوز الأرض، ويعـده العصفور بشرفـه، أن يدله عليها، إن أطلق الصياد سراحه، فيثق الصياد بالعصـفور، ويصـدّق كلامـه، وما إن يفتح باب القفص حتى يطير العصفور بعيداً، وحين يـذكّره الصياد بوعـده، يـرد عليـه قـائلاً بسخرية: " وهل للعصافير شرف

يا مسكين؟!"[1].

في هذه القصة دعوة إلى إعمال العقل، واستخدام الحيلة للتخلص من المآزق، وترينا عاقبة الطمع، فقد خسر الصياد العصفور، ولم يحصل على كنوز الأرض التي أطلق العصفور طمعاً بها.

كما تدعو هذه القصة إلى الكذب، وعدم الوفاء بالوعد والعهد الذي يقطعه المرء على نفسه؛ إذ وعد العصفور الصياد، ولم يوف بوعده بأن يدله على كنوز الأرض إن أطلق سراحه.

وأكثر ما يدهش في القصة، هو إقحام الشرف فيها، فالعصفور وعد الصياد بشرفه أن يدله على كنوز الأرض فور إطلاق سراحه، إلا أن العصفور لا يفي بما وعد؛ فهو لا يعرف أين هي كنوز الأرض.

وفي ظن الباحثة أنه من غير المناسب طرح موضوع الشرف في قصص الأطفال، إذ هل يدرك الطفل معنى الشرف، وبخاصة في عمر من ٨-٩ سنوات، وهي المرحلة العمرية التي توجهت إليها القصة؟

وتطرح قصة: "أسمر مثل السكر " لمحمود أبو فروة الرجبي مسألة تفاوت الجمال ولون البشرة، إذ أن همّ جابر الأكبر هو أن يحصل على بشرة أفتح لوناً، ويتبع في سبيل تحقيق ذلك عدة طرق: كأن يستحم عدة مرات في اليوم الواحد، وأن يشرب الحليب بكثرة، وأن يضع قناعاً على وجهه حتى لا تراه الشمس.

إلا أن لون بشرته يبقى كما هو؛ إذ لم تُجْدِ جميع محاولاته، ليفهم جابر في النهاية أن الجمال الحقيقي، إنما هو جمال النفس والروح، لا جمال الوجه والمنظر، فالأدب، والأخلاق العالية، وطاعة الوالدين... تهب الإنسان الجمال الحقيقي.

---

(١) الساريسي، عمر. مشروع المنهل التعليمي: المستوى الثالث: شرف العصافير. عمّان: دار المنهل: ١٥.

قالت الأم: "لون البشرة لا يحدد وحده الجمال، فهناك أشياء كثيرة تحدد ذلك، مثل: تقاسيم الوجه، وخفة الدم، والأخلاق التي تجعل الناس تفرح بصاحبها، ولا يهم بعد ذلك إذا كانت البشرة بيضاء، أو شقراء، أو صفراء، أو سمراء، أو سوداء.

نظر جابر في المرآة، وصادف دخول الجارة بديعة، فقالت له:

- آه جابر .. إنه أجمل ولد في الحارة!

* لماذا تقولين ذلك؟

- لأنه مؤدب جداً.

* لكنني أسمر!

- وما دخل لون البشرة؟!"[1]

وتبرز قصة أنا حرة لعلي رمان عاقبة الخروج عن الجماعة والاعتزاز بالنفس، بما يناسب الطفل من ٥ - ٨ سنوات، وقد بدأ يشعر بضرورة استقلاله عن أسرته، والاعتماد على نفسه؛ ظناً منه أن بإمكانه العيش بعيداً عن عائلته، والعيش بمفرده كما يظن . وهذه القصة تقدم نموذجاً مناسباً يمكنه الاستفادة منه.

فالعنزة التي ظنت نفسها حرة، ولم تستمع إلى نصيحة الآخرين بعدم الابتعاد عن القطيع، كان عاقبة تصرفها أن انفرد بها الذئب وأكلها، وقد صرخت واستنجدت إلا أن الذئب كان أخذها بعيداً، فلم يسمع أحد استغاثتها.

وبنظرة شمولية إلى القصص التربوي نلاحظ أنه يركز على المرحلتين الأوليين من الطفولة؛ إذ فيهما تبدأ تنشأة الطفل نشأة صحيحة سليمة، ويبدأ غرس القيم، والمبادئ، والعادات الفاضلة؛ فيعتاد عليها حين يكبر، ومن شب على شيء شاب عليه، ولم تقع الباحثة على أية قصة تربوية تناسب الطفولة المتأخرة وما بعدها؛ إذ أن تربية الطفل، وغرس القيم والأخلاق في داخله يكون في الطفولتين المبكرة

(١) الرجبي، محمود أبو فروة، (٢٠٠٤) النجوم السبعة. عمان: وزارة الثقافة: ٦.

والمتوسطة على الأغلب، ويمكن إلحاق الطفولة المتأخرة بهما، لاسيما وأن الطفل في هذه المرحلة (في الطفولة المتأخرة) ينصرف عن هذا النوع من القصص، إلى قصص المغامرات، والقصص البوليسي- بشكل خاص، إذا كان ذكراً، بينما تتجه الفتاة إلى القصص التي تهتم بالأسرة، والفتاة، والحياة العائلية...

فكان الكتاب موفقين في انصرافهم عن القصص ذات المضامين التربوية لهذه المرحلة العمرية، التي تحدو الطفل فيها الرغبة في خوض غمار الحياة وتجاربها، واستكشافها، وبخاصة في مرحلة المراهقة، وقد فتح عينيه على أشياء جديدة، لم يكن يعرفها من قبل.

٣ - المضمون الوطني (قصص المعاناة والمقاومة) :

يُعدّ الوطن من الموضوعات التي لاقت اهتماماً من قبل كتّاب أدب الأطفال في الأردن بعامة، وكتّاب القصة القصيرة للأطفال بخاصة، فنجد العديد من الأعمال القصصية، موضوعها الوطن، والدفاع عنه، والعمل على تحريره...

ونلحظ تفاوتاً اهتمام الكتاب الأردنيين بالمضمون الوطني، وبالرغم من أن الهم الوطني - الذي تركّز على القضية الفلسطينية - كان أقل شأناً من غيره، إذ غلبت الموضوعات الدينية، والاجتماعية، والأخلاقية.. على قصص الأطفال في الأردن، إلا أن القصص الوطنية استطاعت أن تشغل حيزاً على خارطة قصص الأطفال في الأردن.

أبرز الأعمال القصصية في هذا المجال: خارطة من الرمل[1]، وعصافير المخيم، والولد وجندي الاحتلال، والفتى الشهيد أو الفالوجة ذات يوم، والأيام القادمة لأحمد حسن أبو عرقوب، والفرسان والبحر، وأطفال القدس القديمة لمفيد نحلة، والحاجز، والجندي واللعبة لمحمود شقير، وعرسان بيّاع السوس، وأين أبي؟ لشحادة

(١) من مجموعته الأيام القادمة.

الناطور، وأردنية تحلم بنصر في فلسطين لعيسى الجراجرة، وأرض جدي ليوسف حمدان، وصورة عدو لفخري قعوار، وسلسلة أطفال الحجارة[1]: منصور لم يمت، ومحمود عز العرب، والقدس لا تؤمن بالدموع، والسياج، والأصدقاء الثلاثة، والأرض الملتهبة، وذبيح القدس، ورحلة إلى جبل النار، وأبطال من جباليا، والبركان الإسلامي لمحمد جمال عمرو، وفتى المقلاع لأحمد جبر، وانتصرت عليه لبشرى حيدر، وغابة حيفا لهاني الطيطي، وأنين الأقصى لفداء الزمر، ورمضان في القدس لمجدولين خلف، ولصوص من وراء البحر، وأبو إمام والبحر، وجدتي- واليهودي، وأختى البطلة، واليد الذهبية، وطائرة قيس المقاتلة، وأين ذهب مصروفك[2]، وعندما رسبت أروى[3] لمحمود أبو فروة الرجبي، ومرحباً بكم في القدس، وفارس الأقصى، وذوات الضفائر لمحمد مكرم بلعاوي، والفخ العجيب لعلي رمان...

تكاد تكون روضة الفرخ الهدهد الأكثر تخصصاً واستمراراً في الكتابة للوطن وعن الوطن، فكتبت ما بين عامي١٩٧٩ - ٢٠٠٥م عدداً من الأعمال القصصية ذات المضمون الوطني، ركزت فيها على الإنسان الفلسطيني، وما يلاقيه من بؤس، وشقاء، وظلم، وكفاحٍ مستمر للتحرر من الحكم العثماني، والاستعمار الإنجليزي، والاحتلال الصهيوني...

من هذه القصص: في أحراج يعبد: الشيخ عز الدين القسام، وسر القنابل الموقوتة: أبو إبراهيم الكبير، ومنقذ القرية: إبراهيم أبو دية، وصائم في سجن عكا: فرحان السعدي، وبطل سلمة: الشيخ حسن سلامة، وكفر قاسم والمحاكمة العادلة، وأسد فوق حيفا: فراس العجلوني، وقراصنة البحر، وسناء محيدلي، ولغز الأطفال

(١) كتبت هذه القصص من وحي الانتفاضة المباركة، وبالاشتراك مع محمود الرجبي.

(٢) من مجموعة جدتي واليهودي.

(٣) من مجموعته النجوم السبعة.

في مخيم الدهيشة، ويوم الأرض والقمح المشتعل، وسر الشياطين الحمر في البيرة، وعرس الروح: الشاعر الشهيد: عبد الرحيم محمود، وليلى وفرن الصمود، وماكينة الخياطة ومعركة الضريبة، وسر سكين عامر: مجزرة المسجد الأقصى وعامر أبو سرحان، والملثم وجريمة الأحد الأسود، والسجين الفنان، ومهمة في الأغوار، وآيات الأخرس، ولماذا قذيفة مدفع، ورفرفة الجناحين، وخمسون عاماً على فراقها.

والمتتبع لمسيرة قصص الأطفال الوطني في الأردن، يلحظ مداً وجزراً في التأليف الوطني للأطفال، خلال الفترة الممتدة ما بين ١٩٧٩ م - ٢٠٠٦ م؛ فقد تراجعت الكتابة الوطنية بشكل ملموس منذ منتصف التسعينيات وأوائل القرن الحادي والعشرين، فتكاد الأعوام ١٩٩٤، ١٩٩٥، ٩٩٨، ١٩٩٩، ٢٠٠٠، ٢٠٠٤ تخلو من أي عمل قصصي وطني إلا ما ندر. فلم تقع الباحثة على أية قصة وطنية للأطفال في الأردن عام ١٩٩٨ أو عام ٢٠٠٣، أو عام ٢٠٠٤ بينما انفردت قصة "شهيد الإسلام: عز الدين القسام" لأحمد أبو غنيمة عام ١٩٩٥م، ولم يصدر عام ١٩٩٦م سوى قصتي روضة الفرخ الهدهد: السجين الفنان، ومهمة في الأغوار. في الوقت الذي بلغ إصدار القصص الوطنية ذروته في السبعينيات والثمانينيات من القرن الماضي، وقد كانت المقاومة في أوجها؛ ولا عجب في هذا، فالقصص الوطني يحمل في طياته حثاً على الجهاد، ومقاومة الاحتلال، واستنهاض العزائم والهمم كما سلف القول، وقد بدأ هذا النوع من القصص يقل أو يتوقف بالتزامن مع توقيع معاهدة السلام بين الفلسطينيين واليهود عام ١٩٩٣م، وقد خفتت نار المقاومة تدريجياً؛ فمال الجميع إلى التهدئة، وباتت الدعوة إلى الجهاد، ومقاومة المحتل ضرباً من التخريب، والتحريض على الإرهاب.

هناك من يعد هذا النوع من القصص سياسياً، ومنهم من يفضل تسميتها بقصص المعاناة والمقاومة. إلا أن نعتها بقصص المقاومة والمعاناة كان أنسب، من وجهة نظر الباحثة، لاسيما وهي تركز على القضية الفلسطينية، ومقاومة شعبها

البطل للمحتل الصهيوني، بكل ما أوتي من قوة ووسيلة.

تناولت روضة الهدهد في قصتها: "لماذا قذيفة مدفع؟" مأساة شعب بأكمله، عبّرت الكاتبة عن هذه المعاناة، من خلال عينة من هذا الشعب، وهم أهل مدينة نابلس المحتلة، إذ فرض جنود الاحتلال منع التجوال في المدينة للمرة الثانية، بعد أن رُفع ساعات قليلة، وكان فُرض أربعة أيام متتالية.

ذهب سعيد إلى المدرسة، خلال الساعات القليلة التي رُفع فيها منع التجول، فلم يجد صديقه إياد ولم يلتق به، فذهب لزيارته، إلا أن قوات الاحتلال اعترضته في الطريق، وأجبرته على العودة إلى بيته...

بعد سبعة أيام، تناهى إلى مسامع سعيد أن الصهاينة نسفوا منزل صديقه إياد، وأن إياد وعائلته يبيتون الآن في العراء، فما كان من سعيد إلا أن انتظر حلول المساء، وانسل من بيته متحدياً منع التجول، واتجه إلى حيث يقيم إياد، وما إن وصل سعيد إلى الكومة التي كانت منزلاً لإياد، حتى استثاره منظر الجرافات والآليات، وهي تهدم منزلاً قرب منزل إياد.

تناول سعيد حجراً وهوى به على رأس جندي، كان من حسن حظه أنه يرتدي خوذة صدَّت الحجر، فارتد إلى رأس صهيوني آخر صاح متألماً، وسرعان ما أطلق الصهاينة على سعيد قذيفة مدفع، أصابته في خاصرته، ومن ثم كانت سبباً في استشهاده.

شكل القصة وصورها تشير إلى أنها وجهت إلى الطفولة المتوسطة، إلا أن مضمونها كان أكبر من هذا العمر بكثير؛ فتشعر أحياناً أننا إنما أمام قصة للكبار، لا للصغار.

تثير الكاتبة الكثير من التساؤلات في ذهن الطفل الأردني، من خلال علامات الاستفهام والأسئلة التي طرحتها في القصة، وتركتها دون إجابات، مثل: "لماذا يزرع اليهود القنابل، ويخلعون الأشجار؟ لماذا يدمرون البيوت، ويتركون حضارتها رملاً

وحصى؟ لماذا يكرهون الحياة في الإنسان والشجر والحجر؟[1]"

كما تستخدم الاستفهام كأداة لوصف الكاتبة لوحشية الصهاينة ولا إنسانيتهم، مستخدمة في ذلك الاستفهام عن الوقت الذي ستستغرقه سيارة الإسعاف نتيجة المعوقات التي يضعونها، وقد يمنعونها أصلاً من الوصول، فتقول: "كم من الوقت يستغرق وصول سيارة الإسعاف إلى جريح في نابلس؟... كم من الوقت يستغرق وصول سيارة الإسعاف من مستشفى نابلس إلى حي القصبة؟ سؤال لو سئل في عهد غير الاحتلال الصهيوني... لكانت الإجابة عنه... مضحكة... بضع دقائق فقط... لكن الزمن في عهد الاحتلال الصهيوني لا يكون هو الزمن، والسرعة لا تكون هي السرعة، والمسافة لا تكون هي المسافة... ساعات وساعات، وسعيد على الأرض... لا يدري أحد متى ستصل سيارة الإسعاف لنقله إلى المستشفى[2]".

ويصور همجيتهم، ووحشيتهم، ومدى الحقد، والغل الذي يستوطن أعماق قلوبهم، قول إياد: "لماذا ضربك الجندي الحاقد بالمدفع الكبير بهذه الوحشية؟[3]... هل كان جسد سعيد النحيل البارد... يتحمل قذيفة هذا المدفع؟!

وأبلغ استفهام في القصة ذاك الذي ختمت به الكاتبة قصتها، وجاءت به على لسان إياد: " لماذا أطلقوا عليه قذيفة مدفع؟! ألا يحق للفرد أن يزور صديقه ليطمئن عليه؟"[4]

وبالرغم من روعة القصة في نقل الواقع، إلا أنها تزرع الخوف داخل الطفل من خلال مصير سعيد، الذي كان نصيبه قذيفة مدفع؛ رداً على حجرٍ ألقى به دفاعاً عن هدم بيوت إخوته ورفاقه، فكيف به إذا فتح النار عليهم؟!

فيُصاب الطفل بخيبة الأمل، خاصة وقد مرّت ساعات وساعات، ولم تصل

---

(١) الهدهد، روضة الفرخ، (٢٠٠٥). لماذا قذيفة مدفع؟! (ط١)، عمان: المؤلفة: ١٣.

(٢) (٣) (٤) الهدهد: لماذا قذيفة مدفع: ٢٢- ٢٤.

سيارة الإسعاف... خُلع الشجر، ودُمّرت البيوت، وقُتل الناس.. دون أن يقف أحد في وجه هذا البطش، أو يحاول الوقوف في وجه الظلم، والدفاع عن حقه في الحياة على أرض وطنه.

لا شك في أن هذا هو الواقع، وأننا جميعاً نقف متفرجين على ما حلّ بأهلنا في فلسطين، إلا أن الباحثة كانت تفضل لو أن الكاتبة تركت بارقة أمل في نهاية القصة؛ تُعوّض الطفل عن اليأس الذي أصابه طوال القصة، والتي انتهت نهاية مأساوية فاجعة.

لكن فداء الزمر تنبهت إلى هذا في قصتها: أنين الأقصى، فقد بقي الأقصى يئن فترة طويلة دون أن يلتفت إليه أحد، حتى تنبهت فتاة صغيرة له، فأرسلت عصفوراً ليجمع الأطفال من جميع أنحاء العالم الإسلامي لنجدة الأقصى...

وبالفعل يلبي الصغار نداء الأقصى، وبالرغم من أنهم يصلون في اللحظة التي تفارق فيه الصغيرة الحياة، إلا أن موقف الصغار عوّض عن موت الفتاة، وقد تعهدوا لها بالسير على خطاها ومواصلة الدرب، ونجدة الأقصى، فيقولون بصوت واحد في آخر القصة:

" عهداً منا يا أختنا الصغيرة
عهداً أن نتابع المسيرة
فلن نخشى العواصف أو الرعود
ولن تقف أمامنا الحدود
فنحن لكَ يا أقصى جنود
فنحن لك يا أقصى جنود[1]"

مما يرفع معنويات الطفل، ويملؤه حماساً، ويشحذه بالعزيمة والإصرار، فهم

---

(١) الزمر، فداء أحمد، (٢٠٠٠). أنين الأقصى. ط٢. عمّان: دار المنهل: ١٦.

الأمل المنشود، إذ علّقت الكاتبة أملها بهم، ولم تعلّق أي أمل على الكبار، إذ لم يلتفت أحد منهم لأنين الأقصى مدة طويلة، وأملنا الوحيد هو الجيل القادم.

وتطرح قصة محمد مكرم بلعاوي: مرحباً بكم في القدس، مسألة الصراع العربي الإسرائيلي، ولكن بصورة سلمية يُعمل البطل من خلالها عقله، فقد احتل اليهود الجزء العلوي من منزل عمر، ومن ثم لم يعدموا الوسيلة لمضايقته وعائلته؛ علّهم يتركون لهم البيت ويرحلون عنه، فكان الفتى اليهودي يرمي عمر ورفاقه بالطماطم؛ فينتشر ماؤها على وجوههم وملابسهم؛ لأن مجرد البقاء في الأرض والتمسك بها إنما هو شكل من أشكال المقاومة على أرض فلسطين.

كان عمر يرسم على لوح عُلّق على جدار المنزل صورة للقدس، وما إن يستيقظ في الصباح حتى يجد ابن اليهودي الذي يقيم في منزله قد مسح صورة القدس، ورسم بدلاً منها صورة لهيكل سليمان المزعوم، فيمسحها عمر، ويعيد رسم مدينة القدس.

وفي إحدى الليالي، يأخذ عمر طلاء أبيض، ويطمس كل كتابة في الشوارع بالعبرية ويكتب بدلاً منها بالعربية: مرحباً بكم في القدس. إلا أن جيش الاحتلال يهدده بالسجن، إنْ عاد إلى مثل هذا العمل ثانية، وليس هذا وحسب، بل إنهم قاموا برفع علم إسرائيل فوق منزل عمر. فما كان من عمر إلا أن جمع رفاقه، وقاموا بعمل بالون ضخم أحمر اللون، يجر وراءه لوحة كتب عليها: مرحباً بكم في القدس...

جنّ جنون قوات الاحتلال، حين رأوا البالون يرتفع في السماء، ففتحوا عليه النار، فانفجر بشدة، وتطايرت منه ملايين القصاصات من الورق الملوّن اللامع، ملأت سماء مدينة القدس، ومن ثم حطّت على البيوت والمساجد.. وفي الشوارع والطرقات، وقد كتب عليها: مرحباً بكم في القدس...

تنجح هذه القصة في أن تثير في نفس الصغير العديد من الأسئلة حول هؤلاء

المغتصبين، فبأي حق اغتصبوا الطابق العلوي من بيت عمر، ويحاولون أخذه منه؟! ولماذا يفعلون هذا أصلاً؟! كما يتعلم الطفل أن الدفاع عن الوطن لا يكون بالسلاح وحسب، وإنما هناك دفاع باللسان، وآخر بالقلم، وثالث بالسلاح... كل حسب طاقته وإمكانياته.

يحاول محمد جمال عمرو ومحمود الرجبي من خلال قصة "منصور لم يمت"، تصوير الحياة في الأراضي الفلسطينية المحتلة، بكل دقائقها من حصار، ومنع للتجول، وإضراب، وجواسيس وعملاء يعملون لمصلحة اليهود، يخونون أوطانهم وأهلهم. كما ترسم صورة مبسطة للاعتقالات وألوان التعذيب التي يتعرض لها أبناء هذا الشعب البطل...

ينضم منصور ابن الخامسة عشرة، ورفيقاه أحمد وثائر إلى الفهود السود الذين يقومون بالعمليات الواحدة تلو الأخرى ضد العدو الغاصب تحت إمرة الأستاذ سالم. فقد وهبوا حياتهم للدفاع عن هذه الأرض المقدسة بكل ما يملكون ولو بحجر، فيدافعون عن وطنهم دفاع المستميت، مقدمين أرواحهم فداء للوطن، مستعدين للشهادة في أي وقت، مستمدين هذه القوة من إيمانهم العظيم بالله أولاً، وإخلاصهم لقضيتهم ثانياً.

يقوم هؤلاء الأشبال بالعملية تلو الأخرى، وينصبون الكمائن للمغتصبين، ويوقعون بهم الخسائر الفادحة، حتى يستشهد منصور في النهاية برصاص الاحتلال في إحدى العمليات، لتنهتي القصة مؤكدة على أن منصور لم يمت، وأن جميع أبناء هذا الوطن إنما هم منصور، وسيسيرون على النهج الذي سار عليه حتى النهاية؛ لتحقيق إحدى الغايتين، فإما النصر أو الشهادة.

نلاحظ أن القصص الوطني يناسب المرحلتين العمريتين من ٨ أو ٩ - ١٢ سنة ومن ١٢ - فما فوق، وهي تناسب الصبيان أكثر من البنات؛ لما فيها من بطولة، ومغامرة، وقوة... بينما تميل الفتيات في هذه الفترة إلى القصص التي تتناول الأسرة.

والعلاقات العائلية، وتهتم بالفتاة، وشؤونها الخاصة.

٤ - المضمون الديني:

احتل المضمون الديني مساحة واسعة في قصص الأطفال، لاسيما وأن المضامين الاجتماعية والتربوية تصب بطريقة أو بأخرى في الجانب الديني، إذ تحثنا الشرائع السماوية كافة، على التكافل، والتعاطف، والتعاون، والصدق، والأمانة... وغيرها من مفاهيم أخلاقية...

إلا أن القصص الديني الذي يتضمن حديثاً في العقيدة، والعبادات، وقصص القرآن، وقصص الأنبياء، والكتب السماوية... كان أقل حظاً.

أبرز من كتب للأطفال في الأردن في هذا المجال: محمود عبد الرحيم الرجبي وعكاشة عبد المنان: سلسلة الآداب الإسلامية للأطفال، منها: أحمد في مدينة الطعام والشراب، وأحمد في مدينة السلام، وأحمد في مدينة الاستئذان، وأحمد في مدينة المجلس، وأحمد في مدينة التعزية، وأحمد في مدينة التهنئة، وأحمد في مدينة الكلام، وأحمد في مدينة العطاس، وأحمد في مدينة الأمراض، ومحمد جمال عمرو: سلسلة نور الإسلام: شهداء الصحابة، وتقع في خمسة عشر جزءاً، يتناول في كل جزء منها سيرة أحد الصحابة رضوان الله عليهم أجمعين، وهم: الزبير بن العوام، وطلحة بن عبيد الله، وحمزة بن عبد المطلب، وعبد الله بن الزبير، ومصعب بن عمير، وزيد بن حارثة، وعبد الله بن رواحة، وسعد بن معاذ، وجعفر بن أبي طالب، وعبد الله بن عبد الله بن أبي بن سلول، وسعد بن عبيد، وأبو حذيفة بن عتبة، وعكرمة بن عمرو بن هشام، وأبو دجانة سمّاك بن خرشة.

كما كتب محمود أبو فروة الرجبي، سلسلة حكايات إسلامية للأطفال، وهي: مذكرات أحمد، والكلمات العجيبة، ونعم أنا صائم.

ويتعلم الطفل في كل قصة من هذه القصص أدباً أو سلوكاً إسلامياً جديداً،

ففي قصة: "أحمد في مدينة الطعام والشراب"، يتعلم أحمد ماذا يقول عندما يبدأ في الأكل، وبعد أن يفرغ منه، وعند الشراب، وبعد الانتهاء منه، وذلك من خلال رحلة يقوم بها أحمد إلى مدينة الطعام والشراب، التي يشكو أهلها من الجوع والعطش، فيعمل على مساعدتهم، فيقول له شيخ في المدينة أن عليه أن يذهب إلى الجبل، ويبدأ بذكر آداب الطعام، وكلما ذكر شيئاً منها ارتفع عن الأرض قليلاً.

وفي الطريق إلى الجبل، التقى أحمد شيخاً آخر أخبره كيف يمكن له النزول عن الجبل، وذلك بذكره آداب الشراب، فكلما ذكر أدباً منها هبط قليلاً، وحين يصل أحمد الجبل، يبدأ بذكر آداب الطعام ابتداء بغسل يديه، وألا يعيب المرء شيئاً قدّم إليه، وأن يمد الكبير يده إلى الطعام أولاً، والتسمية قبل الشروع في الأكل، والتسمية في أوله وآخره؛ إذا نسي المرء أن يُسمِّي قبل البدء بالأكل.

وعند سفح الجبل رأى أحمد الصخرة، التي تسد نبع الماء، فما إن اقترب منها، ولمسها، حتى تفتت بين يديه، وأخذ الماء بالتدفق.

ومن ثم، وقف أحمد على حافة الجبل، يتذكر آداب الشراب، وكلما ذكر أحدها هبط قليلاً، من شُربٍ مثنى وثلاث، وتسمية قبل الشرب، وحمد الله بعده إلى أن وصل سالماً إلى سطح الأرض.

تزخر القصة بقدر كبير من الأدعية، والأذكار، والآداب؛ فالقصة موجهة للطفولة المتوسطة، فيصعب، أو قد يستحيل معها على الطفل حفظ هذا الكم الهائل من الأذكار.

وفي مجموعة مذكرات أحمد، يطرح الكاتب عدداً من الآداب الإسلامية، التي ينبغي مراعاتها عندما يرزق المرء بمولود جديد، من اختيار اسم جميل، ذي معنى حسن، والأذان في أذني المولود، وذبح عقيقة له في اليوم السابع لولادته، ومن ثم تعليم الطفل الوضوء بعد سنوات حياته الأولى وتعويده عليه، ومثل ذلك ينطبق على الصلاة، فإن لم يؤدها الصغير صحيحة، فيكفي أن يعرف أنها واجبة.

وغالبية القصص الديني للأطفال في الأردن على قلتها، إلا أنها تناسب الطفولة المتأخرة من ٩ – ١٢ سنة.

٥ - قصص المضمون العلمي:

ظهر القصص العلمي في القرن الثامن عشرـ الميلادي عندما كتب اليوناني لوسيان "تاريخ حقيقي" يسافر من خلالها إلى القمر والشمس، ويشترك في حرب بين الكواكب... إلا القصص العلمي، لم يكتسب التسمية إلا في العصر الحديث[١].

يشتمل التراث العربي على ما يمكن أن يطلق عليه قصص الخيال العلمي، إلا أنه لم يوظف لتحقيق الأهداف المرجوة والمنوطة به؛ ربما لاعتقادهم أن هذا ما هو إلا محض خيال لا يمكن تحقيقه، ولا يسهم في إسعاد الإنسان أو تقدمه، بالرغم من أن محاولة عباس بن فرناس الطيران بواسطة جناحين من الريش، كان يمكن أن يقدم نموذجاً جيداً لهذا النوع من القصص، ونجد في ألف ليلة وليلة، وحي بن يقظان وسير كل من سيف بن ذي يزن، وعنترة، والظاهر بيبرس... الكثير مما يطلق للخيال العنان، ويثري القصة فتحقق غاياتها[٢].

عند الحديث عن القصص العلمية، لا بد من التمييز بين القصص العلمي، والقصص التعليمي، وقصص الخيال العلمي.

فالقصص العلمي: هو القصص الذي يقدّم معلومات علمية حول موضوع معين، تتناوله القصة، مثل: البرق والرعد[٣] لأحمد حسن أبو عرقوب، والخلد يتحدى الشمس لعيسى الجراجرة، و"حكاية الدجاجة بركة" و"الاستنساخ في الجبل الأسود" لسهى العزة، ومغامرة مع الجراد لروضة الفرخ الهدهد، وثمن الرحيق، وسر الحرير لفريال خلف، واللآلئ لمجدولين خلف، وأحبكم فلا تفقدوني لفداء

_____

(١ و٢) انظر: أبو الرضا: ١٨٢- ١٨٣.

(٣) من مجموعته: عصافير الوطن.

الزمر، وعيادة سلمى لأحمد النعيمي...

وأعد نادي القراءة لتعليم العلوم في دار المنهل سلسلة تعليم العلوم، مـن قصصهـا: أصـدقـاء السلحفاة، ونعومة، وخفوش، والقنفوذ الصغير، والتمسـاح الصـغير قدمت مـن خلالهـا معلومـات علمية عن الحيوانات، كتكوين الجسم، ونوع الطعام الذي يناسب كل منها، والصفات الخاصة بكـل منها ... وجميعها من تأليف رنا الفتياني.

كما تقدم لجنة تطوير مهارات القراءة في الدار نفسها مجموعة من القصص، التي تقدم معلومات علمية مبسطة، تناسب الطفل في الطفولة المبكرة؛ تقدم لـه بعض النصائح التي ينبغي عليه اتباعها، والتقيد بها، والمحافظة على عينيه وأسنانه... وأبرز هذه القصص: نظارة سارة، وأسنان سارة... الخ

أما القصص التعليمـي؛ فهو القصص الذي يعلم الطفل الحسـاب، ويلقنه القراءة، ويعرفه علـى الألوان، والنبات، والحيوان، والصفات المميزة لكل حيوان، والمخترعات... مثل: الماستان لزليخة أبو ريشة، والسلحفاة لعماد زكي، وعائلة النواسخ، وعين الحياة، والأسماء الخمسة، ومحاكمة الفاعل لنهاية بلعاوي، وأين ياسمين لعبير الطاهر، ومَنْ الأجمل، وأنا وضدي، والشكل الناقص، والكرة الملونة لمحمد جمال عمرو، وأحمد والحمامات، ونورة والكرة، ورحلة سلوى، وعلاء والبيضات لمجدولين خلف، وسمكة السردين، والقنفوذ الصغير لرنا الفتياني، والهدية العجيبة لمحمود أبو فروة الرجبي، والغيمة الصغيرة لمارغو ملاتجليان.

أما قصص الخيال العلمي فهي ترجمة للمصطلح Science Fiction الذي ابتدعه هوغو جونز بتش عام ١٩٢٦م في مجلة القصص، للدلالة على القصص والروايات التي تتنبأ بأحداث ومواقف علمية محتملة في الحاضر، أو المستقبل على

الأرض، أوفي الفضاء الخارجي؛ انطلاقاً من حقائق وفرضيات علمية[(١)].

أوهي القصص الذي تدعمه النظريات العلمية، كآلة الزمن التي تعود بالمرء إلى قرون ماضية مثلاً، فنجد أنفسنا في عصر الفراعنة مثلاً بملابسهم، وأهرامهم... أو تتحدث عن اختراعات يمكن أن تكون مفيدة، إذا ما تمّ تنفيذها... " فهي ضرب من القصص يوظف فيه الأدب منجزات العلم، أو يستشرف ما يمكن أن يأتي به المستقبل من تكنولوجيا، عندما يُطوِّع العقل الطبيعة لخدمة الإنسان وتقدمه، بعد فكه لقوانينها"[(٢)].

تتخذ هذه القصص أماكن غير تقليدية مسرحاً لأحداثها: كالفضاء، والكواكب، وباطن الأرض، وأعماق البحار... فهناك من يعد القصص التي تعالج موضوعات غريبة وخارقة للطبيعة، سواء أ كان ذلك جزئياً أم كلياً من قصص الخيال العلمي: كالأوديسة لهوميروس، والكوميديا الإلهية لدانتي، وتحولات لكافكا، ورحلات جاليفر لسويفت[(٣)]...

تشكل المغامرة في هذه البيئات والفروض العلمية التي تستخدمها هيكل الحكاية. فينطلق خيال الكاتب إلى تخيل عوالم غير واقعية، شرط ألا تتجاوز الواقع المعاش[(٤)].

يفرق آخرون بين القصص العلمي وقصص الخيال العلمي بما يلي: فالأول يتتبع أبحاث العلماء، وجهود المخترعين والمبتكرين، وقصص مخترعاتهم... وتأثيرها في حياة الناس[(٥)].

كما أنه ليس من الضروري أن يكون مؤلف قصص الخيال العلمي من العلماء، وإنما المهم هو أن يتميز بالخيال الذي يجعله يجسد أو يصور عالماً خيالياً.

---

(١) انظر: الفيصل: أدب الأطفال وثقافتهم: ٤٥، ٤٧.

(٢ و ٣ و ٤ و٥) انظر: أبو الرضا: ١٧٩ - ١٨١.

يمكن أن يعايشه القارىء، ويتطلع إليه[١].

يؤخذ على التفرقة السابقة بين قصص الخيال العلمي والقصص العلمي ما يلي[٢]:

١- إن للخيال دوراً في بناء القصة مهما أخذت من نظريات العلم. ومن هنا لا يكون الخيال فارقاً بين القصص العلمي وقصص الخيال العلمي.

٢- إن هذه التفرقة أغفلت الإشارة إلى قصص الخيال العلمي، التي تتطلع إلى المستقبل من خلال اعتمادها على فروض علمية، أو تلك التي تتنبأ بظاهرة علمية أو بمخترع ما، يسهم في حل مشكلة من مشاكل الحياة كقصص جول فيرن، وهـ . ج .ويلز.

من القصص في هذا المجال: رحلة عبر الزمن لمحمد بسام ملص، وخياشيم ليست للأسماك، وكي ترى في الاتجاهات الأربعة، وعالم من البلور، وبناء بلا ملاط، وأقطع الحجارة كالجبن[٣] لسعادة أبو عراق، والشبكة العنكبوتية الفضائية، والمؤامرة الفضائية الرهيبة، وحدث في كوكب آخر، والعابثون بالشمس، وأرجوكم لا تقذفوني بالمطاط، والأميرة الفضائية المسجونة[٤] لمحمود أبو فروة الرجبي، وأصبح الحلم حقيقة لشهلا الكيالي...

ركز القصص التعليمي على الطفل في طفولته المبكرة من ٢ أو ٣ سنوات - ٥ أو ٦-٧ سنوات على أعلى تقدير.

فقصة محمد جمال عمرو المسماة: " أنا وضدي " تناسب الطفولة المبكرة؛ فهي ترشده إلى تعلم الأضداد: أي تعلم الطفل الشيء وضده، من خلال شخصيتي

(١ و٢) انظر: أبو الرضا: ١٧٩- ١٨١.

(٣) من مجموعته مدرسة المبتكرين.

(٤) من مجموعته: الأميرة الفضائية المسجونة وقصص أخرى.

القصة الرئيستين سمون ونحوف، فقد كان سمون سميناً، بينما نحوف نحيفاً. يقترح سمون نزهة إلى بستان قريب، في الوقت الذي يقترح فيه نحوف التنزه في بستان بعيد...

" دعنا ندخل من الباب الضيق

سمون: بل من الباب الواسع ".

" جلس نحوف تحت شجرة طويلة، بينما جلس سمون تحت شجرة قصيرة"[1].

ويتعلم الطفل في قصة " أحمد والحمامات " لمجدولين خلف عدة مفاهيم رياضية من طرح وقسمة بالإضافة إلى بعض المعلومات العلمية الخاصة بالحمام: كصوت الحمام يسمى هديلاً، وفرخ الحمام (صغير الحمام) يسمى زغلولاً، ويرقد الحمام على بيضه ثمانية عشر يوماً، وأنه يبني عشه من القش الذي يجمعه... وغيرها من معلومات تناسب الطفل في سن ٧ سنوات؛ فهي تحكي عن أحمد الذي أهداه عمه ست حمامات، فبنت لها أعشاشاً في حديقة منزل أحمد، وكان أحمد يقدم لها الحبوب، ويسقيها الماء...

وفي أحد الأيام، باضت ثلاث من الحمامات ست بيضات، أي ٦ ÷ ٣ = ٢ (بيضتان لكل حمامة). ونامت كل حمامة على بيضتيها ثمانية عشر يوماً، فقست بعدها البيضات الواحدة تلو الأخرى.

ويتعلم الطفل من خلال تفقيس البيض عملية الطرح؛ إذ كانت البيضات ست بيضات، فقست إحدى البيضات، فبقيت خمس بيضات، أي: ٦ - ١ = ٥.

فقست البيضة الثانية، فبقيت أربع بيضات أي: ٥ - ١ = ٤. وهكذا حتى فقست البيضات الست، وخرج من كل بيضة زغلول.

---

(١) عمرو، محمد جمال، (٢٠٠٣). حكايات سمون ونحوف: أنا وضدي. ط١. عمّان: دار المنهل: ٦- ٧، ٨- ٩.

جمع أحمد أصدقاءه الستة: سعيد، وسمر، وسلام، ولولوة، ووليد، وياسر، ووزع عليهم الزغاليل الستة، فكان نصيب كل واحد منهم زغلولاً، أي: ٦ ÷ ٦ = ١

توجه قصص الخيال العلمي للأطفال في الأردن - حسب اعتقاد الباحثة - إلى مرحلة الطفولة المصاحبة للمراهقة؛ إذ لا يستطيع الطفل قبل ١٢ عاماً أن يفهم ويتصور بعض الأمور والأشياء والنظريات العلمية التي بُنيت عليها هذه القصص، فتحتاج إلى طفل ناضج، يعي النظريات العلمية، ويمتلك القدرة على فهمها، وتصور ديناميكية عملها.

يركب زيد أمام آلة الزمن، ويقوم برحلة إلى الماضي، في قصة رحلة عبر الزمن، فتحط آلة الزمن على ضفة نهر النيل، فيرى الفراعنة وحياتهم، وبناء الأهرام، واستعبادهم الناس، ومن ثم يطارده أحد الفراعنة، فيفر بآلته إلى روما القديمة، فيعرفهم من ملابسهم، ويتابع كيف يلقي القائد بالعبد إلى قفص الأسد؛ ليستمتع الناس بمشاهدة صراع العبيد مع الأسود، ويعود زيد إلى مركبة الزمن، ويديرها ليجد نفسه في الصحراء في عهد عمر بن الخطاب، وقد ضرب ابن عمرو بن العاص مصرياً، فشكا المصري إلى عمر، فاستدعاهما وقال للمصري: اضرب ابن الأكرمين...

وفي آلة الزمن عند عبير الطاهر، يعبر أحمد ورفيقه طارق وعبقرة[1] الزمن؛ ليعودوا إلى عصر ـ هارون الرشيد، ويتعرفوا إلى زيد وزمردة، ويخوضوا جميعاً معركة مع وزير الرشيد، وابنه مصعب اللذين كانا يدبران لقتل الرشيد وتولي الخلافة، وينجح طارق وأحمد وعبقرة وزيد في إنقاذ الخليفة، وزمردة التي كان ينوي مصعب الزواج منها على الرغم منها؛ إذ كانت ترغب في الزواج من زيد، إلا أن والده كان يخشى بطش مصعب وابنه؛ فيوافق مرغماً على هذا الزواج.

وفي قصة "العابثون بالشمس"، يقوم د. رشاد وربوته فأفأ بجولة في الفضاء،

---

(١) الرجل الآلي.

وحول الأرض لمعرفة سبب التغيرات، التي طرأت على الأرض، والاندلاعات التي أصابت الشمس، وعطلت الاتصالات اللاسلكية؛ إذ "... انقطع البث التلفزيوني،... ولم تتمكن الإذاعات من إيصال برامجها إلى الناس، وأصيبت الاتصالات اللاسلكية بالشلل التام، حتى إن بعض العلماء توقع عودة الحياة الإنسانية إلى زمن القرون الوسطى... لقد أيقن سكان الأرض أن حضارتهم التي بنوها خلال عدة قرون على وشك الانهيار، وأصبحت حياة الناس صعبة، كان على الإنسان الذي يريد التحدث مع قريبه في مكان بعيد السفر إليه، وخصوصاً أن أهل الأرض قد استغنوا عن شبكات الهاتف السلكية منذ قرون[١]..."

وقد أدى هذا إلى "ضعف التنسيق بين الإدارات المختلفة، حتى إن... القوة... المكلفة بحماية الأرض من غزو الكواكب الأخرى. بدأت تعمل بشكل غير منظم، وكأنها جيوش... متناقضة ليس لها قيادة واحدة..."[٢].

يلاحظ د. رشاد في إحدى جولاته، وقد حط على كوكب المريخ أن لا أثر للاندلاعات على المريخ، والمفروض أن تتأثر جميع الكواكب الشمسية؛ فيقوم د. رشاد بزراعة خلية لمراقبة هذه الإشعاعات، ودراسة الإشعاعات الصادرة عن الشمس، ولماذا لا تؤثر على جميع الكواكب.

كما زرع د. رشاد خلية إلكترونية موصولة بدماغ آلي لتسجيل جميع الملاحظات الملتقطة، ومن ثم تحليلها وحفظها. وكي يضمن ألا تقع الخلية في أيدي العدو، زودها ببرمجة تعمل على إذابتها تدريجياً، ومحو كل المعلومات منها في حال تعرضت لمحاولة فك أسرارها، والاستيلاء عليها.

تظهر على شاشة الكمبيوتر أشعة غريبة تصدر عن كويكب يقع بين كوكبي المريخ والمشتري، وتتجه الأشعة بخط مستقيم إلى الشمس، فيطلق عليها د. رشاد المركبة الانشطارية بهدف خداع رادار الدفاع للكويكب؛ فيطلق صواريخه على المركبة الانشطارية، وفي لحظات كانت الصواريخ المنطلقة من أرض الكويكب، تلاحق أجزاء المركبة الانشطارية، وتصطدم بها، وتدمرها، وحين تأكد د. رشاد

(١ و٢) الرجبي، محمود أبو فروة، (٢٠٠٠). الأميرة الفضائية المسجونة وقصص أخرى: العابثون بالشمس. عمّان: مكتبة الدرر: ٣٠- ٣١.

أن الكويكب أصبح خالياً من الصواريخ، وجه نحوه صواريخ مركبته التي فجرت الكويكب.

وفعلاً توقفت الأشعة الصادرة عن الكويكب من البث نحو الشمس، ومن ثم عادت الأرض إلى طبيعتها، وعادت الاتصالات اللاسلكية كما كانت، وتمكن العلماء من كشف سر تلك الأشعة التي اخترعها سكان كويكب الارتقاء، وتعمل عند إطلاقها على زيادة توهج الشمس، ومن ثم قطع الاتصالات اللاسلكية عن الأرض؛ لشل قدراتها الدفاعية.

ولا تدري الباحثة إن كان بمقدور الطفل حتى في سن الطفولة المتأخرة استيعاب هذه القصة وفهمها، وقد احتاجت إلى التركيز فيها بكل حواسها، وإعادة قراءتها أكثر من مرة لتتمكن من فهمها، وتخيل أحداثها.

وفي قصة " خياشيم ليست للأسماك "، يقوم نائل باختراع جهاز يقوم مقام الخياشيم في الأسماك، ويعمل عملها، بامتصاص الأكسجين المذاب في الماء، فالسمكة حين تغوص في الماء، وحين تطفو، تملأ تجاويفها بالهواء أو تفرغه منها، وكذلك تملأ الغواصة خرانتها بالماء أو تفرغه منها عندما تغوص أو تطفو، فإذا قمنا بصناعة آلة تقوم باستخلاص الأكسجين المذاب في الماء، تزود الغواص بالأكسجين اللازم أثناء غوصه في الماء؛ لاستطاع البقاء ما شاء من الوقت في الماء، واستغنى عن زجاجات الأكسجين التي يحملها على ظهره، مستعيضاً عنها بآلة صغيرة، يضعها على رأسه، يعبرها الماء فتخرج فقاعات محمّلة بالبخار، يجفف الهواء من البخار،ويبّرد، ويعطى عبر الأنف إلى الرئة.

ولم تلق القصص العلمية للأطفال اهتماماً في الأردن، إلا في السنوات الأخيرة من القرن العشرين. ويعد الاهتمام بها قليلاً بالمقارنة بالقصص التربوي، إلا أنها

شغلت مساحة لا بأس بها على خارطة قصص الأطفال في الأردن.

٦ - قصص المغامرات والقصص البوليسي:

تفتقر قصص الأطفال في الأردن كثيراً إلى القصص البوليسي؛ فهو وليد العقد الأخير من القرن العشرين، ولم تقع الباحثة إلا على عدد قليل يتجاوز أصابع اليدين بقليل، وهي: قصة الأطفال الشجعان ولصوص الآثار لناديا العالول عام ١٩٩٠م، وسلسلة المغامرون الثلاثة لعبد الله عيسى- مابين عامي ١٩٩١ م - ٩٩٣م، منها: لغز الشاحنة، ولغز الطرد المفقود، ولغز اختفاء الأعمى، ولغز الجريح، ولغز الجريمة، ولغز الشرطي المزيف، ولغز مجنون الغابة، ولمحمود أبو فروة الرجبي: جزيرة الأحلام السعيدة، ولعبير الطاهر سلسلة أحمد العقاد ما بين عامي ٢٠٠١م - ٢٠٠٢م، وهي: أحمد العقاد، وأحمد العقاد (٢)، وأحمد العقاد وطاقية الإخفاء.

بالإضافة إلى سلسلة الشجعان الثلاثة: أشعب ونجيب ويمان لمحمد جمال عمرو، وقصصها: نقطة الانطلاق مكة المكرمة، وجدة عروس البحر، وقاهرة المعز، وأخفض بقعة في العالم، ودمشق الفيحاء، واستانبول، ولصوص المخطوطات في طشقند.

وإن كانت سلسلة الثلاثة الشجعان أقرب إلى أدب الرحلات، فهي تقدم معلومات عن المناطق والدول التي يسافر إليها الأبطال الثلاثة، وأبرز معالمها، والآثار الشهيرة فيها، ويخوض الشجعان الثلاثة مغامرة صغيرة في نهاية كل قصة، لينتقلوا بعدها إلى بلد آخر.

ولا تشهد الفترة ما بين عامي ١٩٩٣ - ١٩٩٩م مولد أية قصة بوليسية، مما شكل ثغرة كبيرة في تأليف هذا اللون من قصص الأطفال الأردنية.

ويبدو أن عبد الله عيسى تخصص في كتابة الألغاز والقصص البوليسي؛ إذ لا

تعثر الكاتبة له على أية قصة، أو مساهمة أخرى خلال مسيرة أدب الأطفال الطويلة في الأردن، إلا سلسلة المغامرون الثلاثة السالفة الذكر.

أحمد العقاد بطل قصص عبير الطاهر.. في الثانية عشرة من عمره.. فضولي.. يحشر أنفه في كل شيء؛ على أمل الكشف عن جريمة ما، إلا أن مغامرته في كل مرة تنتهي بالفشل، ففي مغامرته الأولى، يتجسس على أحد الجيران، وهو يجري مكالمة هاتفية؛ فيسمعه يقول: "نعم، لقد انتهى كل شيء، وضعت له السم في الطعام، نعم دفنته تحت شجرة الصنوبر التي تقع خلف البناية، لا، لم يرني أحد من الجيران"[1].

تُفتح شهية أحمد على المغامرة والعمل.. يقرر أن قتيلاً تحت شجرة الصنوبر المذكورة، ويعزم على البحث عن أدوات الجريمة، واستخراج الجثة، ومواجهة أبي عليان جارهم في الطابق الأول بها؛ للإيقاع به، وانتزاع الاعتراف منه.

يُعمل أحمد عقله؛ للتوصل إلى أداة الجريمة، وهي السم . ولابد أن يكون أبو عليان قد تخلص منه، فيقرر البحث في صناديق النفايات وفي الحاويات، فيخرج محتوياتها، ويفرغ الأكياس؛ بحثاً عن السم الذي استخدمه أبو عليان في جريمته.

ينتهي التفتيش في النفايات دون أن يجد أحمد ضالته وما يبحث عنه، فيجول بخاطره أن أبا عليان ربما احتفظ بأداة الجريمة وأخفاها، ولم يتخلص منها كما اعتقد، فيتجه إلى منزل أبي عليان؛ للبحث عن السم في الداخل.

يطرق أحمد باب أبي عليان، ويطلب منه استعمال الهاتف، زاعماً أن هاتف منزلهم معطل، لا يمانع أبو عليان بذلك.. يترك أحمد ويمضي إلى الداخل، حيث كان ينوي الاستحمام.

يشرع أحمد في البحث عن السم في كل مكان دون فائدة، وأخيراً يخطر بباله أن يبحث عنه في خزانة الأدوية (الصيدلية)؛ فقد يعيد المجرم أداة الجريمة إلى مكانها،

---

(١) الطاهر، عبير، (٢٠٠١). أحمد العقاد. عمّان: دار المنهل: ٧.

وبالفعل وجد أحمد على الرف العلوي للخزانة زجاجة بنية اللون، كتب عليها بخط واضح " سم".

يُخرج أحمد من جيبه قفازين من المطاط، ويلبسهما في يديه، ويمسك الزجاجة بحذر شديد، ويضعها في كيس بلاستيك، حتى لا يترك بصماته على الزجاجة، ويتجه إلى باب الشقة، ويخرج سريعاً قبل أن ينتبه أبو عليان له.

وفي الثانية عشرة مساء، يخرج أحمد من منزله، ويبدأ بالحفر تحت شجرة الصنوبر؛ بحثاً عن الجثة.. يحفر.. ويحفر.. ويحفر.. حتى ارتطم الفأس بشيء ما، اعتقد أحمد أنه الجثة التي يبحث عنها، وفي الحال يرمي الفأس، ويسرع بالاتصال بالشرطة، التي لا تلبث أن تحضر ـ إلى العنوان الذي زودهم به أحمد.

حاصرت الشرطة العمارة، ودلَّهم أحمد على شقة أبي عليان، وواجهته الشرطة بزجاجة السم. لم ينكر أبو عليان أنها له. يذكره الضابط بالمكالمة الهاتفية التي سمعها أحمد؛ فيجهش أبو عليان بالبكاء، ويقول: " نعم. نعم. لقد وضعت السم له، ثم دفنته تحت شجرة الصنوبر. نعم إنني قاتل.. قاتل.. قتلت أعزّ مالدي، قتلت كلبي العزيز.. وانهارت قواه، وسقط على الأرض باكياً... "[1].

فقد أصاب الكلب مرض أفقده بصره، وتدهورت صحته، ولم يكن أمام أبي عليان، سوى قتله؛ ليريحه من العذاب...

يُطرق أحمد برأسه مفكراً، الجميع ينظرون إليه بارتياب.. يتعهد ألا يتجسس على أحد بعد الآن، وألا يتدخل فيما لا يعنيه.. ولكن .. هيهات...

تلفت القصة نظر الصغير، وتعلمه عاقبة التجسس، والتطفل على الآخرين، والتدخل في شؤونهم.

وأكثرها تشويقاً المغامرة التي خاضها: خليل وأحمد وسمير؛ للكشف عن لغز

---

(١) الطاهر: أحمد العقاد: ٥١، ٥٣.

الطرد المفقود، الذي يصل إلى بيت خليل عن طريق الخطأ، ويعود ساعي البريد لاسترداده، حسب إفادة الخادمة.

تتصل العصابة بخليل، وتهدده بالقتل، مالم يعد الطرد، وستمنحه العصابة مبلغ عشرين ألف دينار؛ إن هو أعاده إليهم. تثير المكافأة شكوك خليل الذي كان حتى تلك اللحظة لا يعرف أي شيء عن هذا الطرد سوى أنه وصل إلى منزله عن طريق الخطأ، وأن ساعي البريد قام باسترداده.

يبدأ خليل بالتحري عن الطرد؛ علّه يعرف أين اختفى، مادام لم يصل إلى صاحبه، وما عساه أن يكون بداخله؛ لتقدم في سبيل استرجاعه هذه المكافأة السخية؟!

يجتمع خليل بصديقيه: سمير وأحمد للتشاور في الأمر.. يصنع الرفاق طرداً أزرق، يخفيه خليل في خزانته.في الليل يأتي أحد أفراد العصابة إلى منزل خليل، وإلى غرفته تحديداً، ويأخذ الطرد من خزانته مباشرة دون بحث أو تفتيش؛ مما يلفت نظر خليل ورفيقيه إلى احتمالية وجود خائن أو جاسوس بينهم، وباسترجاع ما مضى، وما مر بهم من أحداث، يرجح خليل أن تكون الخادمة هي الجاسوس؛ فهي التي تسلمت الطرد، وأعادته إلى الساعي كما ادعت، عدا عن الدهشة التي تملكها، وقد رأت الطرد الذي صنعه خليل وسمير وأحمد، حتى إنها اعتقدت أنهم تمكنوا من استعادته، كما أنها كانت تعرف أين خبأ خليل الطرد.

وبمراقبة خليل لمحبوبة الخادمة، اكتشف أنه أمام عصابتي: سليم وبيومي، وصل الطرد إلى الخادمة محبوبة، كي توصله إلى العصابة الأولى (عصابة سليم)، إلا أن محبوبة كانت تعمل لحساب عصابة بيومي، وقد سلمت الطرد إليه، وادعت للعصابة الأولى (سليم) أن الطرد مع خليل، وأنه يخفيه في مكان ما.

تخطف عصابة سليم خليلاً، الذي يخبرهم عن خيانة محبوبة لهم؛ لينجو بنفسه، يقوم خليل بإبلاغ الشرطة.. تقبض الشرطة على محبوبة، فتعترف أن بيومي زعيم

العصابة سيغادر البلاد إلى لندن على متن طائرة العاشرة صباحاً.

تتخذ الشرطة الإجراءات اللازمة في المطار، ويتم القبض على بيومي، وطرده الذي يحوي مواد مخدرة، تقدّر قيمتها بمائة وخمسين ألف دينار.

القصة في مجملها جيدة، تدفع الطفل في عمر ١٢ سنة إلى إعمال عقله، وتضعه في قلب الحدث، وأجواء المغامرة؛ فتشعره أنها حقيقة، وتغرس في نفسه الشجاعة، وبخاصة حين ينتصر الخير في النهاية.

تأخذ الباحثة على هذه القصة (الرواية)، إغفالها مصير عصابة سليم، فلا نجد في القصة أي إشارة إلى مصيرها، أو أنه تمّ نصب كمين لها أو محاصرتها، أو تم الكشف عن مخبئهم، أو إلقاء القبض عليهم. وحين خطفت العصابة خليل كان معصوب العينين في الذهاب والإياب، ولم يتمكن من معرفة المكان الذي يختفون فيه، فبقي مصير هذه العصابة حلقة مفقودة في القصة.

٧ - قصص المضمون الرمزي:

هناك من يضع القصص على لسان الحيوان في مصاف القصص الرمزي، أياً كان الهدف من القصة، والمضمون الذي تحمله؛ وهذا النوع من قصص الحيوان الرمزي عُرف قديماً في الآداب الإنسانية، وكان الكبار هم المقصودين به، ثم وُجد أنه يصلح للصغار، مع شكنا في قدرة الطفل على استبطان رموزه، مثل حكايات " كليلة ودمنة "؛ فالقصص الرمزي في نظر الباحثة، هو ذلك القصص الذي يحمل في طياته رمزاً ما، أو معنى ما مستتراً لا يظهر من الوهلة الأولى، سواء أكانت شخصياته من الإنسان أو الحيوان...

أبرز القصص الأردني للأطفال في هذا المجال: فيل الأمير لحسني فريز، والدب يحتل الغابة، والتماسيح لأحمد حسن أبو عرقوب، وصراع في الغابة لروضة الفرخ الهدهد، والعصفور المنكوب لنايف النوايسة، والعصافير لمفيد نحلة، وشحرور لهاشم

غرايبة، وغريب في البحيرة، وحكاية البحر لمنير الهور، والضفدع والعقرب لشحادة الناطور، والنهر لجمال أبو حمدان، ورأس الأفعى لمحمد جمال عمرو، والحكيم والأرض الطيبة لعلي رمان...

ففي قصة "رأس الأفعى" يأكل الأفعى في كل يوم أرنباً، فتشكو الأرانب أمرها إلى الأسد، الذي يأمر بقطع ذيل الأفعى، التي استمرت بأكل الأرانب، خاصة وقد نما لها ذيل.

شكت الأرانب إلى الأسد مرة ثانية وثالثة، وفي كل مرة يأمر الأسد بقطع ذيل الأفعى، الذي لا يلبث أن ينمو من جديد. فتدرك الأرانب أن عليها الاعتماد على نفسها، وقطع رأس الأفعى، وقد تيقنت ألا جدوى من قطع ذيلها، ومن الشكوى للأسد؛ فاختبأت الأرانب فوق صخرة كبيرة؛ بانتظار الأفعى، بينما اعترض أحد الأرانب طريقها، واستدرجها إلى تحت الصخرة، فتلقي بها الأرانب على الأفعى، فيقطع رأسها، وتموت.

أظن أن الأفعى في القصة تمثل الصهاينة، والأسد: الولايات المتحدة الأمريكية، بينما الأرانب هي العرب، وبخاصة الشعب الفلسطيني، الذي ينتظر من يرد عنه ظلم الآخرين، واستبداد الصهاينة، ويستنجد بالشعوب العربية، وأمريكا، ومجلس الأمن، الذي رفعوا إليه قضيتهم، وشكوا إليه أمرهم مراراً وتكراراً دون جدوى، وعليهم أن يعوا تماماً ما وصلت إليه الأرانب، وهو الاتحاد في صف واحد، وترك النزاعات والخلافات الداخلية، والتكاتف لقطع رأس الأفعى، والاعتماد على النفس، وترك التواكل، والاعتماد على الآخرين، فهو الحل الأمثل والوحيد لقضيتهم.

تفتح قصة صراع في الغابة الباب على مصراعيه لخيار المقاومة، لاسيما وقد بدأت الخنازير في الورود إلى الغابة تباعاً من طرف خفي، ودون أن يشعر بها أحد، أخذت تتوزع في أطراف الغابة تحت شجرة، أو قرب صخرة، أوفي مغارة خفية، ولا

تخرج أو تظهر إلا في ظلمة الليل.

وفي أحد الأيام وقع نظر الحمامة على الخنازير وقد اجتمعت، وقد بدا عليها الجد؛ إذ قد تصل دفعة جديدة من الخنازير اليوم أو غداً، وعليهم تدبير مسكن لهم، فانطلقت الحمامة تخبر الحصان عما يجري، والذي بدوره أخبر الأسد، وعقد اجتماعاً طارئاً لحيوانات الغابة.

"قال الحصان: سيضيق علينا المكان.. قال الحمار: سيقل علينا الأكل.. قال الدب: سيضايقون أولادي.. قالت الحمامة: الماء لن يكفي.. الخنازير تتزايد.. ستقوى علينا.."[١]

طمأن الأسد الحيوانات، وطلب الخنزير إلى اجتماع منفرد معه، فضُربت الحراسة على المنطقة، وأخيراً خرج الأسد: " طلبت من الخنزير ألا يضايقكم أبداً..."[٢]

ولم يكن هذا وحسب ما اتفق عليه الأسد والخنزير، وإنما اتفقا أيضاً على نتف ريش الحمامة؛ فهي "... تطير به عالياً في الصباح الباكر، فتزعجنا في منامنا وصحونا، وتكشف أسرارنا... ولقد ارتأينا أن ننتف ريشها "[٣].

حاول الحصان الاعتراض، إلا أن الأسد أشار بيده معلناً إنهاء الاجتماع، وفض الجلسة، مشيراً إلى الكلاب بتنفيذ القرار.

وبينما الدب يتجول في الغابة، رأى كلاباً سوداء صغيرة ذات أسنان حادة تتبع الخنزير أينما ذهب، وحيثما اتجه؛ فأوجس خيفة مما رأى، فأخبر أصدقاءه: الحصان، والحمار، والحمامة.

يتفق الجميع على القضاء على الخنزير وأعوانه، إلا أن الحمار يقترح أن يذهبوا إلى الأسد ويطلعوه على قرارهم، وبالفعل انطلقوا إلى عرين الأسد،

(١ و٢ و٣) الهدهد، روضة الفرخ، (١٩٨٦). صراع في الغابة. دار كندة للنشر والتوزيع: ٤ -٥.

وأخبروا الأسد بكل شيء؛ فاجتمع بالخنزير، وقد اتفق معه "... على عدم التعرض لكم إطلاقاً... وسيمنع كلابه الصغيرة من التجول بينكم، ولن تروها بعد اليوم أبداً، فهي فقط لحماية نسائه وأطفاله...أحس بقوتكم؛ فأراد الدفاع عن نفسه... أنياب الدب هذه مثلاً... مخالبه... إنها سبب تخوف الخنزير، إنها مصدر ذعره... بسببها أحضر كلابه لحماية نفسه وأطفاله، ولذلك فأنا أرى... أن أنتزع أنياب الدب ومخالبه... "[1]

وما هي إلا لحظات، وحتى انقضَّت الكلاب على الدب، وقامت بخلع أنيابه ومخالبه.

وفي أحد الأيام هاجمت كلاب الخنزير السوداء، وثلاثة ثعابين الإصطبل، ودارت معركة دامية بينها وبين الأحصنة، فقضى الحصان علي ثعبانين، بينما هرب الثالث والكلاب، ومات مهر بلدغة من أحد الثعابين...

في اليوم التالي، اشتكى الخنزير للأسد؛ فاستُدعي الحصان وعقد اجتماع، وقرر الأسد أن تعمل حيوانات الغابة جميعاً يوماً كاملاً، ويقسم الناتج إلى ثلاثة أقسام: ثلث للحصان؛ تعويضاً عن مهره الذي مات، وثلثان للخنزير؛ تعويضاً عن ثعابينه، كما أمر الأسد بربط المهور؛ كي لا تتدرب، وتهاجم غيرها من حيوانات الغابة.

اجتمعت الحيوانات في المساء، وأعلن الحصان رفضه للتعويض، ولربط قوائم مهوره، واتفق مع باقي الحيوانات على مهاجمة الخنزير وأعوانه والقضاء عليه دون علم الأسد، وبدأت الحيوانات تدريبات قاسية؛ استعداداً للمعركة الحاسمة.

وفي اليوم الموعود، اشتبكت الحيوانات، وتعالت الأصوات، وألحقت الحيوانات الهزيمة بالخنزير وجماعته، لولا أن الحمار انسل من بين الصفوف، وذهب

---

(١) الهدهد: صراع في الغابة: ١٠.

إلى الأسد ليخبره عما يجري، فحضر الأسد، وأعلن وقف القتال، وانتهاء المعركة...

احتفلت الحيوانات تلك الليلة بما أحرزته من نصر، وفكروا كيف عرف الأسد بأمر المعركة، لابد من أن هناك خائناً في صفوفهم، يجب معرفته والقضاء عليه، فيتفرس الحصان في الوجوه، ويلاحظ الاضطراب على وجه الحمار، وتقترح الحيوانات عدة طرق لكشف الجاسوس، فيلجأ الحمار إلى الأسد ليخبره أن الحيوانات اكتشفت خيانته، إلا أن الأسد يتخلى عنه، وقد افتضح أمره، ويواجه الشنق.

والرمز في هذه القصة أوضح، وهي تستخدم الأسد ملك الغابة للإشارة إلى أمريكا، التي تقود العالم وتتزعمه، ولا يخفى على أحد انحيازها إلى قوات الاحتلال الصهاينة، وسيدهش الطفل انقلاب الموازين في القصة، دون أن يتصور أن الواقع أشد مرارة وقتامة، فكيف يصبح المظلوم (الحصان، والحمامة، والدب) ظالماً، والظالم المغتصب (الخنازير) مظلوماً، لاسيما وقد بدأ بانتزاع الغابة شبراً شبراً، والسيطرة على أراضيها، كما احتل اليهود فلسطين وبعضاً من الوطن العربي بالتدريج.

وتدين قصة " فيل الأمير[1]" الجبن والخوف من السلطة، والصمت المطبق على تصرفات أصحاب السلطة، والسكوت على فسادهم، الذي تعاني منه شعوبنا العربية؛ ففيل الأمير يدوس الأشجار، ويخرب المزروعات، فيجتمع الناس للتشاور في أمر الفيل، ويقررون الذهاب إلى الأمير وإطلاعه على ما سببه فيله لهم من أضرار وخسائر، واتفقوا أن يبدأ أبو الشجاع بالكلام، فيقول:" فيلك أيها الأمير... فيقول: ماذا تريدون بالفيل؟!... فيقولون بصوت واحد: إن هذا الفيل أتلف المزارع.فإن قلتم كلكم هذا الكلام، فإن الأمير يرفع عنا أذى الفيل الخبيث، ولكن إذا سكتم وخفتم سيظل يتلف الزرع ويهلك الشجر"[2].

---

(١) اقتبس سعد الله ونوس فكرتها وشخوصها، وكتب مسرحيته "الفيل يا ملك الزمان".

(٢) عبدالفتاح، إسماعيل، (٢٠٠٠). أدب الأطفال في العالم المعاصر: رؤية نقدية تحليلية. (ط١). القاهرة: مكتبة الدار العربية للكتاب: ١٨٤ - ١٨٥.

تقصد الجماعة باب الأمير، ويأذن لهم الأمير في الدخول عليه، فلما دخلوا عليه وجدوه غاضباً، وبجانبه أربعة جنود كالشياطين، فتملكهم الرعب، قال الأمير: "... ما الذي جاء بكم...؟! فصار كل واحد منهم ينظر إلى الآخر، ونظروا إلى أبي شجاع لكي يتكلم... فأعاد الأمير السؤال، وقال: ما الذي جاء بكم؟! وهنا سعل أبو شجاع، ثم مسح شاربه بيده، وقال: أطال الله عمر الأمير، وأسعد أيامه، إننا جئنا من أجل الفيل... قال الأمير: وما شأن الفيل؟ تكلم، عجل؟! فنظر أبو شجاع إلى أصحابه عن يمينه وعن شماله، فلم يفتح أي منهم فمه بكلمة... ومرت لحظات قليلة، ولم يفتح الله عليهم بشيء، كأن ألسنتهم قد انعقدت فقال أبو شجاع: إن فيلكم أيها الأمير يحتاج إلى فيلة...!!! فابتسم الأمير، وقال: هذا ليس من شأنك،اذهبوا وأنا أتدبر الأمر!!! فخرجت الجماعة، وقف أبو شجاع، وقال: هذه نتيجة الخوف والجبن، سوف تخرب مزارعكم أكثر مما خربت، وسوف يزيد الشر في هذه القرية زيادة قبيحة..."[1].

وتصور حكاية البحر لمنير الهور الكفاح والصراع ضد الظلم والاستبداد، فهي تحكي حكاية النهر صديق الوردة والعصفور والراعي، إذ كانت الوردة تمد جذورها لتشرب منه، والعصفور يشرب منه، ويغرد له، بينما كان الراعي يغني له الألحان العذبة...

وذات يوم مرت جماعة من الأشرار أُعجبوا بجمال المكان ، وخضرة الأرض، وكثرة الثمار، فقرروا الاستيلاء على النهر، وعلى خيرات الأرض: "فنصبت خيامها، واستطاعت بقوة السلاح أن تمنع الوردة والعصفور والراعي من الوصول إلى مياه النهر، وطردت الفلاحين والأطفال، واستولت على الأرض والماء "[2].

---

(١) عبدالفتاح، إسماعيل: ١٨٤- ١٨٥.

(٢) الهور، منير. (١٩٩٣). حكاية البحر، عمان: ٨.

سرق الأشرار مياه النهر إلى الصحراء البعيدة، فهدد البحر بالإضراب عن الطعام إذا لم يرحل الأشرار، ويعيدوا مياه النهر المسروقة، إلا أن الأشرار لم يهتموا بتهديد البحر الذي أعلن إضرابه حتى مات من الجوع.

حزن الجميع، وأقسمت الوردة ألا تزهر مالم يرحل الأشرار، وأقسم العصفور أن يمتنع عن التغريد حتى يرحل الأشرار، وأقسم الراعي ألا ينفخ في مزماره مادام الأشرار لم يرحلوا...

نفذ الجميع تهديدهم؛ فذبلت الأزهار، وجفت الأشجار، وسكتت العصافير، وصمت مزمار الراعي، وقرر الفلاحون حمل السلاح، ومقاتلة الأشرار وطردهم، وأقسم الأطفال أن يرجموا الأشرار بالحجارة، حتى تعود الحياة إلى البحر والمياه إلى النهر...

و "... مازال النهر ضعيفاً، ومازال البحر ميتاً، ومازال القتال مستمراً بين الفلاحين والأشرار، ولازالت حجارة الأطفال تطارد الأشرار في الشوارع، والحارات، والسهول، والجبال "[1].

والرمز في القصة واضح المعالم، فالنهر إنما هو نهر الأردن الذي استولى عليه الأشرار الصهاينة، وحولوا مياهه (مجرى مياهه)، بينما الفلاحون والأطفال يمثلون الشعب الفلسطيني البطل الذي دافع، ومازال يدافع ولو بحجر، إن لم يمتلك سلاحاً وذخيرة، حتى يحرر أرضه ووطنه، دون كلل أو ملل، ومهما طال الزمن.

وترى الباحثة أن من غير المناسب تقديم قصص رمزي للأطفال؛ قد يقرأونه، ويستمتعون بما حوته من صور، إلا أنه من الصعب على طفل في الثانية أو الثالثة عشرة - وهو العمر الذي وجهت القصة إليه - إدراك الرمز في قصة صراع في الغابة. قد يخرج الطفل بالمعنى الظاهري للقصة، وهو أن التعاون بركة، وكيف أن

---

(١) الهور: ١٦.

الحيوانات انتصرت حين تعاونت، وتكاتفت للقضاء على الخنازير؛ فلا يضيع حق وراءه مطالب، كما يجب الحذر والتنبه للخونة، وجزاء الخائن الذي يخون وطنه، وأهله، وأصدقاءه... ومثل هذا ينطبق على حكاية البحر لمنير الهور، ورأس الأفعى لمحمد جمال عمرو... فقد عجز بعض البالغين الذين قرأوا قصة " الحكيم والأرض الطيبة " لعلي رمان عن إدراك دلالة الرمز فيها.

ونحن لا نستطيع أن نتحدث عن مضامين قصص الأطفال في الأردن، دون أن نتناول حكايات الأطفال في الأردن بالدراسة، لاسيما وهي تمتلك مقومات القصة كافة، من حدث، وشخصيات، وفكرة، وعقدة، وزمان، ومكان... فهي القصة في صورتها البدائية[١].

ومن ثم يمكن التمييز بين نوعين من الحكايات المقدمة للأطفال في الأردن: شعبية وتاريخية[٢].

(١ و٢) انظر: المصلح: ١٠٧.

١- الحكاية الشعبية

تستند الحكاية الشعبية إلى المخزون الثقافي للأمة، مـن قـيم، وعـادات، وتقاليـد، ومعتقـدات شعبية حقيقية كانت، أم أسطورية.. دينية، أو مادية[١].

ومن حكايات الأطفال المتأثرة بالقصص الشعبي في الأردن: حكاية شمعدان الـذهب لمحمـد الظاهر، وحكاية الباطية لنمر سرحان، وحديث مع أميمة لفخري قعـوار، والثعلـب الفـرا، والسـيارة العجيبة، ويزن وسر الخراف الباكية، والعصفور يحاول منع انطباق السـماء عـلى الأرض، وقرنزح وبرنزح، وعريب الذكية، والقطة وذيلها، والسماك والقطة، وحديدون، وورد والنصائح الثلاث لعيسى الجراجرة، ورمضان في القدس لمجدولين خلف، وسلسلة حكايات الغول لروضة الفرخ الهدهد، وتتضمن الحكايات: ليلى والكنز، وهل يكفي الحظ، ومغامرات ريان.

وحكايات هذه السلسلة تعتمد على القصص الشعبي، وقد جمعها فايز علي الغول في كتابيه: الدنيا حكايات، وحكايات من بلادي، فأجرت عليها الكاتبة بعض التعـديلات لتخـرج بحلـة جديـدة وصورة أبدع[٢].

فحكاية ليلى والكنز تدور حول ليلى التي نسيتها قبيلتها أثناء ارتحالها من مكان لآخر، فلقيهـا حطاب، فتزوجها، وعاشا في سعادة على الرغم من ضيق العيش.

يقدم في أحد الأيام يهودي إلى الحطاب، ويخبره أن في المغارة التي يعيش فيها كنزاً لا يظهـر إلا إذا سال دم ليلى على الصخرة الملساء في المغارة، وأنه يريـد مـن الحطـاب أن يسـاعده في قتـل ليـلى مقابل ألف وثلاثمائة دينار، وإلا حوّله إلى حجر،

---

(١) انظر: المصلح: ١٠٧.
(٢) انظر مقدمة كل حكاية من حكايات السلسلة.

١٦٩

فيعود الحطاب إلى منزله حزيناً إذ كان لا يستبدل كنوز الدنيا بزوجته ليلى، إلا أن تهديد اليهودي أخافه، فأطلع الحطاب زوجته على الأمر، واتفقا على أن يتخلصا من اليهودي بالقضاء عليه.

وبينما الحطاب خارج المنزل، تجرح السكين ليلى، فتنفض يدها من الألم، فينتشر دمها على الصخرة الملساء في المغارة، فيدوي انفجار كبير، ويظهر الكنز...

تخرج ليلى منادية زوجها، وأثناء وجودهما في المغارة يهاجمهما اليهودي، وقد جاء لقتل ليلى، فتنادي: يا مغيث! فيظهر عملاق يقضي على اليهودي، ويعلن الولاء لليلى، فتطلب منه أن يبحث لها عن أهلها، وفعلاً يجدهم العملاق، ويعيش الجميع في سعادة وهناء.

تذهب الحكاية – كما هو الحال في الحكايات الشعبية - إلى التأكيد على انتصار الخير في النهاية، مهما قويت شوكة الشر.

إلا أن الباحثة تأخذ على القصة، عدم تسويغها لبعض الأمور كظهور العملاق فجأة، تقول القاصة وقد هجم اليهودي على ليلى: "... وهجم متردداً على ليلى يريد أخذ السكين منها، فما كان منها إلا أن صرخت: يا مغيث... وفجأة دوى صوت هائل، وظهر عملاق كبير هو خادم الكنز، وأخذ يقول شبيك لبيك عبدك بين إديك... وهجم العملاق على اليهودي وضربه ضربة قوية على رأسه؛ فوقف لها قلبه، وتلفت منها أعصابه، ودماغه، ومات..."[1] فلم تورد الكاتبة كيف عرفت ليلى بوجود العملاق؟ وما كلمة السر لمناداته لنجدتها؟ كما لم تبرر وجود الكنز في المغارة، وما سر ارتباطه بليلى؟ وكيف عرف اليهودي بأمره..؟ فبقيت أسئلة حائرة غامضة، لم تقدّم الحكاية إجابات عنها، فهي أمور تستثير الطفل، وتلفت نظر الطفل، لاسيما وهو يريد تفسيراً، وسبباً مقنعاً لكل ما يقرأ أو يسمع.

(١) الهدهد، روضة، (١٩٨٦). سلسلة حكايات الغول (١): ليلى والكنز. ط٢. عمّان: دار كنده للنشر والتوزيع: ١٩.

وفي " حديث مع أميمة " تصوير للحياة الشعبية في بلادنا، يأتي بها الكاتب من خلال حوار بين الأب وابنته أميمة، فيخبرها والدها عن طبيعة الحياة دون هاتف، وتلفاز، وثلاجة، وكهرباء، وسيارات...

فقد كانوا يشربون الماء "مبرداً من وعاء فخار نسميه الزير، وبدلا من الغاز كنا نطبخ ونخبز على الحطب، وبدلاً من الحنفيات التي تجدينها في البيت كنا نحمل الأواني، ونذهب إلى النبع كي نحضر الماء. أما سياراتنا فكانت الحمير والبغال، نركب على ظهورها، وننقل حاجاتنا عليها[1]".

كما يحدثها عن الحكايات التي كانت الجدة تحكيها لهم، وقد جلست على الأرض وأحفادها حولها، يتابعون حركات يديها وشفتيها وانفعالاتها، فيحبسون أنفاسهم، ويغضبون معها، وقد أمسك اللصوص بالفارس، ويشاركونها فرحة خلاصه منهم.

ولا يفوته أن يخبرها عن ألعاب الأطفال في زمانه، فيقول: " كنا نجمع كومة من التراب، ونصب فوقه الماء، ثم نجبلها، ونقوم ببناء بيوت من الطين، مؤلفة من غرف متعددة ذوات شبابيك وأبواب وحديقة، نزرع فيها عروقاً صغيرة من شجر الرمان والسنديان، ولا ننسى أن يصنع لها بوابة خارجية من العيدان نشبكها معاً، ونربطها بخيطان، ونحاول أقصى جهدنا أن نجعل من البيت الصغير شبيهاً بالبيوت الكبيرة"[2].

"...كما كنا نجتمع في ساحة قريبة من بيوتنا، ونضع مجموعة من الأحجار بعضها فوق بعض، ثم نبدأ برمي الحجارة عليها، وكل من يتمكن من إصابتها يصبح فائزاً "[3].

"...أما اللعبة التي لا أستطيع أن أنساها فهي تلك التي صنعتها جدتي من

---

(١) (٢) (٣) قعوار، فخري. (١٩٩١). حديث مع أميمة: في أدب الأطفال الشعبي الأردني. ط١. عمّان: دار جاد للنشر والتوزيع: ١٩، ٢٧، ٣٠ - ٣٢، ٣٦.

القماش، وحشتها بالقطن أو الصوف، فقد كانت طفلة جميلة جداً، ترتدي ملابس ملونة بالأحمر والأخضر والأزرق، وعلى رأسها منديل أبيض... "[1].

فاجأت أميمة والدها بسؤال حيره: "لماذا لا تصنع لي جدتي أو أمي لعبة مثل لعبتكم؟ إنها أجمل من الألعاب الجاهزة!... إذا أحببنا أن نصنع بيتاً من الطين مثلكم، تمنعنا أمي خوفاً من أن تتسخ ملابسنا، وإذا رغبنا في اللعب في ساحة خارج البيت مع أطفال الحارة، تمنعنا أمي دون أن نعرف السبب"[2].

ولو طُرح استفسار أميمة على أمهات اليوم لتذرعن بالمدنية، وبررن موقفهن بالخوف على أولادهن، وحفاظهن على نظافتهم ونظافة ملابسهم، وحرصهن على سلامتهم.

وهل هذا يعني أن جداتنا كن يفرطن بأبنائهن، ولم تكن سلامة أولادهن تعنيهن؟! فتترك الواحدة منهن ابنها يلعب بالتراب والحجارة... مع أبناء الحارة؟!

ويسرد والد أميمة لها طرق حفظ الطعام في غياب الثلاجة: " كن يحفظن الطعام بطرق عديدة مثل الطبخ والتجفيف، فقد كن يقمن بغلي التين مع السكر وغلي العنب مع السكر، ليصنعن المربى الذي يدوم طويلاً دون أن يفسد... كن يجففن التين بتعريضه لأشعة الشمس ليصنعن القطين، ويجففن العنب ليصنعن الزبيب، ويجففن البندورة بعد تقطيعها إلى دوائر ورشها بالملح كي تظل صالحة للأكل لعدة شهور..."[3]

تقوم أميمة برحلة مع المدرسة إلى القرية التي مازالت تحافظ على هذا النمط من الحياة (العيش)، وهناك ترى "... باباً لغرفة صغيرة جداً يتصاعد منه الدخان، و... امرأة ترتدي ثوباً أسود طويلاً... هنا يخبز أهل القرية خبزهم. فتقدمت إلى الداخل، ورأيت الخالة تخرج الأرغفة من داخل فتحة صغيرة، وتضع مكانها

(١ و٢ و٣) قعوار، فخري: ١٩، ٢٧، ٣٠ -٣٢، ٣٦، ٥٠ -٥١.

أقراصاً من العجين فوق قاعدة من الحصى الذي يسمونه الرّضف... وضعت على الفتحة غطاء من الفخار يشبه غطاء طنجرة، ثم أمسكت بقطعة خشب طويلة، ذكرت أن اسمها مقحار، ورفعت الجمر المختلط بالرماد فوق الغطاء حتى غمرته تماماً"[1].

ويوضح لها والدها أن نار الطابون إنما هي من الزبل " أتعرفين ما هو الزبل؟ إنه روث البقر المخلوط بالتبن، يجففه القرويون كي يستعملوه في الطابون... وفي تسميد الأرض"[2].

وفي قصة " رمضان في القدس " لمجدولين خلف تفصيل للسلوك الاجتماعي والشعبي والديني في شهر رمضان المبارك، تطرحها المؤلفة من خلال حديث الجدة، وهي تشرح لحفيدها رمضان عن كل ما يفعلونه في شهر رمضان المبارك، من امتناع عن الطعام والشراب من آذان الفجر، وحتى آذان المغرب، وأنه لابد للصائم ألا يؤذي أحداً بقول أو عمل حفاظاً على صحة صيامه.

وفي قصة السيارة العجيبة لعيسى الجراجرة، يعثر الفأر والفأرة على بيضة كبيرة، يأخذانها إلى جحرهما، وفي الطريق تقع البيضة وتنكسر، وتخرج منها سيارة غريبة، يركبها الفأر والفأرة، ويبدآن رحلة استطلاع للمنطقة، فيقابلهما في الطريق: الدجاجة والديك والكلب والنعجة والحمار...

يأخذ كل واحد من هذه الحيوانات بتعداد مناقبه، علّه يفوز بنزهة في السيارة، فالدجاجة الحلوة بياضة، والديك ذو العرف الأحمر الجميل والذيل الملون الطويل يصيح كل صباح ليوقظ الناس لصلاة الفجر، والكلب وفي أمين يحمي البيوت من اللصوص، والنعجة حلوب ولود ذات صوف نادر، والحمار صبور يحرث الحقول، وينقل الأحمال والمتاع، ويجر الأثقال... ويركب الجميع السيارة العجيبة، وتمضي

(١ و٢) قعوار: ٣٠ – ٣٢، ٣٦، ٥٠ – ٥١.

بهم ببطء شديد نتيجة ثقل حملها، حتى رأى الحمار أكواماً من قشر البطيخ وبقايا الخضروات، فيستأذن بالنزول، وترى النعجة مئات الخراف والنعاج، فتنزل من السيارة لتلحق بهم، فقد اقتربت ساعة الغروب، وحان وقت الرجوع إلى الحظيرة.

ويشاهد الكلب لصوصاً يحاولون السطو على أحد المنازل، فيقفز من السيارة، ويهاجم اللصوص، وحين اقترب الفجر استأذن الديك بالنزول ليصيح، ويوقظ سكان الحارة للصلاة...

وبعد قليل نزلت الدجاجة، فقد حان موعد وضعها للبيض، وتهدي قبل نزولها الفأر والفأرة بيضة وقعت من يد الفأرة على الأرض، وانكسرت، فخرجت منها مائدة عامرة بمختلف أصناف الطعام، فجلس حولها الفأر والفأرة والدجاجة، وتناول الجميع وجبة الإفطار.

بعد قليل تعالى صياح الدجاجة، فقد باضت بيضة ثانية، حملتها إلى الفأرة لكسرها في موعد الوجبة التالية إلا أنها وقعت، وانكسرت، وانتشر منها سائل غطى السيارة التي سرعان ما اختفت، ووجدت الدجاجة نفسها أمام قنها، والفأر والفأرة أمام جحرهما.

ويبقى الاهتمام بالقصص الشعبي المقدم للأطفال في الأردن قليلاً ومحدوداً، وقد يكون وراء ذلك طبيعة القصص الشعبي الذي لا يتلاءم وروح العصر، وقد انصرف الطفل إلى المدنية والمخترعات الحديثة، والقصص التي تقدم مثل هذه الأشياء، ولم يعد يهتم بالقصص الشعبي، والحياة الماضية لأجداده، والطموح والأمل يحدوان به نحو المستقبل.

كما يناسب القصص الشعبي في الأردن، الطفل في المرحلتين العمريتين من ٦ - ٨ أو ٩ سنوات، لاسيما وأن الطفل ينصرف إلى الألوان الأخرى من القصص بعد التاسعة.

٢- الحكايات التاريخية

يعتمد هذا النوع على موضوعات تاريخية، وعلى أحداث وشخصيات تاريخية، وغزوات، وأماكن تاريخية، تدخل قصص الرحالة، وحاجات الشعوب وطبائعها ضمن هذا النوع من القصص[١].

والقصص التاريخي أقرب إلى المقالة القصصية، مع المحافظة على عنصر الحكي، وكثيراً ما تلجأ إلى الماضي أو الحاضر، فتختار ظاهرة، أو شخصية تاريخية، ومن ثم تنسج هيكلها الحكائي حوله بواسطة اللغة[٢].

كما ينبغي دراسة الفترة التاريخية التي يرغب الكاتب في الحديث عنها، وتناولها في قصته، كيف كان شكل البيوت، والملابس، والعربات...[٣].

فلا يجوز وضع حوار على لسان إحدى الشخصيات التاريخية، وهي لم تقله، وإن كان بالإمكان إعادة صياغة بعض الأحداث التاريخية وإقحام شخصيات من خيالنا إليها، إلا أنه لا يجوز تناول شخصية تاريخية ونسج مغامرة خيالية حولها[٤].

من القصص التاريخي للأطفال في الأردن: سلسلة من قصص الصحابة لروضة الهدهد، وتشمل: أسد الله وسيد الشهداء: حمزة بن عبد المطلب، وصانع السيوف، خباب بن الأرت، وأبو ذر الغفاري، وسر جبال أوراس: جميلة بوحيرد، ولمحمد مكرم بلعاوي: التحدي الكبير، ولمحمد جمال عمرو: رجال حول الرسول صلى الله عليه وسلم، وسلسلة حكايات صفراء للبنين: الكلب الجوري والجندي الذكي، وعاقبة

---

(١) انظر: شحاته، حسن، (١٩٨٩). قراءات الأطفال. ط١، القاهرة: الدار المصرية اللبنانية: ٦٢.

(٢) انظر: المصلح: ١٠٧.

(٣ و٤) انظر: مرتاض: ١٣٧.

الصابرين، ومكافأة من فيل، وزرياب يستغيث، والطريق إلى تستر، ولماجد دودين: قصص الأنبياء للأطفال، والمغامرون الثلاثة لغادة المعايطة...

ويبدو أن محمد بسام ملص احترف كتابة القصص التاريخي للأطفال، أو الديني أو ذلك الذي تتقاطع فيه المضامين الدينية بالتاريخية؛ إذ يسرد الحدث الذي يمكن للصغير أن يتخذ منه قدوة، حتى أننا نجد صعوبة في تحديد ملامح المضمون، الذي كتب أهو تاريخي أم ديني؛ فيبدو أن قصصه تأثرت بنزوعه نحو التدين، فانعكس ذلك في قصصه، فكتب للأطفال: فتى من دمشق، ولؤلؤة وجمرة، وسر في الصالحية، وليل وضياء، وكيف يضيع الزبد، وحدث في القلعة، والبيمارستان المنصوري.

تتناول قصة حدث في القلعة، معركة مهمة وقعت بين المسلمين بقيادة صلاح الدين الأيوبي، والفرنجة بقيادة أرناط، وتصوّر القصة المعركة، والدفاع المستميت للفرنجة عن قلعة الكرك، والخسائر التي مُنوا بها خلال دفاعهم عن القلعة، وحصار المسلمين لها فترة، كما تصور شدة بأس المسلمين، وقوتهم التي استمدوها من إيمانهم، فكان كل رجل منهم بعشرة مقاتلين، مما أفزع الفرنجة في قلعة الكرك، ودفعهم إلى الاستنجاد بإخوتهم في بيت المقدس، الأمر الذي دفع المسلمين إلى الانسحاب مؤقتاً، وإعادة ترتيب صفوفهم، وحشد الجيوش لشن هجوم آخر فيما بعد، يكون النصر فيه حليفهم بإذن الله.

وفي قصة، صانع السيوف: خباب بن الأرت، تضعنا روضة الهدهد أمام قصة إسلام خباب، وتحمله الأذى والعذاب الذي حلّ به، الذي أوقعته به سيدته أم أنمار، حين علمت بإسلامه.

فقد حوّلت جميع الحديد في دكانها إلى سلاسل، قيّدت خباب بها، وكانت تحمي الحديد على النار، وتكوي به جسد خباب ورأسه صباح مساء، وخباب صابر على ما أصابه.

مرّ به الرسول عليه السلام، ودعا له أن ينصره الله، وبالفعل، فقد أصيبت أم أنمار بألم شديد في رأسها، وأصبح صوتها يشبه النباح، وقال الطبيب: إن علاجها هو أن تكوى جبهتها بالنار صباح مساء.

ومن ثم كان إطلاق سراح خباب الذي هاجر إلى المدينة، وشهد مع الرسول عليه السلام جميع الغزوات، وحفظ القرآن، وعلمه، وكان عمر بن الخطاب رضي الله عنه قد أسلم على يديه، وهو يعلم أخته فاطمة وزوجها سعيد القرآن الكريم.

مات خباب بالعراق، وقد ترك الراتب الشهري الذي فرضه له عمر من بيت المال في مكان ظاهر، وكان يقول لرفاقه: "و الله ما شددت عليها من خيط، ولا منعتها من سائل... فليأخذ منها مَنْ يريد ما يريد"[(١)].

وهذه القصة أو الحكاية أو المقالة القصصية على روعتها، إلا أن الباحثة تأخذ عليها انقطاع السياق أحياناً، فبعد أن مرضت أم أنمار، وأمر الطبيب بكيِّها صباح مساء، انتقل الحديث فجأة إلى هجرة خباب وغزواته مع الرسول عليه الصلاة والسلام وحفظه للقرآن، دون أن توضح الكاتبة، هل اعتقته أم أنمار، أم أن أحد الصحابة الذين يملكون مالاً كأبي بكر الصديق رضي الله عنه اشتراه بماله...

والقصص التاريخي يناسب الطفولتين المتوسطة والمتأخرة؛ فقصص السير الذاتية، تناسب الطفل من ٩-١٢، بينما قصص محمد بسام ملص، تناسب المرحلة المصاحبة للمراهقة من ١٢ سنة فما فوق، حتى في طريقة عرضها التي تخلو من أي صورة تشرح الحدث، أو توضحه، أو تدل عليه ...

كان يمكن أن تستقل رحلات السندباد لعماد زكي، وجولة في الوطن لغادة المعايطة، وسلسلة المغامرون الثلاثة لمحمد جمال عمرو، ومغامرة في محمية الشومري لمحمود أبو فروة الرجبي، بتسمية قصص الرحلات؛ فهي تتناول البيئة الأردنية،

---

(١) الهدهد، روضة الفرخ. (١٩٩٢). صانع السيوف: خبّاب بن الأرت. سلسلة من قصص الصحابة (٢). عمان: دار كندة للنشر والتوزيع: ١٦.

بالحديث كما نلحظ في رحلات السندباد، ومغامرة في محمية الشومري، وجولة في الوطن، وأخفض بقعة في العالم[1]، بينما تحدثت سلسلة الشجعان الثلاثة عن أبرز المدن والمواقع الإسلامية، كجدة عروس البحر، وقاهرة المعز، ومكة المكرمة، وإستانبول ...

هناك بعض القصص التي تأثر كتابها ببعض أفلام الكرتون المدبلجة للأطفال، أو ببعض قصص الأطفال الأجنبية المترجمة، إلا أن الكاتب اختصر أحداثها، وأعاد صياغتها بأسلوبه. منها على سبيل المثال، والتي تعرف الباحثة أصولها: سندريلا والحورية، وعقلة الأصبع، والصياد والقمقم[2]، ونادين والأقزام السبعة، وماوكلي فتى الأدغال[3].... ومن ثم كان من الإجحاف اعتبار هؤلاء مؤلفين لهذه القصص، في الوقت الذي لم يتجاوز دورهم الاختصار للقصة، علماً بأن هذه القصص ترجمت إلى العربية منذ وقت طويل.

---

(١) من سلسلة الشجعان الثلاثة.

(٢) كُتب عليها تأليف: علي هصيص.

(٣) كُتب عليها تأليف: ريما البرغوثي.

الفصل السادس

قصص الأطفال في الأردن... دراسة فنية

هناك نوعان من المقاييس التي أسفرت عنها الدراسات في أدب الأطفال، كما يلي[١]:

١- أساسية نطبقها على الأنواع العامة من أدب الأطفال، كالقصص، والتمثيليات، والتراجم، وكتب المعلومات...

٢- إضافية تدخل في تقويم الألوان المختلفة من جنس أدبي واحد، إذ إن تقويمنا لقصة واقعية، يحتاج إلى مقاييس مختلفة عن تلك المطبّقة في القصة الخيالية، في الوقت الذي تتطلب فيه القصة التاريخية الصدق في الزمان، والمكان، والظروف، والملابسات...

وينبغي قبل الولوج إلى هذه المقاييس الإشارة إلى دور الذوق الشخصي لكل ناقد، إذ إن كل نقد أدبي لا بد من أن يبدأ بالتأثر، ولا يستطيع أحد إدراك حقيقة ما إدراكاً صحيحاً دون تجربة مباشرة، لذا لا يمكن الاستغناء عن الذوق الشخصي[٢].

بل لا بد من أن يعرض الناقد نفسه للمؤلَّف الأدبي، ومن ثم يبحث عن أثره فيه؛ فالذوق عنصر شخصي، بينما المعرفة ملك شائع، والتفكير يحوِّل الذوق إلى معرفة، فيتحول الذوق من خاص إلى عام، كما يعد الرصيد الثقافي، وتجارب الطفولة، من المؤثرات في تقوية أدب الأطفال؛ إذ تلعب دوراً في تكوين آراء الكبار، وكيفية استجابتهم، وتحديد ميولهم[٣].

---

(١) (٢) (٣) انظر: الحديدي: ١١٩ - ١٢٠.

وبالرغم من أهمية رأي الناقد الشخصي الناتج عن مزاجه، وذوقه، وحصيلته الثقافية، إلا أن هناك عناصر معينة تدخل في الاعتبار عند تقويم بناء قصص الأطفال كالحبكة، والبناء، والبيئة، والزمان، والمكان، والموضوع، والشخصيات، والأسلوب، والشكل، والحجم... وسنعرض لكل منها بالتفصيل على حدة في الصفحات القليلة التالية[1]...

وكل عمل قصصي يتكون من مجموعة من الأحداث الجزئية، تنتظم بشكل خاص، أو بطريقة معينة، وهذه الأحداث تقع لأناس، أو حيوانات، أو جمادات... أو تحدث معهم، وبذلك تتولد الشخصيات. ووقوع الأحداث لابد وأن يكون في زمان ومكان محددين، ومن ثم تحتاج هذه الأحداث إلى أسلوب لسردها، ويكشف موضوع القصة عن وجهة نظر الكاتب في الحياة ومشكلاتها، وشكل القصة المطبوع وحجمها ضروريان، في تقويم قصة الطفل من وجهة نظر الصغار والكبار معاً[2].

(١ و ٢) انظر: الحديدي: ١١٩ – ١٢٠.

أولاً : المحتوى

العنوان:

وهو يشكل عتبة النص، ويرتبط بالمضمون (المحتوى) ارتباطاً كبيراً، فعنوان القصة الناجح، يجب أن يعطي فكرة عن مضمون القصة، وأن يكون مبتكراً غير مقلد، ومختصراً قدر الإمكان، سهل الحفظ والترديد، يجمع بين الغرابة والسهولة[1].

ومثل هذا نجده متوافراً في قصص الأطفال في الأردن في الغالب الأعم، فقصة "زينب اليتيمة" لمحمد جمال عمرو، ومحمود الرجبي، تدور أحداثها حول اليتيمة زينب، ومعاناتها مع زوجة والدها وابنتها. وقصة "أنا وعمتي"، تتناول العلاقة بين الطفل جميل وعمته التي تكون سلبية في البداية، ومن ثم تتطور الأحداث وتتقلب الأيام، وتنقلب الموازين، وتتحول الكراهية إلى محبة، وقد مرض جميل ولم يزره أحد سوى عمته التي لا يحبها، وقدمت له الورد والهدايا.

وتدور أحداث قصة "أم في السابعة" حول فتاة مشاكسة في السابعة من عمرها، تتحول مشاكساتها إلى حالة من الهدوء والاتزان، وقد اقتنعت أنها أصبحت أماً لأختها الصغيرة، التي لا يتجاوز عمرها عدة أشهر، ومثل هذه المقالب والمشاكسات لا تليق بالأم.

وقصة "في صفنا ضفدع"[2]، تتحدث عن بيوض ضفدع يأخذها الطفل باسم من البركة إلى الصف، فتضعها المعلمة في وعاء فيه ماء، ويتابع التلاميذ الأطوار المختلفة لنمو الضفدع.

---

(١) انظر: الرجبي، محمود أبو فروة. (٢٠٠٥). كيف تكتب قصة للأطفال. الطبعة الأولى. عمان: ١٢٢ - ١٢٣
(٢) في هذا العنوان تناص مع عنوان رواية إحسان عبد القدوس "في بيتنا رجل".

ونجد على قلة قصصاً لم يوفق مؤلفوها في اختيار عناوينها؛ فجاءت طويلة نوعاً ما، مثل: "الكلب الجوري والجندي الذكي". وفي قصة "المقلاع" لا يعطي العنوان فكرة عن مضمون القصة؛ فدور المقلاع ثانوي في القصة، فهو لا يعدو أن يكون مجرد أداة يستخدمها الولد في رمي الحجر على العصفور فيصطاده. وعنوان " هل تأكل الديوك الثعالب؟! جاء العنوان غريباً، طويلاً، ظريفاً، إلا أنه يُمكّن قارئ العنوان من توقع أحداث القصة، ولو جزئياً، أوتخمين شخصياتها على الأقل.

ونلاحظ في عنوان سلسلة الثلاثة الشجعان: أشعب، ونجيب، ويمان لمحمد جمال عمرو؛ فينعت الكاتب ثلاثتهم بالشجاعة من خلال عنوان السلسلة، بينما يذكر في جميع قصصها، أن يمان هو الشجاع فقط، ونجيب تطغى عليه العقلانية والذكاء على الشجاعة، وأشعب إنما هو في غاية الجبن.

الموضوع (الفكرة الرئيسة)

يعد اختيار الموضوع الجيد والمناسب، هو الخطوة الأولى على طريق كتابة القصة الناجحة، إذ لا بد من أن يكون في مخيلة الكاتب تصور كامل لفكرة القصة التي يكتبها؛ عدا عن أن اختيار فكرة مناسبة، يعد بمثابة العثور على مفتاح الكنز، وما على الكاتب بعد ذلك سوى انتقاء ما طاب له من مكنونات هذا الكنز[١].

فالموضوع هو الأساس الذي يقوم عليه بناء القصة فنياً، إذ من خلاله نضع أيدينا على هدف المؤلف، كما أن إعجابنا بموضوعها إنما هو في المقام الأول[٢].

يجب أن يكون للقصة الجيدة موضوع مفيد يقوم على العدل، والنزاهة، والأخلاقيات... مما يستحق أن يطلع عليها الصغار[٣].

يختلف تقبل القارئ الصغير للفكرة، باختلاف مستواه الفكري، والثقافي، والاجتماعي، بالإضافة إلى نموه النفسي، ومجالات اهتمامه وخبراته[٤]...

كما ينبغي أن تناسب الفكرة المرحلة العمرية الموجهة إليها نفسياً، وعاطفياً، وعقلياً، واجتماعياً... وتجذبه بغرابتها، أو لذتها، أو تعلقها بعالمه، أو بيئته، أو خياله[٥]، أو بخفتها، وطرافتها، وجدتها، وما تحويه من تشويق يظهر من خلال نمو الأحداث وتتابعها[٦].

---

(١) انظر: نجيب. أدب الأطفال علم وفن: ٧٥

(٢ و٣) الحديدي: ١٢٣ - ١٢٥.

(٤) انظر: نجيب: أدب الأطفال علم وفن: ٧٦.

(٥) أنظر: عمرو، عبد الغافر، صبح: ٥٥.

(٦) انظر: نجيب: أدب الأطفال علم وفن: ٧٦.

يؤثر موضوع القصة في الصفات النوعية للقصة؛ فتتميز القصة البوليسية مثلاً، بلون من الغموض الذي لا نجده في القصص الاجتماعية أو التربوية... بالرغم من أن لكل منها حبكة، وعقدة، يتوق القارئ إلى حلها[1].

تمثل قصة "شرف العصافير" مثالاً للفكرة الرديئة؛ إذ حلف العصفور بشرفه ليقول في النهاية، وقد أطلقه الصياد: وهل للعصافير شرف؟!

أرادت القصة أن تعلم الصغير عاقبة الطمع، إلا أنها أساءت التعبير عن هذه الفكرة، أوأساءت اختيار الأسلوب، والطريقة المناسبة في التعبير عنه.

كما أن تقديم بعض القصص، وبخاصة تلك التي تتناول الحيل، واستخدامها في التخلص من المآزق، والنجاة من المخاطر يعد - من وجهة نظر الباحثة - سلبياً؛ فهي تعلم الطفل الكذب؛ لحل المشكلات التي تواجهه في الحياة. سيقول أحدهم: إن هذه القصص تعلم الطفل التفكير، وإعمال العقل. إلا أن هؤلاء لا يمكنهم إنكار حقيقة، أن هذا الإعمال للعقل ما هو إلا نوع من الكذب بطريقة أو بأخرى.

وأكثر ما نلحظ مثل هذا في قصص الحيوان إذ ينجو الأرنب من الثعلب بحيلة، ويحتال الخروف على الذئب لينجو من بين أنيابه... من ذلك في الأردن من قصص الطفولة المبكرة قصص: حيلة ناجحة، وحيلة الجرادة، والحمامة والثعلب، وذكاء أسد، والضفدع واللقلق، وحيلة الغراب...

ففي قصة "حيلة ناجحة" يمسك الذئب بأرنب، فيقول له الأرنب بكل هدوء:هيا كلني، فأنا ميت في كل الأحوال. يستغرب الذئب من قول الأرنب، ويسأله ماذا يعني بكلامه هذا؟ فيخبره الأرنب أنه مصاب بمرض مُعدٍ، مات من جرائه جميع

---

(١) انظر: نجيب: أدب الأطفال علم وفن: ٧٦

رفاقه، فيصاب الذئب بالذعر ويولي هارباً. وهكذا تنجح الحيلة في إنقاذ حياة الأرنب " الحمد لله نجوت بذكائي لا بسرعتي في الهرب"[1].

ويمكن استخدام الحيلة دون اللجوء فيها إلى الكذب، وهذا ليس مستحيلاً؛ ففي قصة البطة والأرنب، حذر الأرنب الحيوانات من الاصطدام به؛ فهو يحمل على ظهره كمية كبيرة من الجزر، تمر البطة مسرعة؛ فتصطدم بالأرنب، ويقع الجزر على الأرض، وتتألم البطة وتشكو الأرنب إلى القاضي الذي يسأل الأرنب لماذا أوقع البطة؟ إلا أن الأرنب يظل صامتاً، فيعيد القاضي السؤال عدة مرات، دون أن يحري الأرنب جواباً. يسأل القاضي البطة هل الأرنب لا يتكلم؟! تسارع البطة إلى القول:لقد سمعته وهو يحذر الحيوانات لتنتبه؛ فهو يحمل جزراً. وهكذا ينتصر الأرنب بحيلته وفطنته دون اللجوء إلى الكذب.

وإذا تطرق الكاتب إلى موضوع علمي أو قانوني؛ فلابد من أن يكون ملماً بكل ما يتعلق بما سيكتب، فإذا كتب في الكيمياء مثلاً، ينبغي أن يكون على علم بما سينتج عن تفاعل المواد التي يتحدث عنها؛ إذ أن الأحداث المعقولة والمتوازنة، تدعم القصة وتقويها[2].

---

(١) خورشيد، نزار. (٢٠٠٦). حيلة ناجحة. عمان دار المنهل: ٨.

(٢) انظر: الرجبي: كيف تكتب قصة للأطفال: ٨٩.

بناء القصة

إن الصورة المعدة لبناء قصص الأطفال، هي تلك الصورة البسيطة، التي تتسم بالسببية والمنطقية في ترتيب الأحداث، والتراتبية في الزمن، والثبات في المكان، وتمضي على هذا النحو: مقدمة، وعقدة، وحل. فنجد في المقدمة تمهيداً بسيطاً قصيراً عن القصة، نفهم من خلالها الحقائق اللازمة لفهم ما سيأتي فيما بعد من أحداث، ومن ثم تتتابع الأحداث، وتبدأ عملية البناء بالواقعة (الحدث) الأولى، وما يليها من أحداث ينمو فيها الصراع مع الحركة في القصة، حتى نصل إلى أكثر الحوادث إثارة، والتي تتمثل في أشد المواقف تعقيداً في عملية البناء (الذروة)، ومن ثم تبدأ العقدة بالحل بالتدريج، في طريق الوصول إلى النهاية التي اختارها لها الكاتب[١].

تنبغي مراعاة البساطة في البناء والحبكة في قصص الأطفال، والابتعاد عن التعقيد، وتشابك الأحداث التي يضيع الصغير فيها[٢]، وهو ما نلحظه في قصص الأطفال الأردنية؛ إذ حبكتها في غاية البساطة، بعيدة عن التعقيد، قليلة الأحداث، وعقدتها سهلة لا تكاد تذكر تتجه إلى الحل بسرعة، ولا نجد عقدة بالمعنى الحقيقي، إلا في قصص سلسلة المغامرون الثلاثة لعبد الله عيسى؛ إذ تتكاثف الأحداث وتتشابك لتكوّن عقدة تأخذ طريقها إلى الحل بالتدريج، وقد وصلت أحداث القصة إلى النهاية.

الاستهلال:

للمقدمة أنواع عدة؛ فقد تكون على شكل حوار، بالرغم من أن بعضهم يظن

(١ و٢) انظر: الرجبي: كيف تكتب قصة للأطفال: ٢٥.

أنه لا يمكن بدء القصة بحوار، إلا أن الدراسات أثبتت أن القصة التي تبدأ بحوار تشد الطفل أكثر من غيرها[١]. ومثل هذا نجده أحياناً في قصص الطفل الأردني، مثل: "في بيتنا حرب"؛ فتبدأ القصة بـ" صرخت الأم مخاطبة الجميع: أعلنوا حالة الطوارئ "[٢].

يقدم بعض قصص الأطفال في الأردن بالحدث: وذلك من خلال الدخول في الحدث مباشرة[٣]، من ذلك: "عاد أحمد إلى البيت غاضباً، ألقى حقيبته المدرسية على الأرض، وصعد إلى غرفته بسرعة، حتى أنه لم يُلقِ التحية على أبيه كما يفعل - كعادته - كل يوم"[٤].

تستخدم سناء الحطاب هذا النوع من المقدمات في قصتها المشجع الرائع: "دخل وليد إلى الحديقة... تلفت حوله... شاهد الأولاد يلعبون بالكرة، في الناحية المقابلة، جلس صبي على مقعد خشبي يراقب اللعبة..." [٥]

يمكن التقديم للقصة من خلال التعريف ببطل القصة بشكل عام، ومن ثم يذكر الكاتب بعد ذلك أمراً أوحدثاً ما حصل للبطل أو معه[٦]. ومثل هذا النوع من المقدمات نجده في قصة رمضان في القدس لمجدولين خلف: "رمضان عمره ثماني سنوات، يعيش مع عائلته في ولاية تكساس في أمريكا الشمالية. كان رمضان يذهب إلى المدرسة كل صباح، ويلتقي بأصدقائه في ساحة المدرسة، ويتحدثون عن

---

(١) انظر: الرجبي: كيف تكتب قصة للأطفال: ٦٦، ٦٩، ٧١ - ٧٢.

(٢) الرجبي، محمود أبو فروة: النجوم السبعة: ٨.

(٣) الرجبي: كيف تكتب قصة للأطفال: ٧١ - ٧٢.

(٤) انظر: الرجبي، محمود؛ الطيبي، عكاشة عبد المنان.(١٩٩٥). سلسلة الآداب الإسلامية: آداب الطعام والشراب "أحمد في مدينة الطعام والشراب". دار الفضيلة للنشر والتوزيع: ٢.

(٥) الحطاب، سناء. (١٩٩٧). المشجع الرائع. (الطبعة الأولى). عمان: دار البشير: ٢.

(٦) انظر: الرجبي: كيف تكتب قصة للأطفال: ٧١ - ٧٢.

أشياء كثيرة، مثل: الواجبات المدرسية، ولعب الكرة، والمسابقات والرحلات. وفي يوم من الأيام سأله أصدقاؤه: لماذا سميت رمضان؟!"[1] فبعد أن سردت الكاتبة وصفاً لرمضان، وأين يعيش، ومع مَن؟ انتقلت إلى ذهاب رمضان إلى المدرسة ولقائه بأصدقائه، واستفسارهم منه عن سبب تسميته برمضان. وهذا النوع من القصص أقرب إلى شكل الحدوتة أو الحكاية الشعبية.

تُقَدَّم بعض القصص في الأردن باستفهام يتعلق بموضوع القصة، يطرحه الكاتب على الصغار، مستفهماً منهم عن موضوع القصة. ومثل هذا النوع من المقدمات نجده في سلسلة حكايات صفراء لمحمد جمال عمرو، وقصصها هي: الكلب الجوري والجندي الذكي، وعاقبة الصابرين، ومكافأة من فيل، زرياب يستغيث، والطريق إلى تُستر، والحجلة الشاهدة.

فتبدأ القصة بـ " هل شاهدتم الحجل؟ أنا أصفها لكم... "[2]، فيورد الكاتب صفات هذا الطائر، وشكله، ومعلومات عنه... ومن ثم يشرع في سرد القصة .

وفي قصته "الطريق إلى تستر" يبدأ القصة بقوله "الطريق إلى تستر هو عنوان قصتنا، هل فكرتم فيه جيداً؟ وهل عرفتم ما هي تستر؟ وكيف الطريق إليها؟ أنا أقول لكم..." فيذكر أنها مدينة فارسية تقع في إقليم الأهواز..." [3]

ولا يخفى على أحد استغلال الكاتب لطبيعة الاستفهام، التي تثير المتلقي وتجذبه، وتخلق حالة من التواصل أو المشاركة الفكرية والوجدانية بين الكاتب والطفل المتلقي.

---

(١) خلف، مجدولين. (٢٠٠٥). رمضان في القدس. عمان: المؤلفة: ٢.

(٢) عمرو، محمد جمال. (١٩٩٩). الحجلة الشاهدة. الطبعة الأولى. الرياض: مؤسسة المؤتمن للتجارة: ٣.

(٣) عمرو، محمد جمال. (١٩٩٩). الطريق إلى تستر. الطبعة الأولى. الرياض: مؤسسة المؤتمن للتجارة: ٣

الأحداث

وهي ما يجري داخل القصة من تحرك للشخصيات؛ لتحقيق حاجاتها او حاجة الشخصية المحورية؛ بهدف الوصول إلى الحل[١].

ليس من الضروري الإكثار من الأحداث لتكون القصة ممتعة وجذابة؛ إذ إن هناك قصصاً ممتعة تحوي حدثاً واحداً، وأخرى لا تتضمن حدثاً مثيراً، فيعتمد الكاتب فيها على أسلوب العرض بالدرجة الأولى، وبالرغم من ذلك فهي تجذب الصغير وتشده إليها[٢].

كما يعد من الضروري أن يعمل الكاتب على تطوير حدثه، والوصول به إلى الذروة؛ فيتعود الصغير على النظر إلى الأمور نظرة بنائية متماسكة وشاملة[٣].

عدا عن أن الاعتماد على الصدفة في بناء الأحداث وتواليها؛ يجعل الطفل غير قادر على التوقع، في الوقت الذي يساعد فيه الحدث القائم على السببية على بناء الحس التخطيطي عند الصغير، وتهيئته للفهم المنظم المنطقي القائم على التوقع بناء على التفكير[٤].

وهذا يقودنا إلى الحبكة، لاسيما وهي تعتمد على تنظيم الحدث بشكل يفضي- إلى الهدف، وصياغة الوقائع بما يمكن أن يوصل إلى الانطباع المراد والمقصود منها؛ لذا ذهب أغلب الباحثين إلى أنه ينبغي أن تتضمن بداية القصة العناصر الرئيسة والأساسية من زمان، ومكان، وموضوع، ومن ثم نصل إلى ذروة الحدث لصنع الموقف المثير الذي يستثير إحساس الطفل وانفعاله، ومن ثم تتجه القصة في طريقها إلى الحل. كما يجب أن يوظف الحوار توظيفاً جيداً في إطار حركة الحدث[٥].

---

(١) انظر: الرجبي: كيف تكتب قصة للأطفال: ١٧.

(٢ و٣ و٤ و٥) انظر: الشنطي: ٢٧٢.

ولابد عند الكتابة للأطفال من تجاوز السطح إلى العمق، وتخطي الأسباب الظاهرة إلى حاجات الطفل النفسية، وضرورات نموه العقلية والإدراكية؛ فالطفل يحب ما يحقق له ذاته[1].

---

(١) انظر: الشنطي: ٢٧٢.

الحبكة

هي إحكام بناء القصة بطريقة منطقية مقنعة[١]؛ فهي سلسلة من الحوادث، يتركز الاهتمام فيها على الأسباب والنتائج؛ إذ نسأل في الحبكة لماذا؟![٢] ويدخل فيها ما يحدث للشخصيات ومنها، وهي الخيط الذي يمسك بنسيج القصة وبنائها معاً، فيتوق القارئ إلى متابعة القراءة. وهي "الترتيب الذي تجري فيه أحداث القصة إلى أن تصل إلى المشكلة ثم حلها."[٣]

والحبكة المناسبة هي التي تتضمن تخطيطاً للأحداث، التي تصل إلى قمة الحدث الدرامي أوما يسمى بالعقدة، ويشعر القارئ بالرضى والارتياح أوالسعادة، وهو يعيش حل هذه العقدة، ويصل إلى نهاية القصة[٤].

كما يجب اختيار الحل المناسب للعقدة، فيكون مناسباً للحدث الرئيس الذي يقوم عليه مشروع القصة ومتصلة به، وأن تكون قابلة للتصديق، وألا تقوم على المصادفات، والحيل، والخدع، والمعجزات، وتكون أصيلة جديدة، غير مستهلكة، أو تافهة، أو غير معقولة. وأن تناسب الأحداث الشخصية الرئيسة في القصة؛ إذ قد تكون ذات دلالة خاصة لطفل ما، وأسطورية بالنسبة لآخر[٥].

وتتطور بالتدريج حتى تصل إلى القمة بالصراع، أوالتناقض، أوالتكرار، أوالتضاد، شرط ألا يغطي شيء على الحدث الرئيس، الذي يجب السير فيه دون انقطاع أوتوقف، وأن يكون خط العقدة من الوضوح بحيث يستطيع المرء تتبعها

---

(١) أنظر عمرو، عبد الغافر، صبح: ٥٦.

(٢) أنظر: نجيب: أدب الأطفال علم وفن: ٧٦.

(٣) انظر: الهيتي: ١٨٣.

(٤ و٥) انظر: الحديدي: ١٢٢.

ورواياتها بسهولة[1].

تتطور قمة الحدث في قصص الأطفال، تطوراً طبيعياً حتى تصل إلى ذروتها، ويمكن للقارئ متابعتها، والتعرف عليها بسهولة[2]؛ والذروة هي: " النقطة أواللحظة التي تصل فيها المشكلة داخل القصة إلى الحل"[3].

ويرى الحديدي أن الطفل لا يستطيع متابعة أكثر من عقدة في القصة الواحدة؛ كما لا يتمكن من فهم القصص المركبة،أو أن يرجع بالأحداث والذكريات إلى الماضي السحيق زماناً ومكاناً[4].

فالحبكة القصصية تتطلب من الطفل ذكاء وذاكرة، فإن لم يتذكر الطفل لم يتمكن من الفهم، ولم يستطع جمع شتات الحوادث، ولم يدرك ما بينها من ارتباط، وما يمكن أن تنتهي إليه[5].

يعتمد بناء القصة على وضوح عرض الأحداث؛ فالحبكة هي التي تشد القارئ إلى القصة، فإذا لم تكن قوية وواضحة وجوهرية، فلن يلقي الطفل لها بالاً[6].

يزداد الشعور بجمال القصة كلما كانت الحبكة أجمل ومتقنة أكثر، وليس مجرد الوصول إلى النهاية لمعرفة الحل؛ وهذا يتطلب من الكاتب أن يكتب بعفوية وتلقائية دون تكلف، فالحبكة هي القصة نفسها منطقياً، إذ ترتبط الأحداث والشخصيات في القصة ارتباطاً منطقياً يجعل منها مجتمعة وحدة متماسكة الأجزاء، ذات دلالة واحدة محددة، وهذا بدوره يتطلب شيئاً من الغموض، الذي تُكشف أسراره

(١ و٢) انظر: الحديدي: ١٢٢.

(٣) انظر: الرجبي: كيف تكتب قصة للأطفال: ١٧.

(٤) انظر: الحديدي: ١٢٢.

(٥) انظر: نجيب: أدب الأطفال علم وفن: ٧٧.

(٦) انظر: الحديدي: ١٢٢.

بالتدريج؛ لنصل في النهاية إلى الحل في الوقت المناسب[١].

تنتظم الأحداث في القصة وفق نظام معين، هذا النظام هو الذي يميز كل حبكة عن الأخرى، فكل قصة تسير في خط معين، وهو ما يميز قصة عن أخرى[٢].

لبناء الحبكة القصصية نوعان:

١- حبكة البناء: تعتمد فيها وحدة السرد على شخصية البطل الذي تدور حوله حوادث القصة ووقائعها، بحيث يمثل العمود الفقري الذي يربط بين أجزاء القصة. أبرز هذا النوع من القصص هي قصص المغامرات، فتحدث الوقائع، وتلتقي الشخصيات وتفترق دون وحدة عضوية واضحة[٣]، فيكتفي الكاتب بالخطوط العامة في ذهنه لما ستسلكه القصة، وتنتهي إليه دون الحاجة إلى معرفة تامة بتفاصيلها قبل أن يبدأ في الكتابة[٤].

٢- الحبكة العضوية: يضع فيها الكاتب تصميماً هيكلياً واضحاً للقصة، مهتماً فيه بجوانب القصة كافة، فينظم حوادثها وشخصياتها بحيث تنتهي النهاية التي رسمها لها الكاتب[٥].

تقع على عاتق الكاتب مسئولية تسهيل متابعة القراءة، واستيعاب الأفكار التي تتضمنها القصة، خاصة وأن الاستيعاب يحتاج إلى فهم وتذكر وربط، ويجب أن يتم ذلك في حدود قدرات الطفل في حدود المرحلة التي وضعت لها القصة[٦].

---

(١) انظر: نجيب: أدب الأطفال علم وفن: ٧٧.

(٢) انظر: الحديدي: ١٢١ - ١٢٢.

(٣) انظر: المشرفي، انشراح إبراهيم. (٢٠٠٥). أدب الأطفال مدخل للتربية الإبداعية. ط١. الإسكندرية: مؤسسة حورس الدولية للنشر والتوزيع: ٥٣.

(٤) انظر: نجيب: أدب الأطفال علم وفن: ٧٩.

(٥) انظر: المشرفي: ٥٣.

(٦) انظر: نجيب: أدب الأطفال علم وفن: ٧٩.

السرد (أسلوب الكتابة)

هو الوسيلة لإيصال المعلومات في القصة، ولا يدخل الحوار ضمن السرد في القصة[(١)].

بعد أن يُكوّن الكاتب الفكرة، والحبكة، والحوادث اللازمة لبناء القصة، عليه أن ينقلها إلى صورة لغوية فنية مناسبة من خلال عدة طرق[(٢)]:

١- الطريقة المباشرة: وفيها يستخدم الكاتب السرد، متخذاً لنفسه موقعاً خارج أحداث القصة.

٢- السرد الذاتي: ويكون السرد فيها على لسان إحدى الشخصيات.

٣- طريقة الوثائق: تُقدم القصة فيها بعرض مجموعة من الخطابات، أو اليوميات، أوالوثائق المختلفة.

وأياً كانت الطريقة التي يستخدمها الكاتب في السرد، فإن لمهارة الكاتب وبراعته في العرض، أثراً كبيراً في نجاح القصة أو فشلها[(٣)].

للسرد نوعان[(٤)]:

١- الكلي: يقصد به الوصف السريع الذي لا يهتم بالجزئيات، وإنما يركز على الأحداث بشكل عام.

٢- التفصيلي البطئ: تكتب فيه التفاصيل بشكل موسع.

---

(١) انظر: الرجبي: كيف تكتب قصة للأطفال: ٣٦.

(٢) انظر: نجيب: أدب الأطفال علم وفن: ٧٩.

(٣) انظر: عمرو، عبد الغافر، صبح: ٥٧.

(٤) انظر: الرجبي: كيف تكتب قصة للأطفال: ٣٦ – ٣٧.

وببساطة فأسلوب الكتابة يعني اختيار الكلمات وتركيبها في جمل وفقرات بنسق معين، يقدم من خلاله نصاً أدبياً[1].

والقاص الجيد هو ذلك الكاتب الذي يستخدم الأسلوب المناسب للحبكة، والموضوع، والأفكار، والشخصيات في القصة، ويخلق جو القصة، ويظهر فيها الأحاسيس[2].

لا يحب الصغار الوصف الكثير والدقيق، والإيضاح المبالغ فيه في القصة، إلا أنهم يُقدّرون التلميح الذي يأتي في عرض الحوادث؛ إذ يترك لهم مجالاً للتفكير والتخيل، ومعرفة ما وراء هذه الإشارات من معاني مستترة [3].

كما يُقدرون المجاز، والاستعارة، والتشبيه، شرط أن تكون في مستواهم الثقافي واللغوي. ولا بد من أن يعكس الكاتب البارع المواقف، والبيئة الزمانية والمكانية في أسلوبه، فتتغير لغته بتغير الموقف والحدث، وستأتي الباحثة على هذا الموضوع بالتفصيل عند تناول لغة قصص الأطفال بالدراسة [4].

تلعب وجهة النظر التي يتبناها الكاتب في سرده للقصة دوراً في التأثير على الأسلوب؛ فهي قد تُسرد على لسان المتكلم أو الغائب، أومن وجهة نظر المؤلف الذي يحيط بكل دقائقها وتفصيلاتها، من أفكار وشخصيات... وهنا يمكننا أن نتساءل: لماذا اختار الكاتب وجهة النظر هذه؟ وكيف أثرت في أسلوب الكتابة؟ وما مدى الاختلاف في القصة لو اختار لها المؤلف وجهة نظر أخرى[5]؟

والكاتب الناجح يضع مطالب الصغار وميولهم نصب عينيه، لاسيما وهو يكتب لهم، والأطفال يحبون الحركة، والمواقف، والحوادث في القصص أكثر من الوصف، كما يميلون إلى المحادثة، ومن هذا المنطلق قيل: لا فائدة من كتاب للأطفال

---

(١) انظر: الحديدي: ١٢٨ - ١٢٩.

(٢ و٣ و٤ و٥) أنظر: الحديدي: ١٢٨- ١٣١.

لا يحوي صوراً أو محادثة[1].

وأفضل طريقة لاختيار الأسلوب المناسب، هو أن يقرأ الكاتب ما كتبه جهراً، ومن ثم يتوقف ليسأل نفسه: هل قرأ القصة بسهولة ويسر، أم بجهد ومشقة؟ هل الأحاديث مصطنعة وجامدة، أم تجعلك تحس بطبيعتها، وتجذبك إلى متابعتها؟ هل يُنوع الكاتب في عباراته وكلماته، أم يسير فيها على وتيرة واحدة دون تنويع أوتجديد؟ فمن الصعب على الصغير تحليل أسلوب كاتب معين إلا أنه يتأثر به، وتتكون لديه ردود فعل إزاءه؛ فالأطفال ينفرون من الأسلوب الذي يتكلم الكاتب إليهم فيه من عليائه، كما ينفرون من القصص المفرطة في العاطفة؛ والأسلوب الحاد في النكتة والسخرية؛ فهم لا يملكون تجارب كتجارب الكبار... وكثيراً ما يستطيع الطفل تحديد ما لا يحب، أوما لم يعجبه في أسلوب معين، أكثر من قدرته على تحديد ما يحب[2].

والقصة الجيدة هي التي نجد فيها انسجاماً بين عناصرها الفنية المختلفة من حبكة، وموضوع[3]، وعقدة مثيرة، وشخصيات مقنعة، وأسلوب أدبي مناسب...

يسمح بناء القصة بالسرد الذي يقوم مقام الديكور في المسرح، لاسيما في القصة الواقعية، التي يحرص بعض كتابها على التحليل وإبراز الطابع المحلي فيها، الذي قد لا يتضح دون إيراد تفاصيل للواقع؛ فيربط الطفل هذه التفاصيل بالواقع الذي يعيشه، وما يعيش في الحياة من أشياء، وأحداث، وأشخاص، مما يستثير خيالهم واستجاباتهم، إلا أن هذا لا يعني نقل الواقع نقلاً حرفياً، بل لابد من الاختيار، والالتقاط، والترتيب، والإضافة، والتسويغ بما يكشف عن الهدف من وراء القصة؛ إذ شتان ما بين الواقع الموضوعي في الخارج، والواقع الفني الذي نعني

(١ و ٢ و ٣) أنظر: الحديدي: ١٢٩-١٣١.

به إضافة الكاتب وفاعليته، وتفاعله مع الواقع الموضوعي، وإعادة صياغته[1].

كما ينبغي عدم الإسراف في التفاصيل لدرجة إفساد بنية العمل الفني، أوتشتيت الطفل، فيعيقه عن الاستيعاب، والمتابعة، والاستنتاج، والاستفادة، وهذا يتطلب التركيز لا الإفراط في التفاصيل[2].

يتفاوت الاهتمام بالسرد في قصص الأطفال الأردنية، فمنها ما اعتمد عليه بشكل أساسي دون غيره من العناصر الفنية لبناء القصة، ومنها ما وازن بينه وبين غيره، ومنها ما لعبت العناصر الأخرى، وبخاصة الحوار دوراً أكبر منه في القصة.

ولم تعثر الباحثة في قصص الأطفال الأردنية التي وقعت عليها قصة، أفسد السرد وتفاصيله فيها بناء القصة.

كما استخدم كتّاب قصص الأطفال في الأردن السرد الكلي السريع في القصص الموجهة للطفولتين المبكرة والمتوسطة؛ لما تقتضيه طبيعة هذه المراحل العمرية، إذ لا يستطيع الصغير خلالها استيعاب الأحداث المتعددة، والتفاصيل الكثيرة والدقيقة، بينما نلحظ إسهاباً في السرد، وتفصيل الحدث في القصص المقدمة للطفولتين المتأخرة والمراهقة، وفي قصص سن المراهقة بخاصة؛ إذ يكون الطفل أكثر نضجاً وقدرة على الربط بين الأحداث، يساعد الكاتب على ذلك زيادة عدد الصفحات المقدمة إلى الطفل في المراهقة، مما يسمح بزيادة التفاصيل .

من التفاصيل البسيطة ما نجده في قصة "جدو مناور"[3]، التي تصف الريف وصفاً مبسطاً، تقول الكاتبة: "... الشمس تغمر التلال والحقول بنورها الذهبي، سهول واسعة مزروعة بالقمح والشعير والندى يبلل أوراق الشجر، الفلاحون متجهون إلى حقولهم، وهم يرددون أغنية قروية جميلة... جلس الجميع في الحوش

(١ و٢) أنظر: أبو الرضا: ١٦٧، ١٦٩.

(٣) تناسب الطفل من ٩-١٢ سنة.

يتناولون فطوراً لذيذاً، حيث رائحة الخبز الذي خبزته الجدة تملأ المكان. طعم البيض الطازج الذي تسابق الصغيران لإحضاره من قن الدجاج. الحليب الساخن الذي حلبته الجدة من البقرة، واللبن، واللبنة، والجبن، والزبدة، والزعتر، والزيتون، والعسل..."[1]

وفي "حكايات من الطفولة" للطفولة المتأخرة، لكريمان الكيالي: "لعبتي من القماش، قصاصات من بقايا الأقمشة، خاطتها والدتي، وخيوط من الصوف زينت بها هذه اللعبة... لعبتي كانت من القماش الأحمر، أما شعرها فكان خيوطاً من الصوف الأسود..."[2]

---

(١) الزمر، فداء. (٢٠٠٦). جدو مناور. عمان: الجمعية الأردنية لمكافحة التصحر وتنمية البادية: ٣، ١١.

(٢) الكيالي، كريمان. (١٩٩٤). حكايات من الطفولة. عمان: جريدة صوت الشعب: ١٦.

اللغة

ونعني به أسلوب السرد، والحوار، ورسم الخلفية الزمانية والمكانية بواسطة اللغة؛ إذ يجب الابتعاد عن الإطالة في السرد؛ فالطفل يمل سريعاً، كما أن السرد الرتيب؛ يؤدي إلى تشتيت ذهن الصغير، والتكرار يشعره بالتماثل والجمود، وهذا يتطلب من الكاتب أن يتخير العناصر التي تشد الطفل، ويبرزها دون نقصٍ يبدو التركيز معه غير ممكن[(١)].

فاللغة في القصة يجب أن تكون مناسبة ذات خصوصية تكشف عن ذخائر دلالية ومعنوية تهم الطفل، تضيف إلى معلوماته، وتغذي وجدانه[(٢)]. فالجمل القصيرة تساعد على خلق شعور بالإثارة والانفعال، والجمل الطويلة الكسولة تخلق الشعور بالتراخي والاطمئنان، أما الجمل القصيرة المهتزة في تدفق فتدل على الخوف والفزع، والجمل القصيرة التي تعلن عن معناها هي خير جمل للتعبير عن الحدث المباشر، والجمل الطويلة الشاملة، تناسب الحدث الأكبر تعقيداً، وبالتالي تناسب الأطفال الأكبر سناً[(٣)].

يجب أن تكون القصة سهلة، بسيطة بساطة الأفكار التي نرغب في إيصالها، والموافقة لبساطة العقول المقدمة إليها. كما يجب تجنب غريب الألفاظ والأسلوب المجازي وتعقيداته، إذ أن جمله القصيرة يمكن للطفل متابعتها، وفهمها، وبالتالي تخيلها.كما ينبغي أن يختار الكاتب من الألفاظ ما يثير المعاني الحسية دون مبالغة أو إسراف[(٤)].

(١ و٢) انظر: الشنطي: ٢٧٣.

(٣ و ٤) انظر: الحديدي: ١٢٩، ٧٥- ٧٦.

وهذا يتطلب من المؤلف أن يسأل نفسه: لمن سيكتب، ولأي مرحلة عمرية يكتب، وما الخصائص التي ينبغي مراعاتها عند الكتابة لهذه المرحلة العمرية؛ فيتمكن من تمثل فكرة القصة، وموضوعها، وشخصياتها، واللغة، والأسلوب المناسبين؛ فتكون بمستوى ثقافتهم، مراعياً حصيلتهم اللغوية، وخصائصهم النفسية والعقلية؛ إذ يؤدي الخطأ في اختيار اللغة والمفردات المناسبة إلى انصراف الصغير عن قراءة القصة، وإن كانت مناسبة في مضمونها وشكلها له، إلا أنه عاجز عن تفسير معاني مفرداتها وعباراتها[١].

ويمكن الاعتماد على المفردات السائدة والمتداولة في الكتب المدرسية لكل مرحلة، وذلك لضمان مناسبة المفردات للطفل الذي ستقدم القصة إليه، مع إضافة بعض المفردات الجديدة، من منطلق تنمية لغة الصغير، وزيادة حصيلته اللغوية، شرط أن يكون السياق موضحاً للمعنى[٢]، أوأن يقوم الكاتب بتوضيح معاني المفردات الصعبة في هامش الصفحة.

كما أن الأسلوب الجيد لقصص الأطفال، هو الذي يعكس " حبكتها وخلفية شخصياتها، ويناسب جمهور الصغار الذين يكتب لهم، بحيث لا يتعدى محصولهم على القاموس اللغوي"[٣].

ولا يعني هذا استخدام اللهجات العامية في الكتابة للصغار، وإنما استخدام الفصحى الميسرة التي يستطيع الطفل فهمها، وتسهم في تحسين لغته في المستقبل[٤].

أما موسيقى الألفاظ، وتعانق نغم الجمل، فيجب أن يحمل قارئ القصة

---

(١) انظر: قناوي، هدى. (١٩٩٠). أدب الأطفال. ط١. مركز التنمية البشرية والمعلومات: ١٦٠.

(٢) انظر: الفيصل، سمر روحي. (١٩٨٧). ثقافة الطفل العربي: دراسة. منشورات اتحاد الكتاب العرب: ١٥٣.

(٣ و٤) أنظر: الحديدي: ١٢٨- ١٢٩.

أو سامعها بطريقة طبيعية إلى السير مع خطوات القصة وبسرعة أحداثها؛ ليعيش في جوها العام[1].

فتجب مراعاة المؤلف لقاموس الطفل اللغوي في كل مرحلة من مراحل الطفولة المختلفة التي يمر بها الصغير، فلا يقدم له من الألفاظ والمصطلحات ما هو فوق مستواه العقلي والفكري، ولا ما يتنافى في مضمونه (معناه) مع المعنى الموسوعي أو المعجمي للطفل.

ففي المجموعات الثلاث لمشروع دار المنهل للطفولة المبكرة، نجد القصة تحتوي على الكثير من الكلمات، مما يعد فوق طاقة الصغير الاستيعابية في هذا العمر، مما يجعله بحاجة إلى من يقص عليه القصة؛ إذ كلما صغر عمر الطفل قل عدد الكلمات الموجودة في القصة، وزاد حجم الخط الذي كتبت فيه، وهو ما لا نجده في قصص هذا المشروع؛ فقد كان الخط غير مناسب لهذه المرحلة العمرية - كما سيرد فيما بعد - وعدد الكلمات كبيراً بالنسبة للطفولة المبكرة.

وقد وضع محمود أبو فروة الرجبي في نهاية روايته للأطفال جزيرة الأحلام السعيدة؛ ملحقاً بعنوان: "المعجم"، وضح فيه معاني المفردات التي ارتأى أنها قد تصعب على الطفل، من ذلك: "خارجون على القانون: الأشخاص الذين يقومون بأعمال تخالف القانون.

الذم: قول شيء غير جيد ضد شخص ما أو جهة ما.

دجَّال:الشخص الذي يخدع الناس، ويحاول إظهار الأشياء لهم على غير حقيقتها؛ بهدف أخذ مالهم، أوشيء يخصهم"[2].

ولو أن الكاتب وضح معاني المفردات الصعبة على الطفل في هامش كل

(١) انظر: الحديدي: ١٢٨- ١٢٩.

(٢) الرجبي، محمود أبو فروة. (٢٠٠٤). جزيرة الأحلام السعيدة. عمان: منشورات أمانة عمان: ٦٧- ٧١.

صفحة ترد فيها على حدة، لكان هذا أفضل وأسهل بالنسبة للصغير، إذ يجد معنى الكلمة في متناول يده، بدلاً من أن يقطع حبل أفكاره، ويبحث عن معنى الكلمة، كلما واجهته كلمة لم يفهم معناها. فيحافظ على تسلسل الأفكار في ذهنه، عدا عن أنه قد لا يكتشف وجود القاموس إلا بعد أن يفرغ من قراءة القصة. إلا أن توضيح معنى المفردات الصعبة، يقطع على الطفل فهمه؛ إذا استطرد الكاتب في شرح معنى الكلمة في سياق القصة، ومن ثم عاد إلى استكمال الحدث. ومثل هذا نجده في قصص مجموعة الأميرة الفضائية المسجونة لمحمود أبو فروة الرجبي، فتبدأ القصة بتغيرات على الأرض، اكتشف العلماء أن سببها هو اندلاعات غير طبيعية أصابت الشمس، فيقطع المؤلف سرد القصة، ويشرع في شرح معنى الاندلاعات ومدى تأثيرها على الأرض مستئنفاً سياق القصة بعد ذلك. وحين يهم د. رشاد بإطلاق المركبة الانشطارية، يقطع الكاتب القصة، ويستطرد في توضيح معنى المركبة الانشطارية في حوالي ثلاثة أسطر، يعود بعدها إلى متابعة القصة.

وغالباً ما وجدنا في قصص الأطفال الأردني التزاماً بهذا القاموس، وتنبهاً له، حتى إن الكاتب إذا عرض لكلمة شعر أنها فوق مستوى الصغير في العمر الذي يكتب له القصة، عمد إلى توضيحها في هامش الصفحة، أووضع صورة أو رسماً يشرح الكلمة، ويوضح المعنى الذي قصده من ورائها.

وبالرغم من ذلك لنا أحياناً بعض المآخذ على مفردات بعض القصص، خرجنا بها من ملاحظات عينة من الصغار في المراحل العمرية التي توجهت إليها القصص؛ إذ وجدوا صعوبة في استيعاب معاني المفردات التالية وفهمها، وبخاصة في مرحلتي الطفولة المتوسطة والمتأخرة؛ فقد وجد أبناء الطفولة المتوسطة صعوبة في معرفة معنى: حدَّق، تحمس، الأقراط، همس، مقتبل العمر، جدول (جدول الماء)، يمكث، الهيئة، قانع بها، تساورها، ناجع، يبوح، مراوغة، محاصرة، هدنة، متحصن، الاقتحام، تداعب، أُهبة، همَّ، لاح، طأطأ، استهزأ، تعمَّد، ثلَّة، ضجَّ، الأدحية،

بنطال، بلهفة، فهرس، الإزميل، كفن، تولول، يافوخ، تمتم، فسيح، الأجرام السماوية، التعدين، كثبان رملية، زهو، زحف عمراني، رثّة، يُربت، التعرية، عصامي.

بل إن بعض هذه الكلمات لم يتمكن من إدراك معناها أبناء الثانية عشر مثل: ناجع، ثلّة، يبوح، طأطأ، الكبش، تجهم، الأقراط. فكيف يُضمن الكتاب هذه الألفاظ في قصص الأطفال.

وفي القصص الموجهة إلى الطفولة المتأخرة لم يتمكن الطفل في هذه المرحلة من إدراك معنى: النهضة الأوروبية، الجليل، قبس، إسهامات، هنيهة، متعصبين، بَيْدَ، تنكر، اضطراب، تارة، هامته، يتوّج، الأفذاذ، تيهاً، محياه، ازدراء، السراب، الظفر، خيلاء، تدلل، مضض، السطو، دياجير، يتأوه، كيانه، أُجهش، تكفّر، استهجن، قَلُصَت، ملحاء، همهمات، يتحلق، يربت، النجوم توصوص، كزّ.

وتُبرز قصة جدو مناور الفوارق الاجتماعية بين أطفال المدن والقرى من خلال اللغة؛ فالطفل ابن المدينة في مرحلة الطفولة المتوسطة والمتأخرة يجهل معنى كل من: السناسل الحجرية، والحوش، ومرتع، ومخلفات المواشي. في الوقت الذي استطاع الطفل ابن القرية في بداية الطفولة المبكرة معرفة دلالة هذه الأشياء بسهولة ويسر.

وهنا كان على الكاتبة التنبه لمثل هذا الأمر فتوضح معنى مثل هذه المفردات، لا سيما وهي توجه هذه القصة لأبناء المدن، وتعرف أن لا علم لهم بمثل هذه المصطلحات.

وأحياناً بل نادراً ما يغفل كاتب في قصص الأطفال، عن الدقة في الألفاظ التي يستخدمها؛ ففي قصة: الأسد المغرور، تقول القصة عن الفأر وقد جاء لنجدة الأسد وإنقاذه من الشباك: "بدأ الفأر بتقطيع الشباك... "وكان عليه أن يقول: بدأ الفأر بقرض الشباك؛ علماً بأن الطفل في عمر سبع سنوات، يدرك معنى القرض، وأنه من خصائص الفأر، وأن الفأر من القوارض.

ومن ذلك أيضاً: تقديم نفسه عند التأكيد[١]، "... اتجهت أنظار المجموعة إلى بناية عالية في نفس الموقع... نحن الآن في الموقع المحدد، وعلى نفس الارتفاع... علينا أن نتصف بالشجاعة والحذر في نفس الوقت... "[٢] ومثلها: "استعمل هشام نفس الأسلوب ..."[٣] ومثل هذا يتكرر كثيراً في قصص الأطفال الأردني.

ويقودنا الحديث عن اللغة إلى تناول علامات الترقيم في القصص الموجهة للأطفال في الأردن، في مراحلهم العمرية المختلفة. ونجد تفاوتاً في الاهتمام بعلامات الترقيم، فمن الكتاب من يلتزم بها، ومنهم من لا يعيرها كثيراً من اهتمامه، بالرغم من أهميتها في تعليم الطفل القراءة الصحيحة... فتتجاهل مجدولين خلف وضع علامات الترقيم، في قصتها رمضان في القدس، وبخاصة الفاصلة: "... ويتحدثون عن أشياء كثيرة مثل: الواجبات المدرسية ولعب الكرة والمسابقات والرحلات... وفي يوم من الأيام سأله أصدقاؤه لماذا سميت رمضان؟ فكر قليلاً ثم قال: لا أعرف، لا أعرف... "[٤]

وكان من المفروض أن تفصل الكاتبة باستخدام الفاصلة بين الأشياء التي يتم تعدادها، أي: الواجبات المدرسية، ولعب الكرة، والمسابقات، والرحلات... والمفروض أن تضع نقطتين رأسيتين بعد الكلمة التي تدل على القول، مثل: سأل، قال، أكمل حديثه. كما ينبغي أن تضع فاصلة بعد سأله أصدقاؤه، وبعد مثل، فنقول: يتحدثون عن أشياء كثيرة، مثل: الواجبات المدرسية... وفي يوم من الأيام سأله أصدقاؤه: والقصة حافلة بالمواقع التي تفتقد إلى وجود الفاصلة فيها.

---

(١) وهي من الأخطاء الشائعة، ومن مألوف لغة الصحافة، وقد تسربت إلى لغة الدارسين والمتخصصين.

(٢) عمرو، محمد جمال. الثلاثة الشجعان أشعب ونجيب ويمان: جدة عروس البحر. بيت الأفكار الدولية: ٢٢، ٢٤، ٣٠.

(٣ و٤) خلف، مجدولين. (٢٠٠٥). رمضان في القدس: ٢.

ومثل هذا أيضاً: "... قرب نهر مياهه صافية كان يعيش دبدب وزوجته دبدوبة وابنه دبدوب..."[1] نلاحظ خلو الجملة من أي فاصلة وكان من الواجب وضع الفواصل كما يلي: قرب نهر مياهه صافية، كان يعيش دبدب، وزوجته دبدوبه، وابنه دبدوب.

ومنها أيضاً، على سبيل المثال: "... شاهد الأولاد يلعبون بالكرة، في الناحية المقابلة جلس صبي على مقعد خشبي... "[2]. والصواب وضع فاصلة بعد كلمة المقابلة: في الناحية المقابلة، جلس صبي...

ومن الأخطاء الشائعة التي يمكن أن نضعها ضمن الأخطاء اللغوية، ذكر كلمة القول، بعد العبارة المقولة[3]، مثل: "... ما رأيك بأحزمتنا ؟ سأل أشعب... رد نجيب: إنها مياه عين العزيزية. عين العزيزية. سأل أشعب بدهشة."[4] ولربما كانت هذه من آثار الترجمة التي تسربت إلى لغتنا.وتقع في هذا الخطأ عبير الطاهر، تقول "عرفت.. قالت ياسمين "[5]. "... وسوف نسلك طريق البر والبحر. رد نجيب " " ماذا ستكون محطتنا القادمة؟ سأل أشعب."[6]

"... فقد كانت القائدة الكشفية ميساء مثالاً للمعلمة القادرة على إيصال المعلومات ..."[7] وكان ينبغي أن نضع فاصلة بعد كلمة ميساء، أي: فقد كانت القائدة الكشفية ميساء، مثالاً للمعلمة القادرة على...

---

(١) مجلة براعم عمان، العدد الحادي والثمانون، ٢٠٠٦: ٢٨.

(٢) الحطاب: ٢.

(٣) هذه الكيفية مألوفة في لغة القصص عند الكبار، إلا أنها تبدو مربكة للصغار.

(٤) عمرو، محمد جمال. الثلاثة الشجعان: في المحطة الثانية، جدة.. عروس البحر: ٢، ٤.

(٥) الطاهر، عبير. (٢٠٠٠). ياسمين والعصفور. عمان: ٢٢.

(٦) عمرو، محمد جمال: جدة عروس البحر: ٤٢.

(٧) الرجبي، محمود أبو فروة. (٢٠٠٢). مغامرة في محمية الشومري. المؤسسة الصحفية الأردنية: الرأي: ٢٥.

أو وضع الفاصلة في موضع غير مناسب، مثل: "... إعطاءنا معلومات حول المحميـات، والـوعي البيئي بهدف..."[1] والصواب هو: إعطاءنا معلومات حول المحميات والوعي البيئي؛ بهدف...

وتعد الهمزات والتمييز بين همـزتي الوصل والقطع، مـن الأمـور المهملـة في قصـص الأطفال أحياناً: "...أرى انه يجب ان تضع هذا الصندوق فوق الرفوف... خاف ان ينام... قال الرجل الجـالس أمامه..."[2]

ومثلها: "... ووجود الإنسجام بينهما... " و"سهلة إمرأة صحابية جليلـة..."[3] والكلمتـان كمـا نلاحظ اعتبرت همزتهما همزة قطع، وهي همزة وصل، فنقول: الانسجام وامرأة.

وكذلك "... هل أنت جاهز؟ أسرع... عمتك بهية تكره الإنتظار... وما شاهدتني حتى إندفعت نحوي..."[4] فالهمزة في جميع أفعال الأمر همزة وصل لا قطع، عدا عن أن الهمزة في كلمـة الانتظار هي همزة وصل لا قطع

ومن هذا أيضاً ما نجده في قصة جحا وتيمورلنك، مـن قـول الكاتـب: "... بينمـا جحـا يشـعر بالسرور لإن خطته ناجحة... "[5] والمفروض أن همزة إن هنا مفتوحة.

ومثل هذا نجده في مغامرة في محمية الشومري، يقول الكاتب : "...أطل علينا قائدنا الكشفي الأستاذ ايمن..." " ... اعترف أنني لم أكن اعرف ماذا ..." "... أردت أن

_____

(١) الرجبي: مغامرة في محمية الشومري: ٢٥.

(٢) الرجبي، محمود أبو فروة. (٢٠٠٥). هل تأكل الديوك الثعالب؟ عمان: مركز التفكير الإيجابي للتدريب: ٤- ٦.

(٣) الجوجو، يحيى. (٢٠٠٥). كوخ الحكايات. ط١. عمان: أمانة عمان الكبرى: ٣٤- ٣٥، ٤٥٢.

(٤) الطاهر، عبير. (٢٠٠٥). أنا وعمتي. عمان: ٤، ٨.

(٥) البتيري، علي. (٢٠٠٦). جحا وحمار تيمورلنك. عمان: دار الأسرة: ٥، ٧.

ارفع يدي لأسأل القائد ... " " لم استطع النوم ... فقررت أن احصل على معلومات عنها ... " "...هناك اقتراحات بإقامة احدى عشرة محمية أخرى " "...وقد بدأت اشعر ... " "... الذي اعتقد أنه اجمل ... "[1]

وبواجهنا أحياناً بعض المشكلات اللغويه الأخرى، كفتح همزة إن بعد القول في قصة "بطولة الرجل الإلكتروني" : " ... فقال أنه رجل إلكتروني رهيب..."[2]

كما لا نعدم الأخطاء الإملائية أحياناً في بعض القصص، كقصة اللآلئ لمجدولين خلف، فيكتب عنوان القصة اللآلئ هكذا : الآلئ، ويتكرر هذا الخطأ في الصفحات الداخلية للقصة. وتكتب الهمزة على نبرة في كلمة وراءك "... هل سأركض ورائك كثيراً؟..."[3] وتواجهنا في هذه القصة بعض الأخطاء البسيطة التي أظنها من الأخطاء المطبعية؛ فهي لا تتكرر في القصة، مثل: "... وحين قرَعَ جرس الاستراحة... وكيف يخرجين اللب من الحب؟ "[4]. والصواب: قرِع الجرس، وتُخرجين.

ومن الأخطاء اللغوية كذلك: "كانت حياتهم جميلة هنيئة، وتتوفر لهم كل متطلبات الحياة، فالأشجار كانت مليئة حولهم، والطعام متوفر، فكان أكثر طعامهم من الأسماك اللذيذة ..."[5] فبأي شيء امتلأت الأشجار، وهل يقال عن الشجر المثمر أنه ممتلئ؟ لا بد وأن يتحرى الكاتب الدقة فيما يكتب.

ومن الأخطاء التي تتعلق بالمفاهيم كذلك، ما نجده في قول الهدهد: "... مكان رائع يجمع بين صفة الانغلاق والانفتاح؛ ليكون فيما بعد مهد الديانات السماوية

---

(١) الرجبي، محمود أبو فروة. مغامرة في محمية الشومري: ٦، ١٠.

(٢) الرجبي، محمود أبو فروة. هل تأكل الديوك الثعالب؟ : ٥.

(٣) العزة: ٧.

(٤) خلف، مجدولين. (٢٠٠٥). اللآلئ. عمان: وزارة الثقافة: ٤، ٦.

(٥) مجلة براعم عمان. العدد الحادي والثمانون. (٢٠٠٦): ٢٨.

الثلاث: اليهودية والمسيحية والإسلامية... المسيح عليه السلام عربي ولد على هذه الأرض العربية ونشر الدين المسيحي..."[1]

فاليهودية والمسيحية والإسلام ليست أدياناً سماوية متفرقة، وإنما هي شرائع سماوية تتكامل مع بعضها البعض، وتلتقي في دين واحد يدعو إلى عبادة الله وحده لا شريك له.

و" ... لم يعرف سعيد حتى الآن من أين أتته كل هذه الألعاب، شكر لله تعالى، ودعا بالخير لمن أهداه الألعاب..."[2] وكان يمكن القول: شكر الله على تحقيقه لأمنيته على الألعاب التي وهبه إياها، أو شكر لله رزقه، أو شكر الله على نعمته...

يقول الجوجو في كوخ الحكايات: "... يعتبر عمل وطني، وشعور نبيل... "[3]. والصواب هو: يعتبر عملاً وطنياً، وشعوراً نبيلاً.

ومن هذا النوع من الأخطاء نقرأ: "... كم ستكون الأرض جميلة دون أن يكون فيها عرباً!..."[4] والصواب: عرب؛ فهي اسم كان مؤخر.

و" ... إن هذا أمراً مخالفاً للتعليمات..."[5]، والصواب: هذا أمرٌ مخالفٌ للتعليمات... فأمر: خبر خبر إن مرفوع ومخالف صفة.

ومن الأخطاء اللغوية أيضاً، استخدام رغم، مثل: "... رغم كل النقاشات التي

---

(١) الهدهد، روضة الفرخ. (١٩٩٩). مغامرات كنعان وحنظلة في نفق المسجد الأقصى. عمان: دار كندة: ٩.

(٢) عمرو، محمد جمال. أمنية سعيد. الإمارات العربية المتحدة: هيئة العمال الخيرية: ١٣.

(٣) الجوجو: ٣٩.

(٤) الرجبي، محمود أبو فروة. (٢٠٠٣). جدتي واليهودي. ط١. عمان: دار المناهج للنشر والتوزيع: ٣٩.

(٥) عمرو، محمد جمال؛ الرجبي، محمود عبد الرحيم. (١٩٩٣). منصور لم يمت. عمان: دار يمان: ٣٢.

جرت في الحافلة..." "... رغم شعوري بالخوف الشديد... "[1]، والصواب هو أن نقول: بالرغم من كل النقاشات التي جرت في الحافلة... وبالرغم من شعوري بالخوف الشديد.

ويشعر المرء أحياناً أن قوام الجملة غير سوي، وأن صياغتها يمكن أن تكون أفضل من الصورة التي جاءت عليها في القصة، مثل: "... تأسست عام ١٩٥٨ م كمحطة للتجارب في الصحراء الاردنية، ثم تم تخصيصها إلى الجمعية الملكية لحماية الطبيعة..."[2]، ولو قلنا: تأسست عام ١٩٥٨ م كمحطة للتجارب في الصحراء الأردنية، ثم ضُمّت إلى الجمعية الملكية لحماية البيئة، لكانت الجملة هكذا أفضل في تصور الباحثة.

ومثله: "... اسمه العم عمران الذي يعمل مراقباً في المحمية..."[3]، ولا داعي للاسم الموصول " الذي " في الجملة، وكان يكفي القول: اسمه العم عمران، ويعمل مراقباً في المحمية.

وكذلك: "... إلا أننا شعرنا دوماً أننا الرابحون، بسبب تلك المعلومات الجميلة التي كان يزودنا بها... "[4] والصواب أن نقول: إلا أننا كنا دوماً نشعر أننا الرابحون؛ بسبب المعلومات الجميلة التي يزودنا بها... ولا داعي للإطالة بدون مسوغ.

"... هذا عدا على أننا تعرفنا..."[5]، والصواب أن نقول: عدا عن أننا تعرفنا. "للأسف لم أصل إلى إلى الحفرة لكنني استطعت أن أحدد المكان الذي وصفته لي الآنسة وفاء..."[6]، وكان من الأفضل لو أن الكاتب قال: للأسف لم أصل إلى الحفرة، إلا أنني استطعت تحديد المكان الذي وصفته الآنسة وفاء...

"... كانت تلك العصابة تبيع رأس المها بخمسمائة دينار ليصار فيما بعد إلى تصديره..." و"... أدركنا بسببها انه علينا... "[7]، والصواب أن نقول : كانت تبيع رأس المها بخمسمائة دينار، ومن ثم يصدر إلى الخارج، وأدركنا بسببها أن علينا أن نكون أكثر حزماً.

(١ و٢ و٣ و٤ و٥ و٦ و٧) الرجبي: مغامرة في محمية الشومري: ٨، ١٢، ١٩.

ومن ذلك أيضاً استخدام الألفاظ غير المناسبة، كقول الكاتب في قصة منصور لم يمت، وقد أمسك الفهود بيهودي: "... وثب على إلياهو، ولم يمهله حتى ذبحه دون أدنى مقاومة..."[1] وهذا تعبير تعافه النفس البشرية، ويضفي على عملية القتل متعة تقابل تلك التي تصاحب ذبح الخراف والإبل والبقر... لأكلها، والقتل هنا جاء من باب المقاومة لا من قبيل المتعة، وإشباع الرغبة في سفك الدماء.

ومن الأخطاء، كتابة اسم داود بواوين: يقول الكاتب: "... فإن منعونا فمن باب النبي داوود..."[2]

كما نلحظ إهمالاً لتنوين الفتح، والاكتفاء بوضع الألف في نهاية الكلمة، مما يوهم القارئ الصغير أنها من الحروف الأصلية للكلمة. مثل: " فقال القائد الكشفي مبتسما " "... مر سريعا... لمسنا جمالا ساحرا..." "نمنا نوما هانئا... سأكون صريحا... " " المها ليس حيوانا كسولا " " ... الحمد لله هو الآن ليس مهددا بالانقراض... "[3]، غيرها.

وتحوي الجملة التالية من قصة مغامرة في محمية الشومري عدداً من الأخطاء اللغوية، فيقول المؤلف: "... رغم أنه كان من المفترض إلا يحضر لأنه في إجازة..."[4]، والصواب أن نقول: بالرغم من أنه كان من المفترض ألا يحضر؛ لأنه في إجازة...

ولا يفوتنا عند الحديث عن اللغة أن نتناول الضبط بالشكل بالدراسة؛ إذ لا ينبع وضوح الكلمة من وضوح الخط، واستخدام البنط الكبير فيه وحسب، وإنما يعتمد كذلك على الضبط بالشكل، وما يسهم به من فهم للكلمات، ومن ثم فهمها

(١ و٢) عمرو؛ الرجبي، محمود عبد الرحيم. منصور لم يمت: ١١٣، ٥٨.

(٣ و٤) الرجبي، محمود أبو فروة: مغامرة في محمية الشومري: ٣٤.

بشكل صحيح[1].

يتعلق الضبط بفهم الطفل للنص المقروء، ويتحدد على ضوء هذا الفهم مدى إدراك الطفل، وانفعاله بالمقروء، ومدى تغيير سلوكه تبعاً لقوة الانفعال وضعفه، إلا أن لضبط الكلمات بالشكل رأيين[2]:

١- ضرورة ضبط حروف الكلمات كلها ضبطاً كاملاً.

٢- ضرورة ضبط أواخر الكلمات ضبط إعراب.

يرى التربويون أن الضبط الكامل للنصوص المقدمة للصفوف العليا من المرحلة الابتدائية يعوّد الطفل على القراءة السليمة، دون أن يحاول الصغير استخدام خبراته اللغوية، ويعوده على التواكل، وإلغاء التفكير، ومن هنا كان الضبط التدريجي للنص، وفقاً لمراحل نمو الطفل هو الأنسب، بحيث يضبط النص ضبطاً كاملاً، إذا كان موجهاً إلى الطفولة المبكرة، ونقلل من الحروف والكلمات المضبوطة في المراحل العمرية التالية، إلا ما يُعتقد أنه يمكن أن يشكل على الصغير أو يلتبس عليه، كأواخر الكلمات، وعين المضارع، والحروف التي تحتمل أكثر من وجه في القراءة، مع إهمال ضبط الحروف المتكررة والتي ترد في النص كثيراً[3].

وفي تصور الباحثة أن الحاجة تكون ماسة لضبط الحروف في القصص الموجهة إلى الطفولة المبكرة، وتقل هذه الحاجة كلما كبر الصغير، وأتقن القراءة أكثر، ففي الطفولة المتوسطة، وبخاصة في أواخرها يُكتفى بتشكيل أواخر الكلمات، ويستغنى عن التشكيل بشكل تام، وقد غادر الصغير مرحلة الطفولة إلى المراهقة.

وتُراعى المرحلة العمرية في ضبط قصص الأطفال في الأردن، فنجد ضبطاً كاملاً لحروف قصص الطفل وكلماتها الموجهة إلى الطفولتين المبكرة والمتوسطة، ونعدم الضبط في القصص المقدم لآخر مرحلة الطفولة المتوسطة، والمقدم للطفولة المتأخرة.

(١ و٢ و٣) الفيصل: ثقافة الطفل العربي: ٥٠-٥٢.

بيئة القصة الزمانية والمكانية

قد تقع أحداث القصة في الزمن الماضي، أوالحاضر، أوالمستقبل، وقد تدور أحداثها محلياً في رحاب الوطن أو في بلد أجنبي[1].

قد لا يحدد الكاتب المكان؛ فيعطي القارئ إحساساً أن المدينة في القصة، إنما هي مدينة صغيرة كانت أم كبيرة، ومثل هذا ينطبق على كل مجتمع ريفي أو صناعي[2].

ربما عمد الكاتب إلى تحديد المكان ضمنياً بذكره بناء أو تمثالاً معروفاً، أو حديقة مشهورة[3]...

كما يمكن تحديد المكان في القصة والاستدلال عليه من خلال اللهجة المحلية فيها، أوالمصطلحات العامية لسكان إقليم بعينه، أوبذكر نشاط خاص بالسكان، أوعاداتهم المعروفة[4].

يؤثر كل من الزمان والمكان في الموضوع، والشخصيات، وسير الأحداث ؛ إذ ترتبط الأحداث بالظروف، والعادات، والمبادئ الخاصة بالزمان والمكان اللذين وقعت فيهما، وهذا الارتباط ضروري لحيوية القصة، فهو يمثل بطانتها النفسية، ومن ثم فالقصة التي فيها زمان معين، ومكان محدد تكون صادقة وحقيقية نتيجة ما يعلمه الكاتب عن هذا الزمان أوذلك المكان، وعن الناس الذين يعيشون فيه[5].

يجب أن تكون خلفية القصة وجوها العام سليمين زماناً ومكاناً، سواء كانا في عالمنا أوفي عالم مغاير، فيضفيان على القصة صدقاً ويبثان فيها الحياة[6].

---

(١) انظر: قناوي، هدى. (١٩٩٠). أدب الأطفال. ط١. مركز التنمية البشرية والمعلومات: ١٥٨.

(٢ و٣) انظر: الحديدي: ١٢٢- ١٢٣.

(٤) انظر: قناوي: ١٥٨.

(٥ و٦) انظر: الحديدي: ١٢٢- ١٢٣.

وهذا يتطلب مراعاة خصائص كل بيئة، وعادات الناس، وتقاليدهم، وأساليبهم في التعامل[1]...

فكل قصة تحدث في بيئة ما معينة، يجب أن تعطي إحساساً بهذه البيئة، فيجب أن تعطى القصة التي تدور أحداثها في الصحراء الشعور بالوحدة، والسكون، والتيه، واللامبالاة بالزمن، وقسوة الحياة، وشظف العيش إلى جانب الطباع المستأصلة التي تفسدها المدنية والحضارة[2]...

والقصة في القرية تبهجك بجمال الطبيعة فيها، وما في القرية من تعاون بين أهاليها، ورتابة في الحياة؛ سما يجعل الحدث يسير ببطء، عدا عما فيها من فقر، وجهل، ومرض[3].

وإذا كان البحر ساحة الحدث، على الكاتب أن يشعرنا بعدم الطمأنينة والحنين إلى الأرض مستقر الإنسان، كما يحمل الليل الشعور بالتوجس والترقب، والخيالات التي يتصورها الإنسان فيما وراء الظلمة، لعوالم أخرى تسكنها وتعيش فيها[4].

إلا أنه يجب التنبه إلى أن الإسهاب في وصف الطبيعة، أوالمكان، أوالأشياء، إنما هو حشو، يمزق ترابط أجزاء القصة وانسجامها؛ مما يصرف الطفل ويبعده عن موضوعها، ويقطع عليه حبل أفكاره[5].

ولا يعثر القارئ على تحديد لزمان أومكان معينين في الغالب الأعم من قصص الطفل الأردني، باستثناء المناطق العامة، كأن يحدد أن القصة تدور في الغابة، أوالمدينة، أوالمدرسة، ولا تأتي على ذكر اسم أي منها. والزمان، إما صباح، أومساء، أويوم ما، أوفي إحدى السنوات دون تحديد يوم أو شهر بعينه، أوساعة

---

(١) انظر: المشرفي: ٥٥.

(٢ و٣ و٤) انظر: الحديدي: ١٢٢ - ١٢٣.

(٥) انظر: قناوي: ١٥٨- ١٥٩.

بذاتها وأحياناً هو في قديم الزمان... إلا ما ندر؛ فقليلة هي القصص التي تدور أحداثها في بيئة معينة: كما في قصة "العزة العربية" ليحيى الجوجو[1]، وسلسة الثلاثة شجعان: أشعب، ونجيب، ويمان، بل إن عناوين قصص هذه السلسلة تشير إلى المكان الذي ستقع على أرضه أحداث القصة، فهي: نقطة الانطلاق مكة المكرمة، وجدة عروس البحر، وقاهرة المعز، وأخفض بقعة في العالم، ودمشق الفيحاء، واستانبول، ولصوص المخطوطات في طشقند، وقصص روضة الهدهد الوطنية كافة.

تقول روضة الهدهد: "في بيت صغير في غزة، تجمعت أم يوسف وعمته وزوجته والجيران، إثر سماعهم بالحادث المروع للعمال العرب في مستعمرة ريشون ليتسيون في وادي حنين قرب عيون قارة..."[2]

وفي "سر الشياطين الحمر في البيرة ": "في تمام الساعة السادسة صباحاً كان ماهر يجلس على كرسي الحافلة ينتظر والديه وإخوته وخالته وأولاد خالته للانطلاق جميعاً في رحلة خاصة من بلدة البيرة إلى مدينة يافا..."[3]

وتحديد الزمان والمكان في مثل هذه القصص، يلعب دوراً مهماً، في وضع الطفل في قلب الحدث؛ فيزيد من شعوره بحقيقة ما يقرأ، ويساعده على تخيل ما يحدث.

وفي الحكايات الشعبية نجد ذكراً للمدينة التي ترجع القصة إلى تراثها، مثل: حماة وكنة، والصديق الوفي لمحمد جمال عمرو ومحمود الرجبي، تقول الحكاية: "كان الناس في مدينة الكرك طيبين، يعيشون عيشة هانئة..."[4] ومثله أيضاً: "في حارة قديمة

---

(١) من مجموعته: كوخ الحكايات.

(٢) الهدهد، روضة الفرخ. الملثم وجريمة الأحد الأسود. (١٩٩٣). عمان: دار كندة: ٣.

(٣) الهدهد، روضة الفرخ. (١٩٨٧). سر الشياطين الحمر في البيرة. عمان: دار كندة: ٣.

(٤) عمرو، محمد جمال؛ الرجبي، محمود. (١٩٩١). حماة وكنة: ٢.

قرب سيل عمان عاش رجل..."[1]

لم يكن إهمال الزمان والمكان في قصص الأطفال، قصراً على قصص الأطفال في الأردن، وإنما هو شأن قصص الأطفال في العالم أجمع، فهي دائماً تدور في قديم الزمان، في قرية ما، أومدينة ما فقط، دون تحديد لزمان أو مكان محددين .

(1) عمرو، محمد جمال؛ الرجبي، محمود. (١٩٩١). الصديق الوفي. دار يمان: ٢.

أبطال القصة (الشخصيات)

يخضع بناء الشخصيات في قصص الأطفال إلى عدد من الاعتبارات الفنية، تشبه تلك في قصص الكبار، شرط أن تكون مناسبة لمستوى إدراك الصغار، فقد تكون إنساناً نعرفه أوغريباً عنا، قد يكون حيواناً أونباتاً أو جماداً... قد تكون خارقة غير طبيعية في سلوكها وقدراتها في القصص الخرافية، وقد تكون مستمدة من الواقع... المهم أن تكون طبيعية ومنطقية مع ما تقوم به من تصرفات وأقوال؛ ليتفاعل الطفل معها، ويندمج فيها. وهذا يتطلب أن تكون الشخصيات صادقة، نابضة بالحياة، يتفاعل الطفل معها[١].

وهذا يعني توخي الصدق فيها، وبخاصة في المواقف التي يستطيع الطفل فيها التمييز بين ماهو حقيقي، وماهو زائف، وألا يغيب في هذه الشخصيات عنصر الطفولة، فلا نبالغ في وصفهم وتصويرهم بالحذق والذكاء والفطنة أكثر مما يجب[٢]، أو بالمثالية أكثر مما يجب فتبدو له شخصيات إيجابية كاملة، وإذا كبر وخرج إلى الحياة، أصيب باليأس وخيبة الأمل، وقد اصطدم بنماذج بشرية تختلف عن تلك التي عهدها في القصص التي كان يقرأ ويسمع، مما جعل من الضروري أن تقدم القصة الخيّر والشرير، وتظهر الخير يحارب الشر وينتصر عليه[٣].

فصورة الطفل في قصة "منصور لم يمت" هي صورة طفل الحجارة الشجاع القوي الذي يحمل بداخله إيماناً نقياً صادقاً لا نجده عند الكبار، فلا أطماع له سوى أن يرحل المحتل عن أرضه، ويعيش بسلام مع أسرته، محققاً هذا الحلم بحجر يواجه به دبابة، وإن كلفه ذلك حياته.

(١ و٢) انظر: قناوي: ١٥٣- ١٥٤، ١٤٨.

(٣) انظر الشنطي: ٢٧٢- ٢٧٣.

وهي الصورة ذاتها في قصة روضة الهدهد "لماذا قذيفة مدفع!"، ذلك الصغير الـذي استفزّه الحصار والدمار ومنع التجوال والتخريب وهدم البيوت، فلم يتمالك نفسه في أن يرمي علـى دبابـة المحل الصهيوني حجراً، هو كل ما يمكنه القيام به من مقاومة، مغالباً بـذلك خوفه مـن الـوحش الصهيوني.

من المفترض أن يراعـي الكاتـب رسم الشخصيات مـن خـلال التكوين الجسمي للشخصية وملامحها؛ فتظهر مجسدة للطفل، الذي قد يقارن بينها وبين نفسه، أو قد تذكره بنفسه أوبغيره سن الشخصيات التي يحبها أو يكرهها(١)، بخلاف الشخصيات في قصص الكبار، التـي تركز علـى وصف الداخل، أكثر من رسم الملامح الخارجية، ولا تعير الطول واللون والوزن... أي اهتمام، بـل تركـز علـى وصف نفسية الشخصية ومقوماتها، وبخاصة في القصص الحديث.

ففي قصة "أحمد العقاد وآلة الـزمن" تصـف الكاتبة زيد وحبيبته الأميرة زمـردة: "... فتى طويل نحيف القامـة، يلبس ثيابـاً شبيهة بالثياب التي نراهـا في المسلسلات والأفلام التاريخيـة القديمة... ظهر لنا وجه فتاة في غاية الجمال، شعرها أسود فاحم، وعلى جبينها غرة، تحتها أجمل عينين سوداوين رأيتهما في حياتي(٢)...

كما أن من الخطأ أن تقوم القصة على بطل واحد مركزي، وإنما ينبغي أن يكون فيها عـدة أبطال من الأطفال أوالنماذج البشرية التي تتمثل الطفولة في نواحي عدة من الحياة(٣).

وإن كان هذا – في تصور الباحثة - يتوقف على المرحلة العمرية التي تقدم القصة إليها؛ إذ أن كثرة الشخصيات في القصة الواحدة يشتت الطفل في الطفولتين المبكرة والمتوسطة، وقد يكون هـذا مناسباً لقصص أطفال ما بعد السنة التاسعة.

(١) انظر: قناوي: ١٥٥.
(٢) الطاهر، عبير. (٢٠٠٣). أحمد العقاد وآلة الزمن. عمان: المؤلفة: ٥١، ٥٢.
(٣) انظر: قناوي: ١٥٤.

وإن كان يستحسن أن يكون عدد الشخصيات قليلاً؛ فلا تتمتع القصة بعدد كبير من الشخصيات[(١)]، فهناك شخصية محورية، وهي الأساسية التي تأتي أحداث القصة لتلبية احتياجاتها وغاياتها[(٢)].

وقد تحققت مثل هذه الشروط في القصص الطفولي الأردني ؛ فاستقلت قصة حبة القمح الكبيرة ليوسف حمدان بشخصيتين رئيستين فقط في القصة، وهما الهدهد الذي انتزع الحبة من النملة؛ لسد جوعه، وتجاهل أنها تعبت في البحث عن رزق أولادها، وحمله إليهم، إلا أن الهدهد لم يكترث لكل هذا، وأخذ من النملة حبة القمح رغم أنفها، فتدعو النملة الله أن يجعل الحبة غصة في حلقه، فيستجيب الله دعاءها، ويشارف الهدهد على الهلاك، ويطلب من النملة أن تسامحه فتسامحه، وتدخل جوفه، وتخرج حبة القمح العالقة فيه.

تنقسم الشخصيات في القصة إلى: نامية (مستديرة)، ومسطحة (جاهزة، نمطية)[(٣)].

فالنمطية هي تلك التي يكون لها بعد واحد، فتأخذ تصرفاتها طابعاً واحداً من أول القصة إلى آخرها، فهي شخصية مكتملة، لا ينتابها أي تغيير طوال القصة، ومن ثم بات من الممكن التعبير عنها بجملة واحدة[(٤)]؛ إذ لا تؤثر فيها الحوادث، ولا تأخذ منها شيئاً[(٥)].

بينما تتكشف الشخصية النامية بالتدريج من خلال القصة، وتتطور بتطور أحداثها، من خلال تفاعلها المستمر مع حوادث القصة[(٦)].

---

(١) انظر: حلاوة: ١٧٢.

(٢) انظر: الرجبي: كيف تكتب قصة للأطفال: ١٤.

(٣) نجم: محمد يوسف. فن القصة. بيروت: دار الثقافة: ١٠٣.

(٤) انظر: نجيب: أدب الأطفال علم وفن: ٨١.

(٥ و٦) نجم: ١٠٣- ١٠٤.

تتراوح الشخصيات في قصص الطفل الأردني بين النوعين السابقين، فمنها شخصيات نمطية جاهزة، ومنها نامية مستديرة؛ فالنحلة زينة في " حكاية نحلة " شخصية نامية، بدأت القصة بتمردها عن العمل؛ إذ لم يكن العمل في الخليه، وجمع الرحيق يروقان لها، فقررت الهرب من الخلية؛ للاستمتاع باللعب في أوقاتها كافة، إلا أنها تعود إلى عملها في الخلية في نهاية القصة، وقد أدركت أنه لابد لكل مخلوق من العمل لتأمين رزقه، ومن ثم يكون اللعب بعد ذلك.

بينما مثلت صديقتها نحولة الشخصية النمطية في القصة، فقد بقيت على حالها، تعمل بجد دون كلل أوملل من أول القصة إلى آخرها.

وغالباً ما تكون الشخصيات الثانوية في القصة نمطية، بعكس الشخصية المحورية التي يغلب عليها أن تكون شخصية نامية.

وهناك من يرى أن من المناسب أن تكون الشخصية مسطحة، تلزم موقفاً واحداً من البداية إلى النهاية، دون أن يطرأ عليها في تكوينها أو تفكيرها وتصرفاتها أي تغيير، وبخاصة في القصص المقدمة للطفولة المبكرة.

ومن ثم يمكن الخلط بعد ذلك بين السطحية والنامية في القصص المقدمة للطفل في المراحل التالية، فيفهم الشخصية بالتدريج، إذ تنكشف له جوانبها من خلال الأحداث والمواقف المختلفة، فيكون الطفل قد فهم الشخصية، عند وصوله إلى نهاية القصة.

وفي قصة أم في السابعة، نلاحظ أن شخصية الطفلة دانية شخصية نامية، تتحول من طفلة مشاغبة مشاكسة، لا يسلم أحد من مقالبها سواء الجيران، أوزميلاتها في المدرسة، أوالشارع... وكان السر وراء تغير دانية المفاجئ هو أنها اقتنعت بأنها كبرت، وتصلح لأن تكون أماً لأختها الصغيرة، ولا تليق مثل هذه التصرفات بالأم.

وتقترب منها شخصية سعاد في قصة " وجدت ساعة "، وقد عثرت على ساعة

في الطريق، فأخذتها، لاسيما وقد بذلت كل طاقتها لإقناع أمها بشراء ساعة لها دون فائدة، إلا أنها سرعان ما تتراجع، وتقرر البحث عن صاحبة الساعة، بعد أن حلمت أن المخلوق المخيف الذي رُسمت صورته على الساعة، يطاردها ويصيح : إنها ليست لكِ.

تضع سعاد عدداً من الملصقات على جميع المحلات في الحي، مكتوب عليها : هل فقدت ساعة؟ اتصل بالرقم ٥٨٦٣٧٨ . إلا أن أحداً لم يتصل بها بخصوص الساعة، فتقرر سعاد تسليمها إلى الشرطة، وفي الطريق تلتقي فتاة تبحث عن شيء ما وقع منها على الأرض، فتسألها سعاد عم تبحث؟ فتخبرها الفتاة أنها أضاعت ساعة يدها التي أهدتها إياها جدتها، فتمد سعاد يدها إلى الفتاة بالساعة، ومن ثم تقيم سعاد صداقة مع الفتاة . وتنتهي القصة نهاية قنوعة، وقد عضت سعاد يدها بقوة، وقالت: أعتقد أنني سأكتفي بهذه الساعة الآن .

وشخصية قُصَي في سر خرائط الكنز شخصية نمطية، تمثل الفتى المجد المصمم على الوصول إلى هدفه، وإن سخر منه الآخرون، فقد كان الكنز مكافأة لقصي في القصة على تصميمه، وجده، وسعيه المتواصل للعثور على الكنز، وعدم التفاته إلى الآخرين وسخريتهم منه.

ومثلها شخصية الغراب في " جزاء الغربان "، وإن كان الغراب في هذه القصة يمثل شخصية نمطية سلبية، فبالرغم من تحذيرات الطيور المتكررة له، وبخاصة الهدهد والبوم، على سرقته الذهب من الإنسان، وبالرغم من نصح البوم والهدهد له بإعادة ما سرق، إلا أن الغراب يرفض ذلك، ويستمر يوماً بعد آخر بسرقة كل ما هو لامع، حتى وقع أخيراً في قبضة الإنسان، إذ كان الإناء الذي سرقه في المرة الأخيرة، مليئاً بالملح ومثقوباً، وقد كان الملح يتسرب منه أثناء الطريق، مما أرشد البشر إلى عشه فألقوا القبض عليه.

وكذلك شخصية العصفورة في قصة " لن أرحل " لمنيرة قهوجي ؛ فهي تصر

على أن تبقى في بيتها بالرغم من الثلج والبرد، وبالرغم من محاولات زوزو بإقناعها بأن تقضي الشتاء بعيداً عن مدينتها الخليل حيث الدفء، إلا أنها تريد أن تبقى في بيتها، ووطنها، وأرضها... لا تغادرها صيفاً ولا شتاء، تحتضن أولادها تحت أجنحتها، وتحيا في عشها، وفي ربوع وطنها.

وعلى العكس منها نضال "في هدية جدي" لتغريد النجار؛ إذ شعر بخيبة الأمل، وقد أهداه جده أول كوفية لبسها، وكان احتفظ بها ليهديها لنضال في عيد ميلاده، بينما كان نضال يطمح أن يهديه جده كرة قدم؛ فجده يعرف أنه يرغب في امتلاك كرة قدم.

يُقابل نضال بالسخرية من رفاقه، وقد ارتدى كوفية جده، خرج بها إليهم، إلا أنه سرعان ما يغير رأيه، وقد اكتشف أن لهذه الكوفية قدرات خارقة، فقد التفت حول قدمي صديقيه رامي وفريد، وأوقعتهما أرضاً حين سخرا منها، وحين فركها وحركها بعد ذلك طارت به كبساط الريح، وحين طلب منها الهبوط فوق إحدى المستوطنات تحولت إلى ما يشبه المظلة، وحطت به على الأرض، فوجد عدداً من المستوطنين يحملون العصي والهراوات يكسرون زجاج السيارات العربية ؛ فطلب نضال من كوفيته أن تتحول إلى طاقية إخفاء، فسحب هراوة، وانهال بها على المستوطنين ضرباً... يفر المستوطنون، وتسقط الكوفية عن رأس نضال دون أن ينتبه، فيُفتضح أمره ويهاجمونه، إلا أن أهل البلدة يخرجون من بيوتهم على صوت الضجيج، وينتصرون لنضال.

وأحمد شخصية نامية في "أحبكم فلا تفقدوني" إذ يتحول من مهدر للمياه إلى محافظ عليها، وقد عرف قدرها وقيمتها، فيطلب من والده إصلاح عوامة خزان المياه، ويطلب من والدته ألا تُشغل غسالة الملابس أوالأطباق إلا وقد تجمع لديها الكثير من الملابس والأواني، وينصح صديقه أن يغسل سيارة والده بالدلو بدلاً من استخدام خرطوم المياه، ويشاهد أنبوباً في الشارع يتسرب منه الماء، فيتصل بشركة

المياه لإصلاحها.

ويتوفر النمطان من الشخصيات في " عائلة سلمى " في عيادة سلمى، فسامي شخصية نمطية مكتملة ملتزمة من أول القصة إلى آخرها، ومثلها في ذلك جميع أفراد عائلته، باستثناء سامر، فهو شخصية نامية؛ إذ كان مهملاً لأسنانه، بالرغم من أن والدته اشترت له أكثر من فرشاة أسنان، ونصحته مراراً وتكراراً إلا أنه لم يهتم لتحذيراتها المتكررة حتى جاء اليوم الذي نخر السوس فيه أسنانه، وشعر بالألم الشديد فيها، ومن ثم بدأ الاهتمام بها .

ويحافظ أحمد العقاد في الأجزاء الأربعة: أحمد العقاد (١)، وأحمد العقاد (٢)، وأحمد العقاد وآلة الزمن، وأحمد العقاد وطاقية الإخفاء على شخصيته النمطية، بالرغم من كل ما مر به من تجارب ومغامرات، إلا أنه لا يتخلى عن حشريته، وتدخله في شؤون الآخرين، وإقحام نفسه فيما لا يخصه ولا يعنيه.

كما نلاحظ قلة عدد الشخصيات في القصص، إلا ما دعت إليه الضرورة، ويتوقف عدد الشخصيات في تصور الباحثة على عمر الطفل الذي تقدم القصة له، وعلى طبيعة القصة وموضوعها، فالقصص الوطنية، والتاريخية، وبخاصة تلك التي تتحدث عن المعارك والحروب والغزوات، لا يمكن بناؤها على شخصيتين أوثلاث، وإنما تحتاج إلى عدد كبير من الشخصيات، إلا أن هذا العدد الكبير يُكوّن شخصيات ثانوية، وتكون الشخصيات الرئيسة التي يدور حولها محور القصة معدودة، اثنتين أوثلاث شخصيات رئيسة على الأغلب.

عدا عن أن الطفل في مراحل طفولته الأولى لا يستطيع استيعاب قصة متشابكة الأحداث والشخصيات، وسنلاحظ هذا في النماذج التالية:

في قصة " نهاية مخادع " ثلاث شخصيات، اثنتان منها رئيسة، وهي : القنفذ والخلد اللذان بذرا الأرض وزرعاها، وحصدا المحصول، والشخصية الثالثة ثانوية، ألا وهي الثعلب الذي ظهر حين اختلفا على قسمة المحصول بينهما؛ طمعاً في أن

يخدعهما، ويحصل على نصيب من المحصول، فيحمله القنفذ على ظهره الملئ بالأشواك جزاء لـه على حكمه الجائر، وهو أن يأخذ كل منهما كيساً، ويأخذ هو كيسين من القمح.

وبساطة حدث هذه القصة، وشخصياتها تناسب الطفولة المبكرة الموجهة إليها.

ومثلها في ذلك قصة الحسد لزياد أبو لبن، نجد فيها شخصيتين رئيستين، وهما الببغاء والكلب، الببغاء كان يقلد الناس ويثير إعجابهم، والكلب ينظر إليه بحسد؛ مما دفعه إلى القول للببغاء: إن البشر يزعمون أن لسان الببغاء مكون من السكر والعسل، لذا فهو يرغب في رؤيته، فيخرج الببغاء لسانه ليثبت لصديقه الكلب خطأ ما ذهب إليه البشر، فيتقدم منه الكلب، ويعض لسان الببغاء ويقطعه.

ويمكن اعتبار البشر في القصة شخصيات ثانوية في القصة، وإن لم يظهروا في أحداثها، وإنما جاء ذكرهم في السرد فقط " صرخ الببغاء بأعلى صوته فاجتمع الناس على الصراخ، فرأوا ما فعله الكلب، فهجموا عليه بالعصي والحجارة، ففر الكلب هارباً "[1].

وتدور قصة نزهة سلوى حول شخصيتي سلوى والقمر، الـذي يـدعوها لصحبته في رحلـة إلى السماء... فوق الغيوم... بين النجوم... وهي ببساطتها هذه تصلح بحق للطفولة المبكرة حتى سـن ٥ أو ٦ سنوات.

يجـب أن تتميـز الشخصـيات في قصـص الأطفال بالوضـوح، والتميـز، والتشـويق. ويتطلـب الوضوح من الكاتب رسم الشخصية مع التركيز فيها على الجوانب المحسوسة الملموسة المرئية؛ بما يتفق وطريقة التفكير الحسي عنـد الطفل؛ فتبدو الشخصية مجسمة في مخيلـة الصغير بشكلها ولونها... وسائر خصائصها المادية،

_____

(١) أبو لبن، زياد. (٢٠٠٣). الحسد: ١١.

وكأنما تنبض بالحركة والحياة أمامه[١].

ويحتم التميز على الكاتب أن يباعد بين أسماء الشخصيات وصفاتها وبعض خصائصها؛ فلا تتداخل في مخيلة الصغير، وتلتبس عليه، فيخلط بينها[٢].

يقتضي الوضوح والتميز معاً، ألا يزيد عدد الشخصيات عن مستوى قدرة الطفل على التذكر والاستيعاب[٣].

أما التشويق فيدفعك إلى اختيار الشخصيات التي تجذب الطفل إلى القصة وتستهويه، سواء أكانت هذه الشخصيات من الحيوانات، أوالإنسان، أوأبطال الأساطير... أو غيرها من الشخصيات المحببة إلى الطفل[٤].

يتم تقديم الشخصيات في القصة من خلال تصوير حركاتها، ومواقفها، واحتكاكها بغيرها،و حوارها... أوبتفسير المؤلف لبعض تصرفات الشخصية، بشكل غير مباشر من خلال التحليل النفسي-لها[٥].

وتتمحور مجموعة حكايات سمون ونحوف، جميعاً حول سمون ونحوف اللذين في كل مرة يقومان بعمل ما، أويخوضان مغامرة ما معاً... بما يناسب الطفل في عمر ٥ - ٦ سنوات على الأكثر.

وفي قصة "المشجع الرائع" لسناء الحطاب يتقاسم وليد وضياء دور الشخصيتين الرئيستين في القصة، وقد التقيا في الحديقة العامة، يتبادلان الأحاديث... يقرران تشجيع مباراة كرة القدم، ومن ثم ينصرفان، ليكتشف وليد في نهاية القصة أن ضياء ضرير يتلمس طريقه بعصا يستعين بها.

ونجد في قصة " حين تصالحت مع جدي " لمحمود أبو فروة الرجبي عدداً من الشخصيات: دانية، والجد، والطبيب، والأم، وأبناء الأعمام والعمات من الصغار،

(١) (٢) (٣) (٤) انظر: نجيب: أدب الأطفال علم وفن: ٨٢.

(٥) انظر: أبو الرضا: ١٦٩- ١٧٠.

والعم عدنان... إلا أن هؤلاء جميعاً كانت لهم أدوار ثانوية بسيطة قصيرة، باستثناء دانية والجد اللذين شكلا الشخصيتين الرئيستين في القصة، من خلال متابعة دانية لجدها في المحافظة على صحته، ومنعه من تناول السكريات التي تضر بصحته، ومتابعته لها لمنعها من مص إصبعها؛ إذ لا يليق بفتاة في الخامسة أن تمص إصبعها.

وقد نجح الرجبي في تركيز انتباه الطفل في الطفولة المتأخرة على دانية وجدها، من خلال إبرازهما، وإخفاء الشخصيات الأخرى، التي كان من الممكن أن يُشتت تدخلها في القصة بشكل بارز انتباه الصغير.

ويلعب وسام ومعلمه في قصة " ماذا نصنع بالشمس المتحيزة؟ " لعيسى الجراجرة دور الشخصيتين الرئيستين في القصة؛ فوسام يعترض على مبيت الشمس في الدول الغربية، بالرغم من أنها تشرق عندنا كل صباح، وهو يريد أن يضع حداً لهذا التحيز من الشمس مع الغرب ضد الشرق!

وهنا يأتي المعلم، فيوضح لوسام أن هذا يتم بالرغم منها؛ فالشمس ثابتة، والأرض هي التي تتحرك، إذ أن لها دورتان الأولى حول نفسها، وينتج عنها الليل والنهار، والثانية حول الشمس، وهي في الوقت نفسه الذي تدور فيه حول نفسها، تبدو الأرض لنا ظاهرياً أنها ثابتة، وأن الشمس هي التي تتحرك، بالرغم من أن الواقع هو أن الشمس ثابتة، والأرض هي المتحركة، وهي المسئولة عن مبيت الشمس في الغرب، وطلوعها علينا كل صباح.

ويتقاسم الأبطال الثلاثة: عامر وهشام والأمين دور الشخصيات الرئيسة في الفخ العجيب لعلي رمان ومحمد جمال عمرو من خلال دورهم في مقاتلة الصهاينة، ودفاعهم عن أرضهم، ووطنهم، ورفضهم القيام بدور العمالة والخيانة...

في الوقت الذي تؤدي فيه كل من أم أحمد، وأم الأمين، والصهاينة جنوداً وضباطاً أدواراً ثانوية تساند الأدوار الرئيسة في القصة. فأم أحمد تقوم بالتستر على الأبطال الثلاثة، وإيوائهم في منزلها، والتمويه عن مكانهم، ومساعدتهم في تنفيذ

عملياتهم، بينما كان الصهاينة يقعون في الفخ الواحد تلو الآخر، دون أن يتمكنوا من إلقاء القبض على الأبطال الثلاثة.

وقد اقتضت طبيعة أحداث هذه القصة المناسبة للطفل من ١٢ سنة فما فوق (مرحلة المراهقة) تعدد الشخصيات، وكثرتها ما بين مؤيدين للأبطال الثلاثة، وما بين محتلين متعاطفين... وعملاء ووشاة.

ومثلها في هذه الضرورة قصة : الحكيم والأرض الطيبة، ففيها عدد كبير من الشخصيات الثانوية، إلا أن الشخصيات الرئيسة هي ثلاث، وهي : خمخوم، وقتات، ودرهوم . بينما كان لملك شتاتستان وحكيمه، وأهل القرية الطيبين أدوار ثانوية ساهمت في اكتمال الحدث، وإن كان لعبد الحكيم ومنصور دور بارز تميز عن بقية الشخصيات الثانوية، فمنصور تعلم من المرة الأولى ألا يثق بهؤلاء المخادعين، كما رفض أن يكون معيناً لهم وجاسوساً على أهل قريته، مقابل أن يشتري حياته وسلامته، بينما لم ينخدع عبد الحكيم بهم منذ البداية، كما انخدع بهم أهل قريته، وبقي مصراً على موقفه منهم لاسيما وقد قرأ عنهم في الكتب، ورأى من أفعالهم ما يثير الريبة والشك.

وفي الطفولة المتوسطة من ٥ أو ٦ سنوات وحتى ٩ سنوات يحب الطفل القصص الخرافي، المحكوم بحركة القصص السريعة المتسلسلة المندفعة إلى الأمام، ويتصاعد حسه بالزمان والمكان والأفعال، فالطفل بطل الحكاية يكبر، وينمو، ويتفاعل معها، وينتقل من المعلوم إلى المجهول ومن ثم إلى المعلوم، وقد اصطدم بالمعوقات، واجتاز جميع العقبات، ووصل إلى هدفه في حركة مد متصاعدة، فالطفل يتفاعل مع بطل الخرافة ويعايشه، وكأنه المرآة التي يرى فيها نفسه من خلال سلسلة من الحركات المتتابعة القوية التي تنتهي بتحقيق الهدف المنشود، والتصالح مع نفسه والآخر [1]...

_____

(١) انظر: الشنطي: ٢٧٤- ٢٧٥.

وخير ما يحقق للطفل هذا سلسلة حكايات الغول لروضة الفرخ الهدهد، لاسيما وأن هذا النمط من القصص الخرافي قليل، ولربما كان نادراً في قصص الأطفال الأردني.

تدور قصص مغامرات ريان حول الشخصية المحورية الرئيسة ريان الذي أكل قانصة حجلة اليهودي، وكان اليهودي توعد من يأكل من الحجلة شيئاً أن يشق بطنه، ويستخرجها منه؛ فيهرب ريان، ويكتشف أنه اكتسب قوة جسمية عظيمة، دون أن يشعر ؛ نتيجة أكله للقانصة، فيذهب إلى مدينة تشترط ابنة الوالي على من يتقدم لخطبتها، أن ينازلها (يصارعها) والانتصار عليها، وإلا كان مصيره الموت، وكان النزال بينهما، فانتصر ريان، فارتاب الوالي في أمره ؛ فقد غلبت ابنته الكثيرين ممن تقدموا لها قبل ريان، وريان لم تظهر عليه علامات الرجولة بعد إذ مازال صغيراً، فيخدره الأطباء ويجرون له عملية يستخرجون من خلالها القانصة من بطنه، وفي الصباح يطلب الوالي من ريان منازلة ابنته ثانية فيوافق ريان، ويصارعها فتنتصر عليه، فيهرب ريان من القصر- وفي الطريق وجد ثلاثة لصوص، اختلفوا على قسمة ما سرقوا، فسألهم ريان ما الغنائم؟ فقالوا: بساط يذهب بك بلمح البصر أينما شئت، ودف يساقط ذهباً إذا هززته، وسفرة إذا طلبت منها طعاماً امتلأت بأصناف منه، فوضعوا هذه الأشياء على البساط، واتفقوا على أن يرمي ريان حجراً، ومن يصل إليه أولاً يختار ما شاء من الأشياء. يرمي ريان حجراً، ويتسابق الثلاثة في أثره، بينما يأمر ريان البساط فيطير به إلى قصر الوالي، فيخطف ابنة الوالي، ويذهب بها بعيداً، تستجير ابنة الوالي بمروءة ريان أن يردها إلى أهلها، إلا أنه رفض؛ فسلمت له، وتظاهرت بأنها تسلم له، فطلبت منه أن يبحث عن مكان يبيتان فيه، فينزل عن البساط ليبحث عن مكان مناسب لذلك، فتأمر البساط أن يحملها إلى قصر والدها.

يمشي ريان في الصحراء عاماً كاملاً يوشك خلاله على الهلاك لولا رحمة الله،

ورأفته به، ووجد في الطريق نخلتين إحداهما لها ثمر أصفر، والأخرى ثمرها أحمر، فأكل بلحة حمراء، فنبت له قرن طويل، ثم أكل أخرى صفراء، فذاب القرن، فأخذ كمية من البلح الأصفر، وأخرى من الأحمر، وذهب ليبيعه في المدينة تحت قصر الوالي، وأخذ ينادي: بلح في غير أوانه. فاشترت ابنة الوالي منه ثماني حبات وأكلتها؛ فنبتت لها ثمانية قرون، ولم يتمكن أحد من تخليصها مما هي فيه، فتعهد الوالي لمن يخلص ابنته من محنتها أن يزوجه إياها، فحضر ـ إليها ريان بثياب حسنة، وقد اكتملت رجولته، وقدم لها برشامة ابتلعتها، كان سحق فيها ثمرة حمراء، فذاب أحد القرون.

وفي اليوم الثاني قدم لها أخرى ؛ فذاب قرن ثانٍ، وفي اليوم الثالث تناول برشامة وسحقها تحت قدميه، وأطلعهم على حقيقته، وأنه لن يشفيها إذا لم يزوجوه إياها، فيوافق الوالي، ويرد إلى ريان البساط، والدف، والسفرة التي سرقتها منه ابنة الوالي بعد أن خدعته، ويتزوج ريان ابنة الوالي، ويأتي بأهله إلى المدينة، وقد فقدوا الأمل بعودته، ومن ثم يعيش الجميع سعادة وهناء.

تلعب أسماء الشخصيات أحياناً دوراً في الدلالة على هذه الشخصية، ففي سلسلة الثلاثة الشجعان، هم : نجيب، وأشعب، ويمان . فنجيب في قصص السلسلة يتميز بالنجابة، والتفكير المنظم، والعقلانية، وهو ما دفعهم إلى جعله أميراً عليهم . بينما تميزت شخصية أشعب في التراث العربي بحب الأكل، وما هو ما تميز به أشعب بطل القصص في هذه السلسلة، وكان يمان رمزاً للجرأة، والشجاعة، والإقدام.

الحوار

الحوار كالمقبلات يفتح الشهية للقراءة، ويجدد النشاط كلما ملّ المرء من القراءة[1]. يفترض فيه الإيجاز والاقتضاب، والبعد عن التراكيب العامية، واستخدام العبارت الوامضة، قريبة التناول ذات الظلال النفسية؛ وإخراجه من روتين المألوف اليومي، فيشعر الصغير أنه أمام ضرب (نوع) جديد من المواقف يتعلم منها، ويتربى على أساسها[2].

ويلعب الحوار دوراً فعالاً في القصة؛ فأكثر القصص جذباً للصغار، هي تلك التي ترجح فيها كفة الحوار على السرد.

ترتكز القصص المصورة على الحوار كعنصر أساسي، فلا توجد قصة مصورة لا يوجد فيها حوار، بل إنها قد تعتمد عليه وحسب، فتخلو من السرد؛ إلا أن تكون في أجزاء أو حلقات؛ فيسرد الكاتب في بداية القصة بسرعة وباختصار أبرز الأحداث التي وقعت في الحلقة السابقة.

وبالنسبة للقصص المطبوعة في كتاب مستقل، فهي في الغالب الأعم تراوح بين السرد والحوار، وإن غلب عليها الحوار أحياناً. ومثل هذا ينطبق على القصص الأردني، فمن القصص الذي يعتمد الحوار: دقائق من لغتنا العربية[3]، وحفوظ المحفوظ[4] لمحمد حافظ جبر، وأنا والكتاب[5] وسمكة في البركة[6] لمحمود أبو فروة

---

(١) انظر: الرجبي: كيف تكتب قصة للأطفال: ١١٣.

(٢) انظر: الشنطي: ٢٧٣.

(٣) منشورة في مجلة براعم عمان. العدد الحادي والثلاثون، ٢٠٠٢: ٤٤ - ٤٥.

(٤) منشورة في مجلة براعم عمان. العدد السادس والثلاثون، ٢٠٠٢: ١٢ - ١٣.

(٥) منشورة في مجلة براعم عمان. العدد الثاني والثلاثون: ٢٠٠٢: ٢٠- ١٢.

(٦) منشورة في مجلة براعم عمان. العدد الخامس والثلاثون، ٢٠٠٢: ١٨- ٢٠.

الرجبي، والفيضان[1]، والطاوس المغرور[2] لمنذر أبو حلتم، والخروف والأولاد[3] لسناء الحطاب، والخليفة والصائغ لمحمد الظاهر[4]...

وأكثر القصص جذباً للصغير هي تلك التي ترجح فيها كفة الحوار على السرد، أو التي يوازن الكاتب فيها بين الحوار والسرد؛ فالطفل يحب الحوار في القصة، وبخاصة إذا كان صادراً عن طفل، فهو يتمثل فيه نفسه، وفكره، وعقله، وتصرفاته...

وتكاد الباحثة لا تعثر على قصة تخلو من الحوار، ولو كان قصيراً من جملة أوجملتين، باستثناء مجموعتي كريمان الكيالي: أوراق طالبة، وحكايات من الطفولة؛ إذ أن السرد هو الغالب على قصص هاتين المجموعتين، بل إن منها ما يخلو تماماً من أي حوار، ولو كان كلمة واحدة.

في الوقت الذي يعد الحوار في حكاية الدجاجة بركة متقدماً، وعلى قدر عال من الإتقان؛ إذ تستخدم الكاتبة المونولوج الداخلي (الحوار الداخلي) في أكثر من موضع، وهو ما لا نلمحه عند غيرها، فمثل هذا الحوار يقصد به الكبار لا الصغار، إلا أنه لم يشكل صعوبة في القصة، لا سيما والقصة موجهة للطفل من ١٢ سنة فما فوق... تقول الكاتبة على لسان الدجاجة بركة " يا إلهي ما أصعب الجوع، ماذا أفعل الآن؟ آه تلك الدودة الصغيرة شكلها يغريني. سأجرب ابتلاعها، ترى هل ستكون لذيذة؟ أنا آسفة أيتها الدودة الصغيرة لكن الجوع قاسٍ... "[5]

ويلفت النظر الحوار في قصة " مغامرة في محمية الشومري "، فالقصة تقوم بشكل رئيس على الحوار، وتتابع الأحداث فيها، وتقديم المعلومات وسردها، من خلال الحوار والمناقشات التي كانت تدور بين الطلاب الذين خرجوا في رحلة إلى المحمية.

كما يلعب النقاش دوراً في التشويق، وشد الانتباه، من خلال الأسئلة المختلفة التي يطرحها الطلاب على معلمهم، وعلى المسئولين عن المحمية.

---

(١) منشورة في مجلة براعم عمان. العدد الحادي والعشرون، ٢٠٠٢: ٦- ٧.

(٢) منشورة في مجلة براعم عمان. العدد السادس، ١٩٩٩: ١٠- ١١.

(٣) منشورة في مجلة براعم عمان. العدد السادس عشر، ٢٠٠٠: ٦- ٧.

(٤) منشورة في مجلة براعم عمان. العدد التاسع، ١٩٩٩: ٣٢- ٣٣.

(٥) العزة: ٧.

الراوي

وهو إما أن يكون الأنا أو المجهول؛ إذ لا بد لكل قصة من راوٍ؛ يقص علينا أحداثها، ويرويها لنا. إلا أن معظم القصص، راويها مجهول أو غائب، إلا إذا كان الكاتب يقدم عملاً يغلب عليه طابع المذكرات، فيستخدم الراوي الأنا(١). وهذا في تصور الباحثة يضفي على القصة مصداقية أكبر، فيشعر المتلقي أن ما يقرأ قد حدث بالفعل.

والراوي الغائب أو المجهول هو الغالب على قصص الأطفال في الأردن، إذ يبدأ الراوي بالحديث عن حادثة ما أو شخصية ما، دون أن يعرّف بنفسه أو يشعرنا بوجوده، تعالوا نتأمل كيف بدأت هذه القصة. "قررت البطة البيضاء أن تزور محطة القطار القريبة من قرية البحيرة التي تعيش على شواطئها مع عائلة البط..."(٢)

إلا أن الراوي يبرز نفسه أحياناً في بعض القصص المروية بضمير الغائب، مثل: قصص سلسلة العم حكيم، وسلسلة حكايات صفراء للفتيان لمحمد جمال عمرو. يقول العم حكيم: "نقدم لكم أحباءنا حكاية جميلة.. عن نسر طماع.. أراد أن يشرب من مياه البركة العذبة وحده.. ويحرم منها بقية النسور.. فهل تدرون ماذا جرى له؟ لنستمع إلى حكاية النسر الطماع"(٣).

وهدف مثل هذا التقديم لرواية القصة، هو شد الطفل، وجذب انتباهه إليها، من خلال لمحة سريعة موجزة عن القصة.

ويستخدم الكاتب أحياناً أسلوب التعريف بموضوع القصة من خلال الراوي،

---

(١) انظر: الرجبي: كيف تكتب قصة للأطفال: ١٣٠- ١٣١.

(٢) الخطيب، حسين ذكاء البطة البيضاء. مجلة براعم عمان. العدد الثمانون. ٢٠٠٦: ٤.

(٣) عمرو، محمد جمال. (١٩٩٣). النسر الطماع. الطبعة الأولى. عمان: دار المنهل: ٤.

ففي قصة زرياب يستغيث يقول محمد جمال عمرو:" هل تعرفون ما هو زرياب؟ إنه طائر حجمه..."[1]، وبعد الانتهاء من أوصافه يبدأ برواية القصة " وقد كان لطائر الزرياب قصة طريفة مع التاجر عمران ... "[2]

ونجد على قلة استخدام الراوي الأنا في قصص الأطفال في الأردن، وأبرز هذه الأعمال: حكايات من الطفولة، وأوراق طالبة سابقتي الذكر، ومذكرات أحمد، ونعم أنا صائم لمحمود أبو فروة الرجبي.

يقول أحمد: "أحياناً يتعرض الإنسان لموقف قد يفقده القدرة على الكلام لدقائق أو ثوان. حدث ذلك معي في أول يوم من أيام شهر رمضان المبارك عندما بدأت أصوم ... "[3]

وتقرأ في إحدى حكايات الطفولة: "مرضت أمي.. دخلت المشفى لإجراء عملية جراحية، بكيت كثيراً، أنا الكبرى بين أفراد أسرتي، ودخول والدتي المشفى يعني أشياء كثيرة..."[4]

(١ و٢) عمرو، محمد جمال. (١٩٩٧). زرياب يستغيث. ط١. الرياض: مؤسسة المؤتمن للتجارة: ٣.

(٣) الرجبي، محمود أبو فروة. (١٩٩٧). نعم أنا صائم. الطبعة الأولى: ٢.

(٤) الكيالي: ١٠.

النهاية

وتتم فيها المخالصات في القصة؛ فتنتهي الأحداث إلى وضع معين. هناك قصص تنتهي من حيث بدأت؛ فتحاول الشخصية في القصة الخروج من الوضع الذي هي فيه، إلا أنها وبعد عدة محاولات تعود إلى نقطة الصفر، ومن ثم تكون النهاية. من هذا النوع، خاتمة سلسلة قصص أحمد العقاد الذي يعد في كل مرة أن يتخلى عن حشريته، وتدخله في شؤون الآخرين، إلا أنه لا يستطيع التخلي عن التدخل في شؤون الآخرين، ويخوض في كل مرة مغامرة جديدة[١].

كثير من القصص تحقق للشخصية غرضها ؛ فتكون للخاتمة علاقة بوصف الوضع الذي آلت إليه الأوضاع عند تلك النقطة[٢]، مثل: نهاية قصة آيات الأخرس، تقول القاصة: "زاحمت المعلمة آلاف المهنئين الذين توافدوا على بيت آيات الأخرس ليقدموا التهاني فيما سموه عرس آيات. كانت الدموع تملأ عينيها، والماء يملأ فمها، ويغص في حلقها... احتضنت المعلمة أم آيات، وبكت على صدرها كثيراً... كثيراً جداً.

كان جسد آيات قد تناثر، لتملأ كل قطعة منه الأرض والسماء وتقول، لا للاحتلال... لا للذل... لا للسكوت على الظلم."[٣]

هناك من يحشون الخاتمة بأحداث طويلة لا داعي لها، فتكون الخاتمة قصة كاملة، يذكر فيها الكاتب ما يحصل للبطل في المستقبل، وكيف تزوج، ومَن تزوج[٤]... ولا نجد مثل هذا في قصص الأطفال في الأردن.

يفضل الصغار النهايات الخاطفة، بعد الوصول إلى القمة الدرامية، فيتوق إلى

(١ و٢ و٣ و٤) انظر: الرجبي: كيف تكتب قصة للأطفال: ٨٢، ٨٣.

حل سريع للعقدة. والخاتمة الجيدة تجعل من نهاية القصة متماسكة غير متهالكة[1].

يبتكر محمود أبو فروة الرجبي في قصة الرجل الآلي عدداً من الطرق لإنهاء القصة بطريقة مميزة، تدفع الطفل إلى التفكير، وإعمال عقله، وتشعره أنه يشارك في وضع النهاية للقصة، فقد طرح ثلاث نهايات للقصة، التي تدور أحداثها حول مسعود الذي يركب القطار ومعه رجل إلكتروني، طلب منه والده المريض أن يوصله إلى صائغ في المدينة، وفي القطار يلتقي مسعود برجل يشك أنه يحاول مغافلته وسرقة الرجل الآلي، فيبقى متنبهاً له، إلا أنه يشعر بالنعاس، فيحاول مغالبته، وهنا تصل العقدة قمتها، فيترك النهاية مفتوحة، مقترحاً ثلاث نهايات أمام الصغير ليفكر بها، ويختار الأنسب منها، أو يفكر في حل آخر يمكن أن يحل مشكلة مسعود، يقول الرجبي "هل ينام ويرتاح؟ إذا اخترت هذا الأمر انتقل إلى الصفحة ٨"[2]، وإذا ما فتح الطفل على الصفحة الثامنة، سيجد المؤلف قد وضع تصوراً لما سيحدث إذا نام مسعود وسرق أحدهم الرجل الإلكتروني منه، ولم يشعر مسعود به إلا وقد مضى بعيداً، فيبلغ الشرطة التي تقبض على السارق، ويسلم مسعود الرجل الآلي للصائغ.

هل يبقى مستيقظاً؟ بقيت نصف ساعة ليصل القطار إلى المدينة سيصمد خلالها مسعود مستيقظاً.هل يربط الرجل الإلكتروني بيده، وينام؟ فإذا فكر أحدهم بسرقته استيقظ مسعود؛ وهنا يحاول الرجل الأسمر سرقة الرجل الآلي... يستيقظ مسعود والرجل يفك الحبل من يده، فيستغيث مسعود، وينجده ركاب الباص، ويتم القبض على الرجل.

(١) انظر: الحديدي: ١٢٢.
(٢) الرجبي: هل تأكل الديوك الثعالب: ٧.

ثانياً: الشكل (إخراج الكتاب)

ونعني به أساليب الطباعة أو إخراج كتب الأطفال؛ المتمثلة في الحجم، واللون، والورق، والرسم، ونوع الورق، وحروف الطباعة، والغلاف[1]...

الغلاف:

ينبغي أن يكون غلاف قصص الطفل في الطفولة المبكرة، سميكاً ملوناً بالألوان الأساسية، وعليه رسم لحيوان، أوطائر، أوطفل، وفي الطفولة المتوسطة يكون الغلاف قوياً، ملوناً، لامعاً[2].

تشترك لوحة الغلاف مع اللوحات الداخلية في القصة في رفع سوية التذوق الفني عند الطفل، وجذبه والتأثير فيه؛ فالغلاف الجميل الملون، هو الذي يشد الطفل إلى القصة في بداية الأمر؛ فإذا بدأ القراءة، تقوم اللوحات الداخلية بمساعدته على فهم النص، وتعينه على تفسير معاني الجمل[3].

وتتنوع أغلفة قصص الأطفال في الأردن ما بين الأملس السميك، والأملس المتوسط السمك، والغلاف المصمم من الورق المقوى.

من القصص التي اعتُني بتصميم أغلفتها: لا أحد يحبني، وصديق ياسمين، وياسمين والعصفور لعبير الطاهر، واللآلئ لمجدولين خلف، ونزهة سلوى لمحمد جمال عمرو...

بينما نجد من لم يلق بالاً لغلاف القصة التي أنتجها، ولا برسوم الصفحات

---

(١) انظر: عمرو، عبدالغافر، صبح: ٦٨.

(٢) انظر: شحاته: ١٦.

(٣) انظر: الفيصل: ثقافة الطفل العربي: ٤٨- ٤٩.

الداخلية وصورها، ولم يشغله هذا الأمر كثيراً، مثل: محمود أبو فروة الرجبي لـه: الأميرة الفضائية المسجونة، وهل تأكل الديوك الثعالب، وقصص سلسلة تنمية القراءة كافة، وكريمان الكيالي: أوراق طالبة، وسناء الحطاب في الطبعة الأولى لقصتها المشجع الرائع[١]. وعلي رمان: الفخ العجيب، والحكيم والأرض الطيبة، وعيسى الجراجرة: السيارة العجيبة...

١- الحجم:

ونعني بحجم الكتاب: طوله، وعرضه، وسمكه... ويتوقف طول الكتاب وعرضه على مقاس الورق المستعمل، ويتوقف سمك الكتاب على عدد صفحاته، ونوع الورق المستعمل فيه[٢].

لا يتعلق الحجم بالمقاس وحسب، وإنما يعتمد على نوعية الورق الذي يطبع الغلاف عليه؛ إذ إن الغلاف الجيد يساعد الطفل على المحافظة على كتبه، وتكوين مكتبته الخاصة، ومن ثم يؤدي وظيفة تربوية. والغلاف الرقيق يسهل على الطفل تمزيقه، ويكون من السهل أن يبلى بسرعة بعد الاستعمال؛ فلا يسمح للطفل بالعودة إلى الكتاب ثانية[٣].

يخضع حجم الكتاب لاعتبارات عدة، منها: عمر الطفل الذي يوجه إليه الكتاب؛ إذ يتوقف على ذلك مقاس الحروف، ومساحة الرسم، كما أن الصغار في مرحلة الطفولة المبكرة يحتاجون إلى الخط الكبير، والرسم الكبير؛ مما جعل عملية اختيار مقاسات كبيرة لكتبهم هو الأنسب بالنسبة لهم، الأمر الذي يسمح بعرض قدر مناسب من الكلمات، والرسم المصاحب لها.و كلما كبر الطفل زادت مساحة

---

(١) صادرة عن دار البشير عام ١٩٩٧م.

(٢) انظر: نجيب: أدب الأطفال علم وفن: ١٦١.

(٣) انظر: الفيصل: ثقافة الطفل العربي: ٥٢.

الكتابة، وقلّت مساحة الصور نسبياً، وصغر حجم الخط (مقاس الحروف) المستخدم في الكتابة[١].

الكتاب ذو الحجم الكبير يلائم الطفل الصغير، والكتاب ذو الحجم الصغير يلائم الطفل الكبير كما هو متعارف؛ وذلك تبعاً لمقدرة الطفل في كل مرحلة عمرية على التدقيق في النص المقروء، أو وضعه في ذلك، وحاجته إلى اللوحات التي تساعده على فهم هذا النص[٢].

إن التأثير النابع من حجم الكتاب لا يكمن في صغر مقاس الكتاب وكبره، وإنما ينبع مما يضمه هذا الكتاب من أمور؛ فالقصص القصيرة جداً تلائم الأطفال بين الخامسة والتاسعة، فنصوا على وجوب تقديم مساعدات كافية لهم عن طريق اللوحات، وتقليل عدد الكلمات في السطر الواحد، وتقليل عدد الأسطر في الصفحة؛ مما يشير إلى ملاءمة الحجم الصغير، لطفل بلغ درجة من النضج، يستطيع معها إمساك الكتاب بسهولة، والمحافظة عليه. ولديه في الوقت نفسه مقدرة قرائية تساعده على قراءة النصوص الطويلة التي يخف الاعتماد فيها على المؤثرات الخارجية[٣].

تلعب سهولة حمل الكتاب، وإمكانية وضعه في الجيب دوراً في تحديد حجم الصفحات ومقاسها، كما يتحكم نوع الورق وسمكه وعدد صفحاته في سمك الكتاب[٤].

يتوقف اختيار ورق كتاب الطفل على الثمن الذي يراد بيعه به، ونوع الصور والرسوم الموجودة فيه؛ فكلما زادت دقة الرسوم، أواستعملت في الكتاب ألوان في الداخل، زادت الحاجة إلى استعمال نوع جيد من الورق.إذ يشوّش استخدام الورق

---

(١) انظر: نجيب: أدب الأطفال علم وفن: ١٦٢.

(٢) الفيصل: ثقافة الطفل العربي: ٤٩.

(٣) و٤) انظر: نجيب: أدب الأطفال علم وفن: ١٦٢- ١٦٣، ٢٣٧- ٢٣٩.

الخفيف الرؤية؛ ويؤدي إلى ظهور أثر الصورة في ظهر الصفحة المطبوع عليها؛ الأمر الذي يؤثر سلباً على وضوح الكتابة في هذه الصفحات[1]. ولم تعثر الباحثة على أية قصة أردنية للأطفال استخدمت الورق الخفيف الذي يظهر الكتابة على ظهر الصفحة المطبوعة.

لا تستحب طباعة قصص الأطفال على الورق الناصع البياض اللماع، إذ يسبب إجهاداً لعين الصغير، وأفضل نوع من الورق للطباعة، هو الزبدي المتوسط الحجم[2].

كما يتعلق عدد الصفحات بالمرحلة العمرية للطفل المقدمة إليه أولاً، وبموضوع الكتاب ثانياً؛ إذ من المناسب إحداث نوع من التوازن بين مقياس الصفحات وسمك الكتاب، فإذا كان عدد الصفحات كبيراً، اختير للكتاب المقياس الصغير[3].

يتوقف مستوى إخراج الكتاب، وثمن تسويقه على أمور عدة، كنوع الورق المستعمل في الغلاف، وطباعة المتن، وعدد الألوان في الطباعة والتجليد... ومستوى الفنانين والمؤلفين، وما يتقاضونه من حقوق مادية؛ فالمجيدون منهم عملة نادرة[4].

واستعمال الأجهزة الحديثة في فصل الألوان يزيد تكاليف الكتاب؛ فيلجأ الناشرون إلى الإنتاج المشترك مع جهات عدة ودول مختلفة؛ بهدف زيادة عدد النسخ المطبوعة؛ إذ أن الإنتاج الواسع يعمل على تخفيض سعر الكتاب؛ فالتكاليف الثابتة كأجور المؤلفين، والفنانين، وإعداد الأفلام، وفصل الألوان... ستوزع على عدد أكبر من النسخ؛ مما يؤدي إلى خفض تكاليف النسخة الواحدة. ومن ثم تكون حصيلة الأسباب التي تتحكم في إخراج الكتاب تكاليفه الكلية والنهائية، والتي يتحدد ثمنه بناء عليها، ومن هنا يكون خفض سعر الكتاب لتوزيعه بشكل كبير،

(١ و ٢ و ٣ و٤) انظر: نجيب: أدب الأطفال علم وفن: ١٦٢- ١٦٣، ٢٣٧ – ٢٣٩.

وعلى نطاق واسع، وبإخراج جيد معادلة صعبة[1].

وهذا يشكل أزمة حقيقية في الأردن، فنجد من دور نشر قصص الأطفال الأردنية من ينشر هذه القصص في بيروت؛ لانخفاض تكاليف النشر هناك عنها في الأردن، وبالرغم من ذلك نجد ثمن قصص الأطفال في ارتفاع متزايد، فكيف بها إذا نشرت في الأردن في ظل ارتفاع الأسعار المتزايد في جميع مناحي الحياة.

يتوقف تحديد سعر الكتاب بالإضافة إلى تكاليفه على مستوى الجمهور المتلقي الاقتصادي والحضاري، وإيمانه بدور الكتاب، بالرغم من أن غلاء سعر الكتاب المقدم للطفل، لا يكون دائماً مؤشراً على جودة الكتاب، وإنما المعيار الحقيقي هو تكامل العناصر الفنية والتربوية[2].

ومما لا شك فيه أن ثمن القصة يلعب دوراً كبيراً في إخراج القصة، والرسوم، والصور، ونوع الورق المستخدم فيها، ففي الوقت الذي تباع فيه قصص عبد الله عيسى- البوليسية بثلاثين قرشاً لكل لغز، بورقه الخفيف، وصوره القليلة البسيطة غير الملونة، وإن وصل عدد صفحاتها إلى أربع وستين صفحة من القطع الصغير، بينما يقفز سعر قصة مثل كواك... كواك إلى دينار وربع الدينار، بالرغم من أن عدد صفحاتها لا يتجاوز خمس عشرة صفحة من القطع المتوسط العريض المصقول برسومها الملونة، وكلماته القليلة التي لا تتجاوز عدد أصابع اليد الواحدة في كل صفحة، وأكثر ما يوضح هذه الأزمة حين نجد سعر مجلة الصحفي الصغير للأطفال بدينار وربع الدينار، بينما ترد إلينا مجلة ماجد من الإمارات العربية المتحدة بثمانين قرشاً فقط.

ومثل هذا نزهة سلوى لمحمد جمال عمرو، والتي لا تحوي أكثر من سبعين كلمة موزعة على خمس عشرة صفحة، أي ما يعادل أربع كلمات في كل صفحة، والباقي صور، مما يعني أن القصة تعتمد على الرسم والصورة في الدرجة الأولى.

(1 و2) انظر: نجيب: أدب الأطفال علم وفن: ٢٣٨- ٢٣٩.

ومثلهما قصة القنفوذ الصغير لرنا الفتياني، التي تباع بـدينار ونصـف الـدينار، عـدد صفحاتها ثمـاني عشرة صفحة من القطع المتوسط المصقول، الرسوم فيها ملونة.

فهذه القصص التي تعتمد على الصور والرسوم، بينما الكلمات فيها قليلة للغايـة؛ إذ أن مثل هذه القصص موجهة للطفولة المبكرة، وهـي أهـم مرحلـة - في تصور الباحثة - في حيـاة الصغير؛ ففيها يكون إعداده وتعويده على القراءة، ولا نظن الطفل الـذي ينشأ في جو بعيـد عـن القراءة سيحبها، ويتعلق بها فيما بعد إن لم يعتد على ذلك منذ الطفولة، وإن كـان هـذا ميـل فطري لكل إنسان، إلا أنه ككل المواهب يمكن تطويرها بمتابعتها وتنميتها، أوسحقها بتجاهلها وإهمالها.

والحقيقة أننا في الأردن لا نلتزم بالمقاييس العامة، عند الكتابة للطفـل، فجـاء مشروع المنهـل بمجموعاته الثلاث للطفولة المبكرة، في فكرته، ومضمونه، ووحدة حدثه السريـع، وبسـاطة أسـلوبه، واللغة المستخدمة في قصصه، فكان ينبغي أن تكون القصة مطبوعـة عـلى ورق مـن القطع الكبير، ومساحة الصور أكبر من الكتابة، وهو المناسب للطفل في هذه المرحلة، إلا أن القصـص جـاءت عـلى ورق من القطع الصغير الأملس العريض بعض الشيء، في ثماني صفحات، جاءت موزعة بالتساوي بين الرسم والكتابة، فكان نصيب الكتابة أربع صفحات، ومثلها للرسم.

في الوقت الذي جاءت فيه قصة الذئب الصغير لمحمد جمال عمرو في ورق بحجـم متوسط، أملس وسميك نوعاً ما، يغلب الرسم فيها على الكتابة؛ مما جعلها بإخراجها هذا ومضمونها مناسبة - من وجهة نظر الباحثة - للطفولة المتوسطة التي تتوجه إليها القصة.

استخدمت روضة الفرخ الهدهد في سلسلتيها: حكايات بطولية وحكايات الغـول، ورقـاً مـن القطع الكبير المتوسط السمك، والأقرب إلى الخفيـف، بـالرغم مـن أنها موجهـة إلى الطفـل في الطفولة المتأخرة والمراهقة. ويفترض أن يصغر حجم الكتاب، ويزيد عدد الكلمات فيها كلما كبر الصغير، وهـو مـا لانجده في هاتين السلسلتين، فنلاحظ زيادة

مساحة الكتابة، إلا أننا لا نجد صغراً في حجم القصة، ولربما كان السبب وراء ذلك، كامناً في أن تتمكن الصفحات الكبيرة من استيعاب الكم الكبير من الكلمات والعبارات، بحيث لا تظهر صفحات القصة كثيرة، وهو ما سيكون إذا طبعت على ورق بحجم أصغر يتفق وقصص مرحلة المراهقة، وهذا يقودنا إلى قصص محمد بسام ملص للأطفال والموجهة إلى مرحلة المراهقة، وهي، أشبه بقصص الكبار وكتبهم، بحجمها الصغير، وخطها المتوسط الحجم، والمناسب لحجم الصفحة.

ومثلها في ذلك قصة علي رمان: الحكيم والأرض الطيبة، فهي موجهة إلى المراهقين من ١٢ سنة فما فوق، بحجمها الصغير، وخطها الأصغر.

وكذلك كانت قصة لغز الطرد المفقود لعبد الله عيسى، بحجمه وخطه الصغيرين، وورقه الرقيق الذي يظهر الكتابة خلفه، دون أن يشوش عملية القراءة على الصغير في مرحلة المراهقة.

الخط

ويشمل حجم الخط، ونوعه، وشكله ...

يفضل استخدام خط النسخ في النصوص المقدمة للطفل؛ ليتمكن من التمييز بين الحروف المتشابهة، ويقف على أهم خصائص الكتابة العربية[1].

الكتابة على الرسم تُشكل – أحياناً - على الطفل القراءة؛ إذ يحجب الرسم الحروف والكلمات، وبالتالي لا يستطيع الطفل تمييزها، ومن ثم قراءتها. ومثل هذا موجود في عدد من قصص الأطفال في الأردن، منها: جحا والخطاط، وكانت تؤدي أحياناً

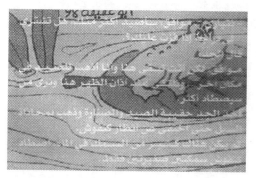

---

(١) انظر: الشنبري، حامد. (١٩٩٨). لغة الطفل. الجيزة: مطبعة النيل: ١٠٢.

إلى صعوبة القراءة، إلا أن النموذج الأسوأ في هذا هو قصة: كنفوش والجد[1] لهاشم غرايبة، لاسيما وأن الرسم ملون، والكتابة جاءت بحجم صغير وبلون أبيض، مما يجهد العين أثناء القراءة، بالإضافة إلى صعوبتها.

ومثلها في هذا قصة "يوسف والرؤيا"[2] لمحمد جمال عمرو، وقد غابت ملامح الحروف تماماً، كما يبدو في الرسم.

ومجموعة سمون ونحوف بصورها الكبيرة، وأحداثها ومضامينها البسيطة، والمعلومات التي تقدمها عن الطبيعة، والأشكال الهندسية، والألوان تناسب المرحلة الأولى من الطفولة، إلا أن الخط فيها جاء صغيراً بالنسبة للخط الذي تتطلبه هذه المرحلة؛ إذ تقدم القصة بخط كبير في عمر من ٥ - ٦ سنوات.

ولعل كتابة القصة بغير اللون الأسود، يعد من السلبيات التي يمكن تسجيلها حول الخط في قصص الأطفال في الأردن، لاسيما إذا كان اللون الذي كتبت فيه القصة مؤذياً للنظر، كاللون الأخضر ـ الفاقع الأقرب إلى الفسفوري؛ فمثل هذا اللون يُنفر الصغير من القصة، فيلقى بها جانباً إذا لم يشده خطها، ويعجب بلونه. ومثل هذا نجده في قصة السيارة العجيبة، فقد كتبت القصة كاملة بلون أخضر فاتح لا يسر ـ الناظرين. كما كتبت مجموعة هل تأكل الديوك الثعالب بلون أزرق لا يؤذي النظر، لكنه في الحقيقة لا يشد الطفل إلى القصة حسبما تتصور الباحثة.

(١) منشورة في مجلة براعم عمان، العدد التاسع: ١٩٩٩: ١٦-١٧.

(٢) منشورة في مجلة حاتم، العدد السابع والتسعون: ٢٠٠٧: ٢٢.

مقاسات الحروف في الطباعة

١- استعمال نبرات الكتابه في قصص الأطفال

إذا كان مقدم القصة المسموعة يستطيع استغلال نبراته الصوتية للتأثير في سامعيه الصغار،
فإن كاتب القصة أيضاً يمكنه إحداث تأثير مماثل في القارئ، بتكراره بعض الكلمات، وتغيير أحجام
بعض الحروف والكلمات، مما يثير الانتباه؛ فيعطي للكتابة بُعداً آخر بالإضافة إلى المعنى المجرد
للكلمة، وذلك مثل أن نقول:

سقطا معاً...

إلى أسفل...

إلى أسفل...

إلى أسفل...

فقد قام الكاتب بترتيب كلمتي إلى أسفل، ووضع كل واحدة تحت السابقة ؛ مما يعطي
إحساساً بالسقوط والعمق[1].

ومثل هذا أن نقول: استمرت الحمامة طائرة فوق البحـــــر الواســــع فنقوم بتطويل
كلمتي البحر الواسع، فتوحي للطفل بمدى اتساع البحر[2].

ولم تقع الباحثة إلا على نموذجين وحيدين من قصص الأطفال في الأردن، قامت فيه الكاتبة
باستخدام نبرات الكتابة، ونعني به تغيير بنط الخط الذي كتبت فيه سائر حروف القصة وكلماتها،
وهي قصة: "أنا وعمتي" و "كل شيء على ما يرام"، لعبير الطاهر، تقول الكاتبة على لسان جميل
بطل القصة: "...صرت أراقب فم عمتي وهو يفتح ويغلق... يفتح ويغلق... يفتح ويغلق، حتى أخذ
يكبر ويكبر

---

(١) (٢) انظر: نجيب: أدب الأطفال علم وفن: ٢٢٠- ٢٢١.

ويكبر فأصبح بحجم مغـارة[١]".

إلا أن التركيز في قصة " كل شيء على ما يرام " كان منصباً على هذه الجملة تحديداً، فكتبت بخط مختلف، وبحجم أكبر، وبلون مختلف عن اللون الذي كُتبت به بقية القصة، تقول عبير الطاهر: "... أجابت الابنة بحماس: سنقوم أنا وأخي بمساعدتك في تنظيف البيت... وسيكون كل شيء على ما يرام."[٢]

وسيكونُ كلُّ شيءٍ على ما يُرام.

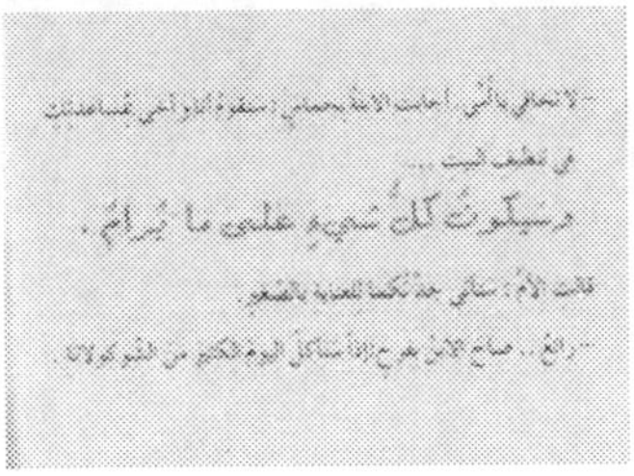

نلاحظ في قصة القنفوذ الصغير لرنا الفتياني أن كلمات القصة كافة مكتوبة بخط كبير جداً، مدَّت الحروف فيها أكثر مما يجب؛ بهدف زيادة عدد الصفحات، إذ لا يحتاج الطفل إلى كل هذا المد للحروف.

كما يمكن تغيير بنط الحروف الذي يعطي إحساساً بالحجم، مثل: زأر **الأســد الكـبـيـر**، ونظر إلى الفأر الصغير[٣].

ومن هذه الأساليب ذات الإمكانات البصرية تغيير بنية بعض الكلمات للدلالة على معاني معينة، مثل: إني أشعر بدوار شديد... رأســ - - ـي يـ - - دووور[٤].

وكذلك تغيير المواضع التقليدية للكلمات والجمل؛ بترك مسافات إضافية في وسط الجمل، واستغلال الشكل الطباعي؛ للسماح بالوقف في مواضع معينة، تخدم أغراضاً مختلفة، كمساعدة الطفل على تقطيع الجملة، والوقوف في أماكن مناسبة،

---

(١) الطاهر: ٩.

(٢) الطاهر، عبير. (٢٠٠٥) كل شيء على ما يرام. عمان: ٤.

(٣) (٤) انظر: نجيب: أدب الأطفال علم وفن: ٢٢١، ٣١٣.

ومساعدته على تقطيع المعنى الكلي للجملة إلى وحدات أصغر متكاملة المعنى، مثل: بعد قليل بدأت السفينة تتحرك وقال البحار[١]...

يمكن أن تمثل قصة التمساح الصغير لرنا الفتياني هذا الأسلوب " ... وأخذ يراقب المكان يميناً ويساراً بهدوء شديد"[٢]، مما يشعر الطفل بضرورة التوقف عند كل مسافة، إلا أن هذه الوقفات قد تخرج عن وظيفتها حين تكون في غير موضعها، كما في الصفحتين التاليتين: "رأى الغزال سوحة... وأخذ يراقب من جديد"[٣]؛ إذ لا يُفصل بين الفعل والفاعل، فهذه جملة واحدة لا ينبغي الفصل بين أركانها، فتنطق دفعة واحدة.

تنجح رنا الفتياني في وقفاتها أحياناً، وتخفق أحياناً أخرى في قصتها "نعومة"، فتقول: "نعومة نعامة جميلة، ريشها ناعم بني اللون، رقبتها طويلة، بصرها حاد، لها جناحان كبيران ، وساقان قويتان... "[٤]؛ فلا داعي للفصل بين "بصرها وحاد، وبني واللون"، وإلا استحالت القراءة إلى قراءة كلمات منفردة، مما يبعث على الملل في نفس الصغير، ويكسبه عادات خاطئة في القراءة .

من المواضع التي أتقنت الكاتبة ترك المسافات فيها: "...هاجم الصيادون سرب النعام. هرب الجميع إلا نعومة، أدخلت رأسها في التراب..."[٥]

ويداخل الباحثة إحساس أحياناً، أن ترك هذه المسافات لم يكن بغرض استعمال نبرات الكتابة، ومساعدة الطفل على تقطيع الجملة، والوقوف في الأماكن المناسبة، وإنما زيادة عدد الصفحات.

وتغيير الأماكن التقليدية لبدايات السطور؛بهدف قطع الوتيرة الواحدة التي قد تؤدي إلى الملل، أو لإبراز جزء ما خاص من المعنى، مع عدم فصله عن المعنى

---

(١) انظر: نجيب: أدب الأطفال علم وفن: ٣١٣.

(٢) (٣) الفتياني، رنا. (٢٠٠٥). التمساح الصغير. الطبعة الأولى. عمان: دار المنهل: ٨.

(٤) (٥) الفتياني، رنا (٢٠٠٥) نعومة. الطبعة الأولى. عمان. دار المنهل: ٣، ٦.

السابق عنه، واللاحق به؛ فهما جزء لا يتجزأ من المعنى الكلي، مثل:

هذه المسلّة المصرية

التي تعتبر من أعجب الآثار

الموجودة في مدينة لندن.. عاصمة بريطانيا[1].

نجد هذا على قلة في قصص الأطفال في الأردن، ممن استخدموا أسلوب تغيير بداية الفقرة في كل سطر: ناهد الشوا في قصتها: رضاك يا قمر: " فضوء الشمس جعل الناس

لا يرون شيئاً في السماء سواها!

أتت النجوم إلى القمر وسألته ... "[2]

ومثلهما قصة أحلى يوم لتغريد النجار: "قال رعد أنا.. أنا.. أنا أنفخ البالونات

نفخ رعد بالوناً أخضر، ولكنه طار منه،

فررررررررررررررررررررررررررررررررررم

نفخ رعد بالوناً أحمر

بووووووووووووووووووووووووووووم "[3]

ويمكن تغيير نوعية الخط، وذلك بكتابة كلمة بخط الثلث أوالرقعة أوالفارسي مثلاً وسط سطر أوفقرة مكتوبة كلها بخط النسخ؛ مما يثير انتباه الصغير إلى هذه الكلمة بشكل خاص. أو استعمال الألوان في كتابة كلمات أو جمل معينة، بلون مختلف عن ذلك الذي كتبت فيه بقية كلمات القصة، أواستعمال مساحات ملونة خاصة، فوق بعض الكلمات أوالسطور لتحقيق أهداف خاصة[4].

---

(١) انظر: نجيب: أدب الأطفال علم وفن: ٣١٤.

(٢) الشوا: ناهد. (٢٠٠٢). رضاك يا قمر. ط١. عمان: دار المنهل: ٣.

(٣) النجار، تغريد. (٢٠٠٥). أحلى يوم. عمان: دار السلوى للدراسات والنشر: ٤، ٦.

(٤) انظر: نجيب: أدب الأطفال علم وفن: ٣١٤.

وقد استخدمت عبير الطاهر في قصتها ياسمين والعصفور مثل هذا النوع من نبرات الكتابة؛ فكتبت الجمل التي ترغب بلفت نظر الصغير إليها بخط أكبر: " على الأرض وجدت ياسمين عصفوراً صغيراً يصيح. حملته، مسحت رأسه بيدها، لكن العصفور الصغير لم يسكت وظل يصيح!!... قال عامر: هو نعسان. غطى القفص كله، لكن العصفور لم ينم، وظل يصيح!!"[1]

وقريب منه ما وقعت عليه الباحثة من قصص تعلم قواعد اللغة العربية لبداية الطفولة المتوسطة: كالمفرد، والجمع، واللامين الشمسية والقمرية... فإذا كانت القصة تتحدث عن المفرد مثلاً، كتبت الكلمة المفردة في الجملة بلون أحمر، بينما كتبت سائر كلمات القصة باللون الأسود وقد وضعت الباحثة تحتها خطاً. ففي قصة جحا والخطاط تلوّن الكلمات المفردة بلون أحمر، بينما جاءت بقية كلمات القصة بلون أسود: "... بعد الصلاة تقدم الخطاط، وسلّم عليه مرحباً... اتفق جحا مع الخطاط على أن يقوم بتدريب تلاميذه على مهارة الخط الجميل... يشجع أهل المدينة على التعامل معه... "[2]، إلا أن هذا يحتاج إلى دقة عالية،فالمؤلف يلون الكلمات المفردة باللون الأحمر، فيلون كلمة أهل معتمداً على صيغة الجمع، ناسياً أو متناسياً أن كلمة أهل، وإن خلت من علامات الجمع، إلا أنها تدل في معناها على الجمع، فلا يكون الأهل فرداً، وإنما هم مجموعة من الناس، كما يضع خطاً تحت كلمة قائلاً ومصراً، خالطاً بين المفاهيم المتعددة من المفرد إلى المصدر إلى الجمع.كما يضع خطاً تحت كلمة الثمن التي تحتمل أن تكون مفرداً أو جمعاً.

وفي قصة جحا والدجاجة المطبوخة تلون الكلمات الدالة على الجمع بلون أحمر بينما جاءت بقية كلمات القصة مكتوبة باللون الأسود كما يلي: " ... سار التاجر في طريقه، ولم يعد إلى الفندق إلا بعد ثلاثة أشهر، فقدم له صاحب الفندق

---

(1) الطاهر، ياسمين والعصفور. (٢٠٠٠)، عمان: ٢.

(2) البتيري: علي. (٢٠٠٦). جحا والخطاط. عمان: دار الأسرة للنشر والتوزيع: ٣، ٥، ٧.

دجاجة ونصف رغيف... كان منظر الدجاجات شهياً، اقتنع الحاكم بأفكار الفندقي"[1].

وفي قصة جحا وحمار تيمورلنك خلط في مصطلح جمع الاسم المؤنث: " ... رد عليه جحا قائلاً: لا عليك! خلال عشر سنوات قادمة ..."[2] فيلون الكاتب كلمة قادمة بلون أحمر.

ويمكن أيضاً تكرار كلمة يراد التأكيد عليها، وإعطاؤها وزناً خاصاً، أوتكرار جملة نرغب في التأكيد عليها،أو لإتاحة فرصة زمنية إضافية لتعميق معناها، أوتكرار جملة بإعادة كتابتها بطريقة الكلام المنطوق على هذه الجملة، مثل:"...كل الحيوانات والطيور قالت نحن معك يا كوكو"[3]:

والتكرار نجده نادرا في قصص الأطفال موضوع الدراسة، فلم تقع الباحثة على مثل هذا التكرار سوى في قصة واحدة هي:" أنا وعمتي"، تصف الكاتبة حالة الولد جميل، وشعوره بالامتعاض، وهو يستمع الى عمته الثرثارة التي أخذت "... تتكلم وتتكلم وتتكلم وتتكلم، وصرت أراقب فم عمتي وهو يفتح ويغلق... يفتح ويغلق...حتى أخذ يكبر ويكبر ويكبر ويكبر..."[4]

أو استعمال الرسم أو الخطوط الهندسية مع بعض الكلمات؛ للفت نظر الطفل إلى هذه الكلمات، أوإعطائها وزناً أكبر، أوللدلالة على معاني خاصة، مثل وضع كلمة فجأة وسط رسم متفجر للدلالة على المفاجأة:

(١) البتيري، علي. (٢٠٠٦). جحا والدجاجة المطبوخة. عمان: دار الأسرة للنشر والتوزيع: ٧.

(٢) البتيري: جحا وحمار تيمورلنك: ١٦.

(٣) انظر: نجيب: أدب الأطفال علم وفن: ٣١٦.

(٤) الطاهر: أنا وعمتي: ١٢.

وفجأة

قاطعتها ... [1]

ومن خلال كتابة بعض الكلمات أوالجمل بلون أحمر مثلاً، على خلفية سوداء أوبيضاء، مثل:

وأخيراً

بعد محاولات كثيرة ...

استطاع العالم الفرنسي [2] ...

واستعمال النقوش، والبراويـز، والعلامـات الطباعيـة المختلفـة، فقـد تسـتعمل في أول السـطر، أوكفواصل في بعض الفقرات، أوكبراويز حول بعض السطور أوالفقرات المعينة؛ بهدف تحقيق أغراض خاصة، مما يسهم في تكوين نبرات للكتابة تشد الصغير إلى القصة، كما يشده صوت الراوي، عدا عن أن لها دوراً في توضيح المعنى، وتسهيل عملية القراءة[3].

ولا نعدم أن نجد في الأردن من يحاول من الكتاب ابتكار نبرات كتابيـة، أبـرز هـؤلاء محمـود أبو فروة الرجبي، الذي حاول التجديد عدة مرات في الطريقة التي يطرح من خلالها قصصه للصغار في الطفولة المتوسطة؛ فالمتصفح لمجموعته: هل تأكل الديوك الثعالب؟! يلحـظ ألوانـاً مختلفـة مـن النبرات الكتابية استخدمها الكاتب في قصص المجموعة؛ بهدف إمتاع الصـغير، ودفع الملـل والسـأم عنه. ففي قصة "طفلة الأعمال الرائعة" يقوم الرجبي بإخفاء كلمات معينة في القصة تاركاً للصغير فرصة

---

(١) انظر: نجيب: أدب الأطفال علم وفن: ٣١٦ – ٣١٧.

(٢ و٣) انظر: نجيب: أدب الأطفال علم وفن: ٣١٧- ٣١٨.

التفكير في الكلمة المخفية، وهذه الطريقة ممتعة للطفل، تجعله يركز بكل حواسه أثناء القراءة لمعرفة الكلمة المخفية المناسبة، من خلال السطور السابقة عليها، مثل: "... أنا أعمل أحياناً في وظيفة طفلة المصعد، هذه الوظيفة سهلة وجميلة، حينما نركب في......... ويكون معنا أشياء كثيرة، أقف على بابه هكذا لأمنعه من الإغلاق حتى يقوم والدي بإنزال الأشياء............. حينما أفعل ذلك، يقترب....... مني، ويقول لي شاكراً: هذا عمل رائع يا دانية ...."[1]

ويقترح الرجبي لقصة أم في السابعة أن تُقص على الصغار من خلال اللعب؛ فكلما مرت كلمة (على) وقف اللاعبون، وكلما مرت كلمة (في) جلس اللاعبون. إلا أن الباحثة تجد في هذه الطريقة انصرافاً عن القصة ومضمونها، إلى التركيز على الحرفين (على وفي) للوقوف أو الجلوس.

أما القصة الأخيرة في المجموعة، وهي: هل تأكل الديوك الثعالب؟! فقد قام المؤلف بتقسيمها في أربعة مقاطع غير مرتبة بالتسلسل، والمطلوب من الصغير إعادة ترتيب القصة، وفي هذا قدر كبير من المتعة، واستحضار العقل والتفكير بتركيز، إذ تطرح القصة وكأنها لغز أولعبة فيها قطعة مفقودة، أو قطعة مجهولة المكان، وعلى الطفل وضع كل قطعة في مكانها الصحيح.

الرسم والصور:

يلعب كل من الرسم والصور دوراً مهماً في نجاح كتب الأطفال أو فشلها، وتزيد أهميتها كلما كان الطفل أصغر، وأقل معرفة بالقراءة؛ إذ يكون الرسم هو اللغة المعبرة؛ فتساعدهم على تكوين فكرة عما يقرؤون، ومن ثم يقل عدد الصور كلما كبر الصغير، وتقدم في العمر[2].

(١) الرجبي: هل تأكل الديوك الثعالب: ١٨-٢٠.

(٢) انظر: عمرو، عبد الغافر، صبح: ٦٩.

ينبع الاهتمام بالصور في قصص الأطفال؛ لما تنطوي عليه من عناصر التشويق، وما في ألوانها من سحر وجاذبية تشد الطفل إليها، وما تصوره له من حوادث وشخصيات؛ فتساعد خيال الإيهام عنده على تخيل ما تصوره القصة، وتتحدث عنه وكأنه حدث بالفعل[١].

وللرسم دور كبير في شد الطفل وجذبه إلى القصة؛ فالقصص الأكثر جاذبية للطفل، هي تلك التي تحوي في طياتها صوراً ملونة جميلة معبرة، وإن كان سعرها مرتفعاً[٢].

كما تساعد الصور على إضفاء الصفات الآدمية على الحيوانات والطيور، فلكم يدخل البهجة والسرور إلى قلب الطفل، وقد رأى الأرنب يرتدي حلة جميلة، وحمل مظلة، أوالكلب بربطة عنق، وفي يده عصا[٣]...

وتلعب الصور دوراً بارزاً في تعليم الطفل وتعريفه على بيئة من البيئات، أوشكل شعب من الشعوب، أونوع من الأشجار، أو زي عصر من العصور التاريخية، أوالدول المختلفة في العصر الحديث؛ مما يتطلب من الرسام، أن يكون على قدر كاف من العلم والخبرة بالأطفال والرسوم المناسبة لكل مرحلة عمرية من مراحل الطفولة المختلفة؛ إذ لا يكفي أن يكون الفنان شهيراً في عالم الكبار ليرسم للصغار، ويمكنه الاستعانة بالمؤلف أوبمخرج الكتاب، أو بأحد علماء علم النفس، أو الخبراء في مجال الطفولة؛ إن لم تكن لديه الدراية الكافية في عالم الطفولة[٤].

فلا يكفي أن تماثل الصور الناس أو الأشياء حرفياً، بل لابد وأن تنقل الصورة الأفكار والانفعالات... والحركة أفضل طريقة لذلك، إذ يعيش الصغار حركة دائمة، فيستجيبون طبيعياً للانفعال، والعواطف، والأفكار... من خلال الحركة، فيمكن تصوير الحزن من خلال رأس منحنٍ، والفرح من خلال القفز والتصفيق،

(١ و٢ و٣ و٤) انظر: نجيب: أدب الأطفال علم وفن: ٢٢١ -٢٢٢، ٢٢٧.

والدهشة برفع اليد[١]... إذ لا يكفي الاعتماد على التجسيد الفني في القصص من خلال اللغة فقط، بل لابد من الاستعانة بعدد من العوامل؛ فالوصف اللغوي يظل غير دقيق، فللغة قدرات خاصة تعجز عن تخطيها، كما أن إدراك المرء محدود، والخبرات تختلف وتتنوع من فرد لآخر[٢].

وقد كلفت مجلة أميركية ثلاثة رسامين من ذوي القدرات العالية برسم الحيوان آكل النمل، ولم تكن لدى أي منهم خبرة أو أدنى معرفة بشكله، فوصفته المجلة لهم، كما ورد في الموسوعة البريطانية من أنه حيوان قوي.. ظهره أحدب.. أطرافه قصيرة.. فرسم كل واحد منهم رسماً يختلف عن الآخر، ويختلف عن الحقيقة، الأمر الذي يدلنا على أن الوصف اللغوي مهما كان دقيقاً، إلا أنه لا يمكن أن يعبر تعبيراً كاملاً عن الشيء[٣].

ومن ثم فالوصف اللفظي يحتاج إلى صورة تسانده، فلو ملك كل من الرسامين صورة لآكل النمل، لما تباينت الرسوم الثلاثة، واختلفت عن هيئته الحقيقية[٤].

عدا عن أن الرسم أكثر مرونة من اللفظ؛ إذ يترك مساحة واسعة للتفكير، فالأطفال عند استماعهم أومشاهدتهم لمضمون لفظي تسانده الألوان والرسوم... يتذكرون صوراً ماضية، يضيفون إليها صوراً جديدة مركبة يتخيلونها، فيكون فهمهم وإدراكهم لها أكثر دقة[٥].

كما أن حاجتهم إلى اللوحات الداخلية تزداد كثيراً؛ نظراً لضعف مقدرتهم القرائية، إلا أن هذه اللوحات تظل ضرورية للأكبر سناً؛ إذ تجسد له ما فهم من القصة من حوادثها المقروءة[٦].

---

(١) انظر: الحديدي: ٩٢.

(٢) انظر: الهيتي: ١١٤.

(٣ و٤ و٥) انظر: الهيتي: ١١٤- ١١٥.

(٦) انظر: الفيصل: ثقافة الطفل العربي: ٤٩.

كما تلعب الرسوم دوراً في إثارة اهتمام الطفل، وجذب انتباهه، واستمراره في القراءة... لما فيها من عناصر تشويق، تتيح للطفل التوحد مع المواقف، دون أن يشعر أنه يتلقى موعظة، أو إرشاداً، أو توجيهاً"[1].

تعمل بعض القصص على تنمية جمالية اللون عند الصغير، بالإضافة إلى الفائدة التي يخرج بها من القصة، فتتضمن عدداً من الرسوم الجاهزة التي تحتاج إلى التلوين، وتترك هذا الأمر للصغير، مستعيناً على ذلك برسم ملون في الصفحة المقابلة؛ فيتعلم كيف يضع لوناً إلى جانب آخر، ويدرك ماهية الألوان وعلاقتها ببعضها بعضاً؛ مما يربي عنده الذوق الفني والحس الجمالي"[2].

وهذه الظاهرة لم تكن موجودة في قصص الطفل الأردني ونلحظ بداياتها عام ١٩٩٨م، وهذا يعني أنها مازالت في بدايتها، وهي قليلة، منها: سلسلة قصة وتلوين، وقصصها هي: أمنية سعيد، وأفكار هبة، ودعاء سلوى، وأحلام ريان. وجميعها لمحمد جمال عمرو، وتشبهها في ذلك قصص، منها: سلسلة القصص العملاقة لنضال البزم، وتشمل قصص: سبايدر بوي، وبات بوي، وسوبر بوي، وجيش الجماجم، والعميل السري زيتون. وحملت النسخ غير الملونة العناوين

(١) انظر: الهيتي: ١١٦.

(٢) انظر: الحلقة: عويس: ٢٨٠.

التالية على الترتيب: سبايدر بوي، وبات بوي، وسوبر بوي، والجيش المقنع، والعميل السري. تكون القصة ملونة، وأخرى مطابقة لها، إلا أنها غير ملونة.

ولا تجد الباحثة سبباً مقنعاً من وراء تغيير عناوين القصص عن مثيلاتها غير الملونة، بالرغم من أنها نسخ طبق الأصل عنها من حيث الرسم والكتابة... ينقصها التلوين، إلا أن يكون الهدف مادياً تجارياً، فتباع القصة مرتين على أنهما قصتان مختلفتان كما حصل مع الباحثة.

وقد وجه كتاب وناشرو ورسامو قصص الأطفال في الأردن اهتمامهم مؤخراً إلى الرسوم والصور المصاحبة للنص الذي ينتجونه، ويظهر هذا بوضوح لمن ينظر إلى قصة منشورة في السبيعينيات، والثمانينيات، وأوائل التسعينيات أحياناً، وأخرى منشورة في أواسط التسعينيات، وفي بدايات القرن الحادي والعشرين.

إلا أنها وبالرغم من كل هذا الاهتمام نجد في أحايين قليلة الرسم عاجزاً عن إيصال الفكرة إلى الصغير، من ذلك مثلاً في قصة السنبلة الخضراء، تقول القصة: "... نقلت سيارة كبيرة السنابل المحصودة إلى البيادر..."

ومن ثم وُضعت صورة صغيرة تحت الكتابة، وأخرى في نهاية القصة؛ لتوضيح معنى البيادر، وتظهر في الصورة بعض الأشجار والأعشاب المزروعة، كتب تحتها بيادر، وبجانبها تعرض القصة الصورة نفسها، وقد كتب تحتها حقل، فيكون للبيدر معنى الحقل، بالرغم من أن الحقيقة تقول غير هذا؛ فالبيدر ليس

حقلاً، وإنما البيدر هو المكان الذي يوضع فيه المحصول (القمح) بعد حصاده.

وتقدم قصة " أين بيتي؟" دورة حياة الضفدع، وحين تتحدث عن الخياشيم، تقدم صورة توضيحية للخياشيم، من خلال عرض صورة لخياشيم السمك، وكان من المفترض أن تعرض صورة للخياشيم عند الضفادع؛ مادامت هي موضوع القصة.

وتنتهي قصة مستشار السلطان بأن يجعل السلطان ابنة وزيره وصيفة لزوجته مكافأة لها على حكمتها وسداد رأيها. وتشرح للطفل معنى الوصيفة من خلال صورة فتاة تغطي رأسها دون أن يكون لهذه الفتاة أية دلالة على أنها وصيفة. ولا تدرك الباحثة كيف يمكن أن يعرف الصغير المقصود بالوصيفة من خلال هذه الصورة (بالاعتماد على الصورة) فقط.

وفي قصة زينب اليتيمة تذكر القصة جماليات زينب، وقد دعت لها الفرس بأن يصبح شعرها ناعماً، فيصبح شعرها ناعماً، ودعت لها الزهرة بأن تصبح وجنتاها حلوة ومورّدة مثلها، وكذلك بأن يصير وجهها جميلاً... كل هذا دون أن نلاحظ أي اختلاف في شكل زينب من بداية القصة وحتى نهايتها، والطفل يطمح حين

يقرأ شيئاً ما أو وصفاً ما أن يتمثل ذلك من خلال الصورة، ولم يتحقق ذلك من خلال صور القصة كما نرى.

وتدور أحداث قصة هناء " أجمل تلميذة في المدرسة"، حول هناء الجميلة التي يوحي وصفها في القصة إلى القارئ أنها أجمل فتاة على كوكب الأرض، إلا أنه إذا ما رغب في مقارنة صورة هناء، بالصورة التي رسمها لها في مخيلته، فيفاجأ أنه أمام فتاة ليست متواضعة الجمال، بل ودميمة أيضاً، والواقع أن رسوم القصة كلها دميمة وسيئة، وهذا لا يعقل وبخاصة عند الحديث عن فتاة جميلة، لاسيما والصغير يستمتع بالقصة التي يقترن فيها الحدث بالصورة؛ فتستحوذ على اهتمامه، إذ لابد أن تستقل كل فكرة بصورة كاملة تعطي انفعالاً واضحاً محدداً عن الحدث.

قالَ (نحُوف) : حسَناً يا (سَمُّون)... أنتَ الفائزُ.

من المآخذ على الرسم هيئة الشخصيتين الرئيستين: سمون ونحوف في قصة "مَن الأجمل؟ "لمحمد جمال عمرو؛ إذ يظهر البطلان في رسوم القصة كافة، وقد لوثا ملابسهما ووجهيهما والأرض التي يقفان عليها، وهذا المنظر (الرسم)، وإن كان يضفي على الصورة فكاهة تجذب الصغير، إلا أنه - في تصور الباحثة- سلبي يدفع بالصغير إلى فعل مثل هذا، وتلويث ملابسه ووجهه بالألوان، إذا أراد الرسم تقليداً لسمون ونحوف، اللذين قرأ عنهما وأحبهما؛ فالطفل يبحث عن نموذج يقلده، فإذا وجد شخصية جذبته وأحبها، سارع إلى تقليدها.

والشخصيات الثلاث: يمان، وأشعب، ونجيب جاءت في جميع قصص السلسة ترتدي النظارات الشمسية، داخل المنزل وخارجه، في الليل والنهار، ولا نعرف ما الحكمة أو الغرض الكامن وراء ذلك، فجميعنا نعرف أن النظارات الشمسية تحمي العين أثناء النهار من أشعة الشمس. ويتكرر هذا في أجزاء السلسلة كافة.

وفي قصة " مَن لا يعمل لا يأكل " تطلب الدجاجة مساعدة قطقوط، وأرنوب، وبطبوط في الزراعة والحصاد... وتعرفنا القصة عليهم (قطقوط، وأرنوب، وبطبوط) من خلال الصورة، فبطبوط بطة، وقطقوط قطة، وتوقعنا أن يكون أرنوب أرنباً، إلا أن الصورة تفاجئنا أن أرنوباً كلب وليس أرنباً، مما خيب آمالنا، وكان من الأفضل لو أن القصة عرضته لنا أرنباً، ولا ندري هل اعتبر الرسام الأرنب بهذه الهيئة؟!

وفي قصة " أسمر مثل السكر"[1]، تبدأ القصة بنصيحة حاتم لجابر كي يحول لونه من الأسمر إلى الأبيض، فيتعجب جابر لماذا لا ينفذ حاتم ما يقوله له، لاسيما وأن حاتم أسمر مثله! فيخبره أنه قانع بلون بشرته، إلا أنه يظهر في الصورة أبيض اللون، كما نرى في الصورة أعلاه: حاتم على اليمين، وجابر على اليسار.

(١) من مجموعة النجوم السبعة لمحمود أبو فروة الرجبي.

وفي قصة منصور لم يمت، تصور القصة منصوراً ورفاقه في الخامسة عشرة من العمر، بينما يظهر في الصورة أطفال لا تتجاوز أعمارهم الخامسة.

بينما جاءت الصور في قصة "لماذا قذيفة مدفع!"، بمستوى رسوم الصف الخامس الابتدائي، وهي لا تناسب في مضمونها الأطفال، كما سبق الذكر، ولربما كان في هذا دلالة على شفافية الكاتبة، ورغبتها في المزج بين أحلام الطفولة، والواقع الذي يعيشه الصغار في فلسطين، من واقع مرير مؤلم ... قتل، وتشريد، وهدم للبيوت والمنازل، وسفك لدماء الشيوخ، والنساء، والأطفال، وهو ما يعد من غير المناسب تقديمه للصغار، وإن ارتأى البعض ضرورة فتح عيني الصغير على مايدور حوله.

ومن الصور الباهتة، صور قصة "السيارة العجيبة"، فقد كانت الصور غير ملونة، محددة بلون أخضر فاقع، منفر، ومتعب للنظر.

وتعيب الباحثة على صور قصص سلسلة حكايات صفراء للبنين لمحمد جمال عمرو، طمس ملامح الوجه لشخصياتها، فلا تظهر في الوجه العيون ولا الفم، مما يجعل الصورة صماء غير موحية؛ إذ لا يظهر عليها الفرح، أو الحزن، أو الغضب...

كانت هذه بعض الملاحظات البسيطة على الصور في قصص الأطفال في الأردن، ولايفوت الباحثة أن تقدم بعض النماذج الإيجابية في هذا المجال، فقد لعبت الصور دوراً في سرد القصة، وذلك بإحلال الصور مكان بعض الكلمات في القصة، مما يترك فسحة من التفكير للصغير، ويغيّر من الصورة التقليدية للقصة، التي اعتاد الطفل عليها، وإن كانت هذه الصور في بساطتها تناسب الطفولة المبكرة، الأمر الذي ييسر ـ على الطفل القراءة، ويقلل عدد الكلمات التي ينبغي عليه قراءتها.

ومثل هذه القصص، لم تعثر الباحثة على مثيل لها في القصص الأردني للأطفال، إلا على قصتي: "إلى المدرسة "، و"النحلة تحب العمل" لمحمد بسام ملص.

كما أن صور بعض القصص كانت ناجحة ومناسبة، كقصة "كـل شيء عـلى مـا يـرام"، حيـث الصور كاريكاتورية باسمة، تلفت نظر الصغير وتجذبه بفكاهتها، وظرفها، وخفة ظلها.

كما كانت الصور في قصة " صغيرة أم كبيرة " حيوية معبرة، وواقعية تنبض بالحياة، وصادقة، تقترب من الطفل، وتدخل قلبه بسهولة، وتعبر عن الحدث بالرغم من بساطتها.

الخاتمة

بعد هذه الدراسة المستفيضة لقصص الأطفال في الأردن منذ بداياته في القرن الماضي، وحتى نهاية عام ٢٠٠٦ م أمكن تسجيل الملاحظات التالية:

- تزايد الاهتمام بقصص الأطفال في الأردن في العقد الأخير من القرن الماضي، بشكل لافت للنظر، بالإضافة إلى نضج هذه التجربة، وبروز الكثير من الكتاب الأردنيين للأطفال، وقد كانوا لا يتجاوزون أصابع اليدين قبل ذلك.

- اضطراب مفهوم القصة - أحياناً - لدى بعض الكتاب، على الرغم من وعي الآخرين بذلك، واحترافهم لها، فقد نجد أحياناً نصاً كتب عليه قصة، وهو لا يمت للقصة بأية صلة، يدفعهم إلى ذلك تشوش مفهوم القصة عندهم، أوالكسب والربح المادي، وكان الأجدر نعتها والكتابة عليها (نص للأطفال)، بدلاً من إطلاق مصطلح القصة عليها، والشروط الفنية للقصة لا تتوافر فيها. وأبرز هذه النماذج: قوية.. قوية، وأحب أن أرتدي، وشعري[(١)] لناهد الشوا، ومن أنا، وماذا أحب لعبير الطاهر، وسلسلة أنا أحب مهنتي بنصوصها الاثني عشر، وهي: الطبيب، والمهندس، والمعلم، والمزارع، والطيار، والسائق، والقبطان البحري، والنجار، والممرضة، وساعي البريد، والشرطي، ورجل الإطفاء لمحمد جمال عمرو.

- افتقار قصص الأطفال في الأردن إلى النقد الجاد والهادف، وإن شهدنا عدداً محدوداً من هذه الدراسات، لا تتجاوز أصابع اليد الواحدة، إلا أنها تنبىء بخير.

---

(١) نشرت في مجلة براعم عمان، السنة السابعة، العدد ٥٩ / ٢٠٠٤

- محدودية الإبداع القصصي الأردني للأطفال بالرغم من كثرة أدبائه اليوم، فنجد القصة الواحدة نُشرت مستقلة بين دفتي كتاب مرة، ونشرت في طيات مجلة أطفال أخرى، وقد تنشرها أكثر من مجلة، منها: أعشاب الحاجة أمينة لمنير الهور، نشرت في براعم عمان، السنة الثالثة، العدد ١٦ / ٢٠٠٠ م، وقصة غرور لزياد أبو لبن نشرت كقصة مستقلة، وفي مجلة وسام، السنة الثانية عشرة، العدد ١٣٢ – ١٣٣ / ٢٠٠٢ م، ومثلها هيا الشجرة لناهد الشوا نشرت مستقلة، وفي مجلة براعم عمان، السنة الثالثة، العدد ١٦ / ٢٠٠٠ م، وحكاية الدجاجة بركة لسهى العزة نشرت بين دفتي كتاب، وفي مجلة وسام، السنة السابعة عشرة، العدد ١٨٢ / ٢٠٠٦ م.

- تركيز النتاج القصصي في الأردن على مراحل الطفولة المبكرة، والمتوسطة، والمتأخرة، بينما افتقد الطفل المراهق في عمر ١٢ سنة فما فوق إلى قصص تلبي مطالبه النفسية، والعقلية، والروحية. وهي المرحلة التي هو مقبل عليها، وهو في أمس الحاجة إلى من يوجهه في هذه الفترة الحرجة، والمهمة من حياته؛ وقد جاءت أغلب قصص الأطفال في الأردن دون تحديد للفئة العمرية الموجهة إليها؛ بالرغم من الفائدة العظمى التي يمكن أن يقدمها مثل هذا التحديد.

- ندرة القصص البوليسي في قصص الأطفال في الأردن؛ إذ لم تقع الباحثة على شيء من هذا اللون من القصص بمعناه الحقيقي، إلا على سلسلة قصص المغامرون الثلاثة لعبد الله عيسى، ومثلها في ذلك قصص الخيال العلمي، في الوقت الذي نلحظ فيه سيطرة القصص التربوية والاجتماعية على القصص الطفولي الأردني.

- غلاء أسعار قصص الأطفال؛ رغبة من دور النشر في العائد المادي، الناتج أحياناً عن غلاء تكاليف الطباعة والنشر، مما أسهم في حرمان الطفل من

القراءة.

- الحاجة الماسة إلى دعم الدولة لكتب الأطفال، ونهوض بعض المؤسسات الثقافية بإصدار المزيد من مجلات الأطفال، وتقديمها لهم بأسعار رمزية.

- تراجع اهتمام الصغار بقصص الأطفال، بالرغم من وفرتها؛ نظراً لعزوف الكثيرين منهم عن القراءة، وانشغالهم بمظاهر التكنولوجيا الحديثة: كالتلفاز، والحاسوب، والإنترنت، الـذي يعرض لهم ما يشاؤون في مختلف شؤون الحياة.

- عجز قصص الأطفال الأردنية المصورة، التـي تعتمـد الحـوار أساسـاً لهـا، عـن أسـر الصغير، وجذبه إليها؛ فهي بسيطة الحدث إلى حدٍ بعيد، لا حبكة تذكر فيها ولاتشويق، وليس هذا مما تقتضيه طبيعة هذا النوع من القصص، وهي بسذاجتها هذه لا تناسب الطفـل بعـد ثماني سنوات.

المصادر والمراجع

المصادر

ـأبو لبن، زياد. (٢٠٠٣). الحسد.

ـالبتيري، علي.(٢٠٠٦). جحا وحمار تيمورلنك. عمان : دار الأسرة للنشر والتوزيع.

ـنفسه. (٢٠٠٦). جحا والدجاجة المطبوخة. عمان: دار الأسرة للنشر والتوزيع.

ـنفسه. (٢٠٠٦). جحا والخطاط. عمان: دار الأسرة للنشر والتوزيع.

ـالبلّه، ريتا زيادة، (٢٠٠٥ م). أنا لست صغيرة.

ـالجوجو، يحيى. (٢٠٠٥) كوخ الحكايات. الطبعة الأولى.عمان: أمانة عمان الكبرى.

ـالحطاب، سناء. (١٩٩٧).المشجع الرائع. الطبعة الأولى. عمان: دار البشير.

ـخلف، مجدولين. (٢٠٠٥). رمضان في القدس.

ـخلف، مجدولين. (٢٠٠٥).اللآلئ. عمان: وزارة الثقافة.

ـخورشيد، نزار. (٢٠٠٦).حيلة ناجحة. عمان دار المنهل.

ـالرجبي، محمود أبو فروة، (٢٠٠٠).الأميرة الفضائية المسجونة. عمان.

ـنفسه. (٢٠٠٤). جزيرة الأحلام السعيدة. عمان: منشورات أمانة عمان.

ـنفسه. (٢٠٠٣). جدتي واليهودي. الطبعة الأولى.عمان: دار المناهج للنشر والتوزيع.

—نفسه. (٢٠٠٢). مغامرة في محمية الشومري.المؤسسة الصحفية الأردنية: الرأي.

—نفسه، (٢٠٠٤). النجوم السبعة. عمّان: وزارة الثقافة.

—نفسه. (١٩٩٧). نعم أنا صائم.الطبعة الأولى.

—نفسه. (٢٠٠٥). هل تأكل الديوك الثعالب؟ عمان:مركز التفكير الإيجابي للتدريب.

—الرجبي، محمـود؛ الطيبـي، عكاشـة عبد المنـان. (١٩٩٥). سلسـلة الآداب الإسلامية:آداب الطعام والشراب " أحمد في مدينة الطعام والشراب ". دار الفضيلة للنشر والتوزيع.

—الزمر، فداء أحمد، (٢٠٠٠).أنين الأقصى. الطبعة الثانية. عمّان: دار المنهل.

—نفسه. (٢٠٠٦).جدو مناور. عمان: الجمعية الأردنية لمكافحة التصحر وتنمية البادية.

—الساريسي، عمر. شرف العصافير.عمان: دار المنهل.

—الشوا، ناهد. (٢٠٠٢). رضاك يا قمر. الطبعة الأولى.عمان:دار المنهل.

—الطاهر، عبير، (٢٠٠١). أحمد العقاد.عمّان: دار المنهل.

—نفسه. أحمد العقاد وآلة الزمن.

—نفسه. (٢٠٠٥).أنا وعمتي.عمان.

—نفسه. (٢٠٠٠). ياسمين والعصفور. عمان.

—نفسه.(٢٠٠٥). كل شيء على ما يرام.عمان.

—العزة، سهى أحمد عبد الرحمن. (١٩٩٦). حكاية الدجاجة بركة. الطبعة الأولى. عمّان:المؤسسة التكنولوجية الحديثة للإعلان.

—عمرو، محمد جمال. (٢٠٠٣). حكايات سمون ونحوف: أنا وضدي. الطبعة الأولى. عمّان: دار المنهل

—ننفسه. (١٩٩٩). الحجلة الشاهدة.الطبعة الأولى. الرياض: مؤسسة المؤتمن للتجارة.

—نفسه. (١٩٩٩). الطريق إلى تستر. الطبعة الأولى. الرياض: مؤسسة المؤتمن للتجارة.

—نفسه. الثلاثة الشجعان أشعب ونجيب ويمان: جدة عروس البحر. بيت الأفكار الدولية.

—عمرو، محمد جمال؛ الرجبي، محمود. (١٩٩١). حكايات من بلادي: حكاية من مدينة القدس: زينب اليتيمة.عمّان.

—نفسه. (١٩٩١). حماة وكنة.

—نفسه. (١٩٩١). الصديق الوفي. دار يمان.

—نفسه. (١٩٩٣). منصور لم يمت. عمان: دار يمان.

—الفتياني، رنا. (٢٠٠٥). التمساح الصغير. الطبعة الأولى. عمان: دار المنهل.

—نفسه. (٢٠٠٥). نعومة.الطبعة الأولى. عمان: دار المنهل.

—الكيالي، كريمان. (١٩٩٤). حكايات من الطفولة.عمان: جريدة صوت الشعب.

—النجار، تغريد. (٢٠٠٥). أحلى يوم.عمان: دار السلوى للدراسات والنشر.

—نفسه. (١٩٩٢). صانع السيوف: خباب بن الأرت. سلسلة من قصص الصحابة (٢). عمّان: دار كندة للنشر والتوزيع: ١٦.

—الهدهد، روضة الفرخ، (٢٠٠٥). لماذا قذيفة مدفع؟! الطبعة الأولى، عمان.

—نفسه. (١٩٨٦). صراع في الغابة. عمّان: دار كندة للنشر والتوزيع.

—نفسه. (١٩٨٦). سلسلة حكايات الغول (١): ليلى والكنز. الطبعة الثانية.عمّان: دار كنده للنشر والتوزيع.

—نفسه.(١٩٩٩). في نفق المسجد الأقصى. عمان: دار كندة.

—نفسه.(١٩٩٣).الملثم وجريمة الأحد الأسود.عمان: دار كندة.

—نفسه. (١٩٨٧). سر الشياطين الحمر في البيرة.عمان: دار كندة.

—الهور، منير. (١٩٩٣). حكاية البحر.عمان.

الدوريات

—مجلة براعم عمان. العدد السادس، ١٩٩٩.

—مجلة براعم عمان. العدد التاسع، ١٩٩٩.

—مجلة براعم عمان. العدد السادس عشر، ٢٠٠٠.

—مجلة براعم عمان. العدد الحادي والعشرون، ٢٠٠٢.

—مجلة براعم عمان، العدد الحادي والثلاثون، ٢٠٠٢.

—مجلة براعم عمان. العدد الثاني والثلاثون: ٢٠٠٢.

—مجلة براعم عمان. العدد الخامس والثلاثون، ٢٠٠٢.

—مجلة براعم عمان. العدد السادس والثلاثون، ٢٠٠٢.

—مجلة براعم عمان. العدد الثمانون، ٢٠٠٦.

—مجلة حاتم. العدد: السابع والتسعون، السنة التاسعة / ٢٠٠٧.

المراجع

—أبـو الرضـا، سـعد.(١٩٩٣). الـنص الأدبـي للأطفـال: أهدافـه ومصـادره وسـماته: رؤيـة إسلامية. الطبعة الأولى. عمان: دار البشير.

—أبو عرقوب، أحمد حسن. (١٩٨٢). محاضرات في أدب الأطفال. عمان.

—أبو معال، عبد الفتاح، (١٩٨٨).أدب الأطفال: دراسة وتطبيق. الطبعة الثانية. عمان: دار الشروق.

—نفسه. (١٩٨٤).في مسرح الأطفال. الطبعة الأولى. عمان: دار الشروق للنشر والتوزيع.

—أبو مغلي، سميح؛ الفار، مصطفى محمد؛ سلامة، محمد حافظ. (١٩٩٣). دراسات في أدب الأطفال. الطبعة الثانية. عمان: دار الفكر للنشر والتوزيع.

—أحمد، سمير عبد الوهاب، (٢٠٠٤). قصص وحكايات الأطفال وتطبيقاتها العمليـة. الطبعة الأولى.عمّان: دار المسيرة للنشر والتوزيع.

—إسماعيل، محمود حسن. (٢٠٠٤). المرجع في أدب الأطفال. الطبعة الأولى. القاهرة: دار الفكر العربي.

—بريغش، محمد حسن. (١٩٩٢). أدب الأطفال تربية ومسئولية. المنصورة: دار الوفاء

—الحديدي، علي. (١٩٨٢).في أدب الأطفال. الطبعة الثالثة. مكتبة الأنجلو المصرية.

—حسين، عبد الرزاق، (١٩٩٧). رؤية في أدب الأطفال. المملكة العربية السعودية:أبها.

—الحسيني، خليل محمد. (٢٠٠١). دراسات في أدب الأطفال. الطبعة الأولى. فلسطين: رام الله.

— حطيط، فادية. (٢٠٠١). أدب الأطفال في لبنان.بيروت .

—الحلقة الدراسية الإقليمية لعام ١٩٨٤ م. كتب الأطفال ومجلاتهم في الدول المتقدمة: من ٢٨ يناير – ٢ نوفمبر / ١٩٨٤ م. القاهرة: الهيئة المصرية العامة للكتاب.

—حمدان، يوسف. (١٩٩٥). أدباء أردنيون كتبوا للأطفال في القرن العشرين.عمان: دار الينابيع.

— درويش، أحمد. (٢٠٠٢).نظرية الأدب المقارن وتجلياتها في الأدب العربي. القاهرة: دارغريب للطباعة والنشر والتوزيع.

—دياب، مفتاح محمد. (٢٠٠٤). دراسات في ثقافة الأطفال وأدبهم. الطبعة الأولى. دمشق: دار قتيبة.

—الرجبي، محمود أبو فروة. (٢٠٠٥). كيف تكتب قصة للأطفال. الطبعة الأولى. عمان

—سبيني، سرجيو.التربية اللغوية للطفل. القاهرة: دار الفكر العربي.

—سعد الدين، ليلى حسن. (١٩٨٩). كليلة ودمنة في الأدب العربي: دراسة مقارنة. عمان: دار البشير.

—السعدي؛ عماد، موسى؛ عبد اللطيف، مهيدات؛ محمود، قزق؛ حسين. (١٩٩٢). الدراما والمسرح في تعليم الطفل. الطبعة الأولى. إربد: دار الأمل للنشر والتوزيع.

—السلطة الوطنية الفلسطينية. أدب الأطفال: دليل المعلم. منشورات وزارة التربية والتعليم الفلسطينية بدعم من مؤسسة دياكونيا.

—شحاتة، حسن. (١٩٨٩). قراءات الأطفال.الطبعة الأولى. القاهرة: الدار المصرية اللبنانية.

—شرايحة، هيفاء. (١٩٩٠). أدب الأطفال ومكتباتهم. ط ٣. عمان.

—أدب الأطفال في الأردن واقع وتطلعات : واقع أدب الأطفال المحلي من أدب الأطفال العربي (١٩٨٩). مجموعة أوراق الندوة التي أقيمت في الفترة ما بين ٢٣ – ٢٤ / آذار / ١٩٨٨ م .ط.١. عمان: مؤسسة نور الحسين بالتعاون مع وزارة الثقافة.

—الشنطي، محمد صالح، (١٩٩٦).في أدب الأطفال: أسسه وتطوره وفنونه وقضاياه ونماذج منه. الطبعة الأولى. حائل: دار الأندلس للنشر والتوزيع.

—شوقي، أحمد، (١٩٨٨). ديوان الشوقيات. الجزء الثالث. بيروت: دار العودة.

—عبد التواب، يوسف، محمود، يوسف، دكاك، جعفر، العسلي، أبو هيف، علواني. ثقافة الطفل : ملتقى بناة المستقبل.

—عبد الفتاح، إسماعيل. (٢٠٠٠). أدب الأطفال في العالم المعاصر: رؤية نقدية تحليلية. الطبعة الأولى.القاهرة: مكتبة الدار العربية للكتاب.

—عمرو، محمد جمال؛ عبد الغافر، كمال حسين؛ صبح، خالد جاد الله. (١٩٩٠). أدب الأطفال. الطبعة الأولى.عمان: دار البشير.

—العناني، حنان. (١٩٩١). الـدراما والمسـرح في تعليم الطفـل. الطبعـة الثانيـة.عـمان: دار الفكر للنشر والتوزيع.

—نفسه. (١٩٩٦). أدب الأطفال. الطبعة الثالثة. عمان: دار الفكر للطباعة والنشر والتوزيع.

—الفيصل، سمر. (١٩٩٨). أدب الأطفال وثقـافتهم: قراءة نقدية. دمشـق: اتحـاد الكتـاب العرب.

—نفسه. (١٩٨٧). ثقافة الطفل العربي: دراسة. منشورات اتحاد الكتاب العرب.

—قناوي، هدى. (١٩٩٠). أدب الأطفال.الطبعة الأولى. مركز التنمية البشرية والمعلومات.

—مرتاض، محمد. (١٩٩٤). من قضايا أدب الأطفال: دراسة تاريخية فنية، الجزائر: ديـوان المطبوعات الجامعي.

—المصلح، أحمد. أدب الأطفال في الأردن:١٩٧٧ – ١٩٩٨: دراسـة تطبيقيـة. الطبعـة الثانيـة. عمان: وزارة الثقافة.

—مقـدادي، موفـق ريـاض. (٢٠٠٠).القصـة في أدب الأطفـال في الأردن: روضـة الهدهـد نموذجاً.عمان: الروزنا.

—ملص، محمد بسام. (٢٠٠٦). ثبت منتقى مـن أدب الأطفـال في الأردن. الطبعـة الأولى. منشورات مكتب الأردن الإقليمي لرابطة الأدب الإسلامي العالمية.

—موسى، عبد المعطي نمر، الفيصل، محمد عبد الرحيم. (٢٠٠٠). إربد: دار الكندي.

—موسى، عبد اللطيف نمر؛ مهيدات، محمود حسين؛ السعدي، عماد توفيق؛ قزق، حسين لافي. (١٩٩٢). الدراما والمسرح في تعليم الطفل. الطبعة الأولى. إربد: دار الأمل.

—نجم، محمد يوسف. فن القصة. بيروت: دار الثقافة.

—نجيب، أحمد. (١٩٧٩).المضمون في كتب الأطفال. القاهرة: دار الفكر العربي.

—نفسه. (١٩٩٤).أدب الأطفال علم وفن.دار الفكر العربي.

—نفسه (١٩٨٢).فن الكتابة للأطفال.الطبعة الخامسة.مصر: دار الفكر العربي.

—النوايسة، عبير. (٢٠٠٤). أدب الأطفال في الأردن: الشكل والمضمون. الطبعة الأولى. عمان: دار اليازوري للنشر والتوزيع.

—الهيتي، هادي نعمان. (١٩٨٨). ثقافة الأطفال. الصفاة - الكويت: سلسلة عالم المعرفة.